U0129429

項王羽

勇力拔山
猛氣盖世
經營大業
謂可力致
倍義賊弒
攻城肆屠
烕德者亡
天亡匪誣

集古像贊（明）孫承恩編撰 嘉靖十五年刊本

王立群读史记

西楚霸王

项羽

王立群 著

东方出版社

序

乱世是政治家最好的舞台。

公元前209年，陈胜、吴广的大泽乡起义引发了秦帝国后期一场此起彼伏的全国性动乱，这成为中国历史上少有的乱世。在这个空前的乱世中，走出了一位乱世英雄。他从楚国项氏家族中一个籍籍无名的后裔，经过三年艰苦卓绝的战争，自封"西楚霸王"，并成为主持分封十八路诸侯王的总盟主。虽然他的存在只有短短的三十一年，却被写进了《史记》这部中国最负盛名的史书中，并成功载入了只有帝王才有资格进入的十二"本纪"之中。

他的传记成就了《史记》，《史记》的记载也使他千古留名。

一个人活在历史的记忆里，他就不会真正地死去。

虽然他只有短短三十一年的人生，但他却是中国历史上最有名的人物之一，他就是"西楚霸王"项羽。

《史记》的十二本纪中，从《秦始皇本纪》开始，除了《项羽本纪》，都是汉代刘姓皇族的"本纪"。《吕太后本纪》是个例外，因为她没有称帝，但她是汉代开国皇帝刘邦的夫人，又是高祖刘邦下世后实际掌控汉代政坛长达十五年的女主，是叙写汉代帝王级人物必须记载的重要人物。只有《项羽本纪》记录了刘姓之外的一位帝王级人物，因为项羽掌控了秦汉之交的实际权力，通过分封十八位诸侯王，称雄天下。到了班固的《汉书》，《项羽本纪》改为《项籍传》。《史记》将项羽列入"本纪"，《汉书》将项羽列为"传"，这一变化主要取决于史书的体例。《史记》是通史，《汉书》是断代史：《史记》记载的帝王级的"本纪"人物，到了班固的断代史《汉书》，记录汉代帝王级的传记称为"纪"，未能成为汉代帝王的只能称"传"。可是,《汉书·项籍传》丝毫没有埋没项羽在反秦中的巨大贡献。

项羽短暂的一生中,"乌江自刎"历来是后人最为关注的一大事件:或叹其不能忍辱负重、东山再起;或哀其悲壮自刎、至死不降。鲜有人赞美其作为血性男儿的一腔热血、维护人格尊严的刚烈豪情;绝少有人看到这位"失败者"获得了后人无数感动,终成为秦汉之交最负盛名的人物。

杜牧的《题乌江亭》认为,项羽可以卷土重来。只要他东渡乌江,重整旗鼓,再与刘邦争夺天下,鹿死谁手还是一个不确定的结果。王安石的《乌江亭》则反其道而论之。他认为:鸿沟议和后,项羽的失败已经成为一个历史的必然。江东子弟即使还在,谁又愿意跟项羽卷土重来?杜牧的《题乌江亭》与王安石的《乌江亭》表达的观点是截然相反的。但是,有一点却是相同的,那就是只以成败论项羽,没有看到项羽的乌江自刎是一位血性男儿的自铸丰碑,是一位灭秦英雄的完美谢幕。

《史记·项羽本纪》记述其自刎前的初衷是:"项王乃欲东渡乌江。"项羽原本是要亡命江东的。乌江亭长也劝项羽:"江东虽小,地方千里;众数十万人,亦足王也。愿大王急渡。今独臣有船,汉军至,无以渡。"江东之地可以称王,汉军无船无法渡江,渡江是上上之选。

在乌江亭长的帮助下,项羽完全有可能摆脱汉兵追杀,但是,项羽在此当口,突然改变了主意,"笑"着拒绝了渡江。一向以"怒"为常态的项羽,突然笑起来了,在整个《史记·项羽本纪》中还是第一次，也是最后一次。

项羽改主意了，不愿东渡乌江了。

到底为什么呢？

老天要我死，我还渡什么江？（天之亡我，我何渡为？）

八千子弟兵无一人生还，只有我一人逃命，我做不到。（且籍与江东子弟八千人渡江而西，今无一人还。）

即使江东父老拥戴我在江东称王，我有什么脸面见他们？即使他们不说，我自己心里能不惭愧吗？（纵江东父兄怜而王我，我何面目见之？纵彼不言，籍独不愧于心乎？）

这是项羽的真心话吗？应该是。

鸿沟对决之时，项羽的一番肺腑之言，可以作为"乌江自刎"缘由的完美诠释。

《史记·项羽本纪》中记载项羽说：导致整个天下数年来不得安宁，青壮年苦于从军作战，战死疆场；老弱之人苦于运送粮草，倒于沟壑！（楚汉久相持未决，丁壮苦军旅，老弱罢转漕。）

这是对楚汉战争的本质最精练、最真实的概括，它出自项羽之口，坦露了项羽对这种你我两个人为天下大权的私斗，完全不顾天下百姓死活的反思，这还是政治家吗？一向被读者视为残暴的项羽，反倒具有极强的社会责任感，具有仁厚之心。

这些话司马迁记载项羽是"笑"着说的。熟读《史记·项羽本纪》者，无不知晓在《史记·项羽本纪》的全部记载中，项羽的"怒"是常态，整个一部传记，唯有"乌江自刎"前有此一"笑"。

为什么呢？因为此时项羽已经对死亡无所畏惧，决心以死明志。

项羽不愿东渡乌江，"无颜见江东父老"是一个非常重要的原因。八千子弟兵无一生还，只有自己逃回来了，自己的良知不允许这样做，他不愿意再让江东子弟为自己争夺最高权力而牺牲生命。

这种荣辱观决定了一个人的生存底线。

它传达了一个非常重要的信息：项羽在生与死的关键时刻，看淡了个人的生死荣辱，仍然重视自己的良知和声名，珍视江东子弟的生命！

他不愿苟且偷生，更不可能屈膝投降，宁可站着死，绝不跪着生。

这不是一位英雄末路的悲歌，而是一位血性男儿的赞歌，更是一位反秦英雄的完美谢幕！

有血性的人，一个人站在那里，就是千军万马；一个人站在那里，就会永垂不朽。

项羽哪里是个英雄？不过是时势把他逼成了英雄。

司马迁的这段文字，重如雷霆，惊醒了千千万万的后人；轻如鸿毛，拂过的是人们内心最柔软的地方。

中国人爱说脊梁，也爱赞美脊梁，其实，项羽这种有血性的人就是中国脊梁。

他临终前说的"纵江东父兄怜而王我，我何面目见之"不是"同一首歌"，而是"人生绝唱"。

比起子虚乌有的"十面埋伏"，我们应该感谢司马迁，是他将项羽临终前的形象定格在历史上了。项羽不是一粒尘埃，在历史的长河中轻轻飘过，他是一块丰碑，记载着我们这个民族的血性，记载着"西楚霸王"最悲壮的一刻！

与之相对比的是刘邦在人生关键时刻的作为。

一是关键时刻抛弃亲生子女。刘邦攻入西楚都城彭城后，并未及时接回自己的父亲太公、妻子吕雉，以及后来的汉惠帝刘盈和鲁元公主。等到项羽杀回彭城，刘邦大逃亡时，在半道儿上偶遇儿子、女儿，虽然赶车的滕公夏侯婴救起了他的儿女，但是刘邦为了逃得快一点，屡屡将儿子、女儿踹下车去，幸亏被担任车夫的滕公数次救回。刘邦因此大怒，竟多次要杀滕公，只是在滕公的拼死坚持下，他的儿女才双双获救。亲生儿女不愿顾，自己能逃命才是最重要的，跟随刘邦打天下的士兵的死活更不可能被刘邦所重视，在此后的鸿门脱险之时，刘邦不出意外地扔下了保护自己赴鸿门宴的一百多位士兵，只顾自己逃回大营。

这和项羽的区别实在是太大了。

二是不顾自己父亲、妻子的死活。

鸿沟对峙之时，无奈的项羽玩了一个流氓套路，威胁要烹了作为人质的刘邦的父亲刘太公。

刘邦面对项羽的昏招，竟然讲了几句流传千古的"名言"：咱俩都受命于怀王，结为兄弟。我爹就是你爹，你要真烹了你爹，希望我也能分享一杯

从击项籍。至彭城，项羽大破汉军。汉王败，不利，驰去。见孝惠、鲁元，载之。汉王急，马罢，虏在后，常蹶两儿欲弃之，婴常收，竟载之，徐行面雍树乃驰。汉王怒，行欲斩婴者十余，卒得脱，而致孝惠、鲁元于丰。——《史记·樊郦滕灌列传》

而汉王乃得与数十骑遁去。欲过沛，收家室而西，楚亦使人追之沛，家皆亡，不与汉王相见。汉王道逢得孝惠、鲁元，乃载行。楚骑追汉王，汉王急，推堕孝惠、鲁元车下，滕公常下收载之。如是者三。曰："虽急不可以驱，奈何弃之？"于是遂得脱。——《史记·项羽本纪》

肉汤。

这一臭名昭著的名言是在什么情况下说出来的呢？

是刘邦在父亲可能受到生命威胁时所言。

虽然项羽的做法不可取，但是刘邦的"名言"一定是流氓语言！

对儿女，对父亲，刘邦昏招迭出，混话满嘴，让人大跌眼镜，这就是真实的汉高祖？这就是真龙天子？

当然，项羽要烹杀刘太公的昏招最终被项伯成功劝阻，太公躲过一劫。刘邦不可能因为项羽要杀害自己的父亲而向项羽投降，但是，面对项羽的昏招，刘邦完全可以用其他语言化解。

项羽的乌江自刎，还应参看另一段出自《史记·项羽本纪》的重要文献，它是研究项羽的极为重要的文献，研究者大都忽略了这段话的内涵。

楚汉久相持未决，丁壮苦军旅，老弱罢转漕。项王谓汉王曰："天下匈匈数岁者，徒以吾两人耳，愿与汉王挑战决雌雄，毋徒苦天下之民父子为也。"汉王笑谢曰："吾宁斗智，不能斗力。"

这是楚汉战争荥阳对峙阶段刘、项二人的一段

当此时，彭越数反梁地，绝楚粮食，项王患之。为高俎，置太公其上，告汉王曰："今不急下，吾烹太公。"汉王曰："吾与项羽俱北面受命怀王，曰'约为兄弟'，吾翁即若翁，必欲烹而翁，则幸分我一杯羹。"——《史记·项羽本纪》

对话。

这段对话为什么重要？因为项羽道出了楚汉战争的本质是刘、项之争，是刘、项二人对最高权力的争夺！是私斗！这就是楚汉战争的实质。

正因为如此，乌江边上可以逃生的项羽，选择了死亡，不愿让江东子弟为了自己的私利而再次流血，不愿再让天下百姓为了一己之私而重陷战乱中。试问此后两千多年的几百位皇帝，谁能做到这一点？谁能为了拯救百姓而放弃自己的生命？谁能为了天下苍生放弃皇权、牺牲自己？

既然如此，怎么解决刘、项二人的天下之争？

项羽提出：我和你决一雌雄，单挑定胜负！不要让天下无辜的百姓再为咱俩备受苦难了。

项羽一针见血地道出了楚汉战争的实质是：刘、项二人争霸！

解决办法：咱俩单挑！

这个办法的最大好处：不要让天下百姓为咱俩的争权夺利再受苦了。

项羽的解决办法太幼稚了，但是，这种幼稚却凸显了项羽对天下百姓的仁爱之心！联系自刎乌江时的无颜见江东父老的喟叹，项羽的形象多了一份可爱可贵的仁爱之心。

韩信第一次见到汉王刘邦时，曾经对项羽有一个评价：

项王见人恭敬慈爱，言语呕呕，人有疾病，涕泣分食饮，至使人有功当封爵者，印刓敝，忍不能予，此所谓妇人之仁也。《史记·淮阴侯列传》

这段评价非常有名，屡屡为人称引。虽然韩信是借这段话批评项羽，奉承刘邦，作为投名状献给新主子刘邦的；但是，韩信批评的同时也不得不承认项羽有仁爱之心，尽管韩信将其冠之以"妇人之仁"，可"妇人之仁"终归是"仁"啊。

他有仁心！而且，宅心仁厚。将个人对最高权力的争夺置于全天下百姓生命之下，中国古代历史上还有谁能做到？此后的两千多年的帝制中国，不但没有一个人说出来帝王争夺天下的本质是个人对最高权力的觊觎，而且，更不敢以个人决斗的方式一决胜负，愿赌服输，不苦天下百姓！

因此，人们称赞刘邦，赞美的是他的功业；人们称赞项羽，赞美的是他的人格！功业非常现实，人格令人钦佩。

真正对今人有价值的不是帝制中国那些帝王的功业，而是能够舍弃帝王之位的人格魅力！

项羽这样一位血性男儿，在中华民族历史上就是一个精神标杆。

项羽受到后人无数好评，就是因为他是一个纯爷们儿！敢爱，敢恨，敢做，敢为，敢杀，敢死。

和项羽有一比的还有几位同时代的壮士。

第一位是田横。

田横是田齐政权最后的齐王。齐国原是姜太公受封之国，史称"姜齐"。田氏代齐之后田氏成为诸侯，史称"田齐"。

《史记》中的《齐太公世家》记述的是姜齐建国至灭国的历史，《田敬仲完世家》记述的是田氏代齐后的田齐建国至灭亡的历史。

田横是田齐政权最后的齐王，他出现在历史的大舞台上完全是一次偶然。

秦末大起义时，田横的堂兄田儋起兵反秦，做了齐王；田儋被秦将章邯杀害，他的堂兄田荣因不满项羽的分封，起兵叛楚，被项羽所杀。田横在危急关头，聚兵反击项羽，得到齐地百姓支持，项羽因此深陷齐地，田横自此登上了历史舞台。

楚汉战争后期，郦食其(yì jī)奉汉王刘邦之命到齐地游说。此时，掌握着齐国大权的田横并非齐王。鉴于韩信亡魏、灭代、败赵、降燕的巨大威力，田横权衡再三，决定降汉，并解除了齐国历下军团的戒备。但是，田横、郦食其都没想到，韩信竟然在蒯通的游说下，不顾郦食其已经说服齐王降汉的既成事实，突袭齐国历下军团，一举大败齐军主力，并迅速攻至齐都临淄。齐王怒火中烧，烹杀郦食其，逃到高密。

楚将龙且奉项羽之命率二十万楚军救齐，在高密和田横联手。但是，龙且恃强自傲，很快丢掉了自己的性命，也带走了田横人生的最后一抹希望。龙且战死，齐王被杀，齐相田横自立为王，和汉军灌婴交手。田横当然不是灌婴的对手，很快战败。

战败的田横逃到了梁地，在彭越处避难。

汉将韩信已平赵、燕，用蒯通计，度平原，袭破齐历下军，因入临淄。齐王广、相横怒，以郦生卖己，而烹郦生。齐王广东走高密，相横走博阳，守相田光走城阳，将军田既军于胶东。楚使龙且救齐，齐王与合军高密。汉将韩信与曹参破杀龙且，虏齐王广。汉将灌婴追得齐守相田光。至博阳，而横闻齐王死，自立为齐王，还击婴，婴败横之军于嬴下。——《史记·田儋列传》

田横的哥哥田荣曾经封彭越为将军，帮助彭越反楚。因此，田横走投无路之时才敢去彭越处避难，彭越才会收留田横。

一年多后，刘邦在韩信、彭越的协助下取得了楚汉战争的胜利，登上了梦寐以求的皇帝宝座，彭越受封梁王，寄人篱下的田横顿生危机之感。田横担心梁王彭越为求自保，出卖自己，带着手下五百随从，找了个小岛居住下来。

后岁余，汉灭项籍，汉王立为皇帝，以彭越为梁王。田横惧诛，而与其徒属五百余人入海，居岛中。——《史记·田儋列传》

刘邦称帝后，听说齐王田横一帮人隐居在齐地的小岛上，他认为田氏兄弟在秦末最先平定齐地，追随他的大多是齐地的贤能之人。虽然田横孤悬海岛之上，若现在不设法收服此人，恐怕以后会再生枝节。于是下诏：赦免田横之罪，诏他立即进京。

田横有何罪呢？

韩信攻齐，田横烹杀郦食其，罪一也。

聚兵叛乱，阻止韩信平齐地，罪二也。

刘邦先赦免田横之罪，再召他入京。到了京城，在自己身边，田横再有本事，也无用武之地了。田横的本钱是田氏家族在齐地的巨大号召力，一旦离开齐地，如同庄稼离开了土地，想不蔫儿都办不到！

高帝闻之，以为田横兄弟本定齐，齐人贤者多附焉，今在海中不收，后恐为乱，乃使使赦田横罪而召之。——《史记·田儋列传》

田横不傻，深知一旦入京，即使不被杀，亦如蛟龙出水再无凭借。于是，他先向汉使表示感谢，然后申明己意：我当年烹杀了陛下的特使郦食其，而他的弟弟郦商现在是汉将，我不敢奉诏入京，不如让我做个普通人吧。

田横说得有道理没有？有。但对当了皇帝的刘邦来说，既然自己手中拥有至高无上的皇权，就一定有威逼田横的办法。因为在帝制中国，只有不受约束的皇权才具有生杀予夺的权力。刘邦立即下诏给时任皇宫"卫尉"的郦商：齐王田横将要入京，有敢欺负他及他的随从者，灭族！然后派使者将下诏郦商的事通知田横，并且宣诏：田横进京，大者封王，小者封侯，胆敢不来，派兵诛灭。

刘邦为什么专门给郦商下诏呢？因为郦商是刘邦手下的功臣，深受刘邦信任，此时正担任卫尉，负责守卫皇宫；但他曾是齐国战乱中被齐王田横烹杀的郦食其的亲弟弟。郦商对田横怀有深仇，这成了田横不愿来京的一个理由。下这个诏书，其实是堵死了田横不愿进京的路，田横必须得来！

来者赏，不来杀！

田横别无选择，带了两位随从，奉旨进京。

走到离洛阳三十里地的地方，田横对使者说：臣子拜见天子，应当沐浴更衣。使者表示理解，当晚留宿。田横私下对两位随从说：我和汉王当年都是南面称王的人，现在人家当了天子，我却成为俘虏，这种

田横因谢曰：『臣亨陛下之使郦生，今闻其弟郦商为汉将而贤，臣恐惧，不敢奉诏，请为庶人，守海岛中。』——《史记·田儋列传》

使还报，高皇帝乃诏卫尉郦商曰：『齐王田横即至，人马从者敢动摇者致族夷！』乃复使使持节具告以诏商状，曰：『田横来，大者王，小者乃侯耳；不来，且举兵加诛焉。』——《史记·田儋列传》

奇耻大辱我实在不堪忍受。再说，我杀了郦商将军的兄长，又要和郦商将军共事，即使郦商将军害怕天子的诏书，不敢动我，我心里难道就没有一点愧疚吗？现在陛下在洛阳，此地距离洛阳不过三十里，拿着一颗人头跑去，想必不会腐烂，照样可以看。说完这番话，田横刎颈自杀。两位随从手捧田横的头，随使者飞驰入朝，奏报汉高祖。刘邦见到田横头颅，怆然泪下，再三称贤。赏赐田横的两名随从，并派两千士兵以王者的礼仪厚葬田横。田横入葬后，两名随从趁人不注意，凿开田横的墓室，在墓中双双自刎而死！刘邦一听，大惊失色：有这种人！弟兄三人相继为齐王，难道不都是贤者？便立即传旨：听说田横还有五百随从在岛上，派使者全部召进京。等刘邦的使者到达岛上，岛上五百壮士已全部自刎而死。

当初田横接到刘邦让他进京的诏书时，就非常明白：面前只有两条路，一是归降，一是死亡。归降刘邦，也许可以得到高官厚禄，但他最后还是选择了死亡，选择了逆势而为的放弃。更令人唏嘘的是他的两个随从和五百部下，知道田横自杀后，也和他一样，义无反顾地选择自杀。

未至三十里，至尸乡厩置，横谢使者曰：『人臣见天子当洗沐。』止留，谓其客曰：『横始与汉王俱南面称孤，今汉王为天子，而横乃为亡虏而北面事之，其耻固已甚矣。且吾烹人之兄，与其弟并肩而事其主，纵彼畏天子之诏，不敢动我，我独不愧于心乎？且陛下所以欲见我者，不过欲一见吾面貌耳。今陛下在洛阳，今斩吾头，驰三十里间，形容尚未能败，犹可观也。』遂自刭，令客奉其头，从使者驰奏之高帝。高帝曰：『嗟乎，有以也夫！起自布衣，兄弟三人更王，岂不贤乎哉！』为之流涕，而拜其二客为都尉，发卒二千人，以王者礼葬田横。既葬，二客穿其冢旁孔，皆自刭，下从之。高帝闻之，乃大惊，以田横之客皆贤。吾闻其余尚五百人在海中，使使召之。至则闻田横死，亦皆自杀。——《史记·田儋列传》

对于如此义举，太史公司马迁饱含深情地慨叹：田横高风亮节，他的宾客仰慕田横的高尚气节而为田横而死，岂非全是贤人！

其实，作为战国时代的齐王田横，对气节、名声的看待，远远高于个体的生命。田横自杀，屡屡为人称道，但很少有人将田横的自杀和项羽的自刎联系在一起，其实，二人都是先秦时代的血性男儿。他们视个人的气节为第一位，宁可自杀，不可受辱。不过，田横说得更直白：我和汉王原来都是面向南方称王者，如今汉王当了天子，我田横成为俘虏，需要面向北侍奉汉王，这种耻辱本身就够大的了。

五百忠魂和他们的主人生生世世永不分离。田横与五百壮士的集体殉道，如同一道瑰丽夺目的光芒，照亮了中国历史长河中的忠义之路，闪耀着人性中可贵的道义和血性，彰显了人类最为宝贵的人性。

田横之死和项羽之死、韩信之死同为后人吟咏不绝的楚汉战争三大题材。我们先谈谈后人吟咏田横之死的三首诗。

第一首是宋人司马光写的《田横墓》：

昔时南面并称孤，今日还为绛灌徒。

忍死祇能添屈辱，偷生不足爱须臾。

一朝从殉倾群客，千古生风激懦夫。

直使强颜臣汉帝，韩彭未必免同诛。

首联写田横当年和刘邦一样称王，如今奉诏进京成了周勃、灌婴一样的臣子。颔联言这样苟活下去只会徒增耻辱，绝不能贪恋这一时的忍辱偷生。颈联写田横自杀，五百壮士集体殉难，这种精神永远激励着天下的懦夫。尾联直言强颜向汉高祖称臣的韩信、彭越，未必能避免被刘邦诛杀的下场。全诗饱含了司马光对田横坚贞风骨的钦佩，亦流露出忠臣终究难逃兔死狗烹命运的哀叹。

第二首是元人陈基写的《田横墓》：

一门兄弟王齐中，耻与群臣事沛公。
五百余人同日死，也胜匹马向江东。

此诗写田儋、田荣、田横三兄弟相继在齐称王，田横耻于像其他人一样向刘邦称臣。五百多位随从同日而死，这种悲壮胜过耻于渡江的项羽。

这首诗除了赞美田横，还道出了田横和项羽的共同之处：注重名节胜过看重生死。

这是历史上第一位将项羽和田横等而视之的作家，但是，项羽的影响力绝非田横所能比，因此，后人更多地把笔墨花在了项羽身上。当我们审视项羽之时，也应当注意到田横和五百壮士。

第三首是清人王士祯的《田横客墓》：

一剑纵横百战身，楚虽三户能亡秦。

拔山力尽虞兮死，争及田横五百人！

全诗四句，前两句盛赞了项羽仗剑纵横乱世，身经百战，"楚虽三户"却能最终亡秦的勇猛与不屈。后两句笔锋一转，化用《垓下歌》中"力拔山兮气盖世""虞兮虞兮奈若何"的诗句，点明项羽江畔自刎、虞姬殉情的痛心，怎么比得上田横和五百从死壮士的悲壮惨烈。

刘邦称帝后，原来和刘邦分属不同阵营的人都面临着与田横一样的人生选择：或投降，或成仁，或隐居。那么，他们之中是否每个人都能像田横这样，如此果断，如此决绝，如此超脱，如此豪侠呢？

这些话传达了一个非常重要的信息：项羽在生与死的关键时刻，依然看淡个人的生死荣辱，依然重视自己的良知和声名，依然珍视江东子弟的生命！

他不愿苟且偷生，更不可能屈膝投降，宁可站着死，决不跪着生。

真正对今人有价值的是人格！

血性男儿项羽是中华民族发展史上的一个榜样。

1. 人生不能没有平台。这是人生向上的必备利器。有了平台并不保证你一定能够成功，要成功还得有熟练驾驭平台的本领。

2. 一个人在社会上做事，特别是一生中想做点大事，起点非常重要。起点就是平台，起点就是机会。起点高，平台高，机会就多；反之，起点低，平台低，往往事倍而功半。

3. 一个人的性格可以成就他的事业，一个人的性格也可以损伤他的事业。

4. 运气决定你能不能"火"，实力才决定你能不能"火"下去。

5. 人生如果没有困境逼迫，岂能发挥主动精神？

6. 自信是人性的一个优点。一个人如果没有自信，他什么事情也完不成，因为有自信，你才能用百折不挠的勇气去克服在实现人生目标过程中的所有困难和障碍，所以，没有自信是不行的。但是，如果你的自信过了头，那就坏了，自信过了头就成了谬误了，就是刚愎自用。

7. 一位领导者要具备"五会"：会听，会说，会发问，会应变，会掌控。

8. 一个偶然性的细节都可能使成功者功败垂成，使失败者死里逃生。

9. 一个人怀才就像女人怀孕一样，终究不可能不让世人知晓。

10. 一个人活在历史的记忆里，他就不会真正地死去。

目录

一	乱世英雄	老子凭的是力气	001
		家族的魔咒：复仇	002
		有时候，机会是等来的	006
		人生需要平台	009
		放羊娃的悲喜人生	014

二	巨鹿之战	夺取军权	021
		全歼长城兵团	026
		约降章邯兵团	029

| 三 | 项羽入关 | | |

		该"怒"该"笑"是门大学问	033
		火上浇油不是闹着玩的	037
		人算不如天算	041
		是非成败转头空	049

四　一场改变历史的饭局

会忽悠是大本事　053
忽悠住老大井不算完　058
眼缘很重要　061
三十六计，走为上计　064
糊涂，其实是必然　067

五　大分封：项羽的选择

"三选一"要的是眼光　081
谁打天下谁坐庄　088
心里有，比什么都重要　091
定标准要的是眼光　097

六　彭城之战

刘、项第一次交锋　108
歪打正着的大战略　114
项羽的战略　120

七　越打越无希望的荥阳会战

一夺成皋 124

开拓北方战线 126

二夺成皋 133

二失成皋 135

鸿沟议和 137

八　自毁长城

"说者"的冤枉 141

项羽的幸与不幸 150

刘邦的能与不能 152

黥布叛楚 155

九　霸王别姬

巾帼千秋 160

霸王别姬 162

罪不容诛的项伯 163

报恩用人：再失重镇 167

刘邦念旧：亲信变叛臣 168

十　四面楚歌

共天下：利益共同体 174

垓下自刎：无颜见江东父老 177

败在哪里 178

决一死战 179

乌江自刎 181

耻于起兵 183

十面埋伏 185

哭的学问 186

附录

一 谁还该为项羽败亡负责

成事不如败事多的范增　190
关键时刻掉链子的龙且　205
未能完成使命的武涉　212
完全不懂政治的韩信　215
关键时刻给项羽致命一击的周殷　229

二 影响项羽败亡的因素还有哪些

别忘了偶然性对历史发展的影响　232
残暴导致项羽败亡吗　235
"匹夫之勇"　242

三 咏项羽

英雄常使泪满襟　251
千古漫漫说得失　274
卷土重来未可知　297

乱世英雄

项羽诞生于中国历史上一个乱世英雄的时代，这个英雄时代完全可以与四百年后的三国时代一样为中国老百姓所熟知。这个时代最大的历史事件是"秦亡汉兴"。在这个特定的乱世之中，项羽成为中国历史上一个失败的英雄。中国社会有一个经世不改的传统：成者王侯败者贼。项羽却是一个例外。项羽失败了，但是，项羽又成功了。在《史记》中，失败的项羽被写进了成功者才能进入的"本纪"。《项羽本纪》成为《史记》中最为成功、最为后人称道的篇章之一。项羽二十四岁（秦二世元年，前209）起兵反秦，仅用了三年时间（前209—前206）就成为主导天下、分封十八位诸侯王的"西楚霸王"，掌握着秦亡汉兴之际的国家命运，司马迁因此将他列入《史记》的"本纪"之中。这一年，项羽才二十七岁。仅仅经过四年的楚汉战争，项羽兵败乌江，三十一岁（汉五年，前202）自杀身亡。这样一位在中国当代网络上至今仍然拥有众多拥趸的"英雄"究竟是怎样一个人呢？

老子凭的是力气

《史记·项羽本纪》记载：项羽名籍，字羽，下相（今江苏宿迁市）人。但是，项羽以字行，即项羽的字"羽"比他的名"籍"更流行。直至今日，说起项羽远比说起项籍更为人熟知。

项羽的祖父项燕是战国末年的楚国大将，秦灭楚国，先后两次发兵。第一次，年轻的李信率兵灭楚，大败而归。第二次，秦王亲自动员老将王翦出征。王翦、蒙武率六十万秦兵征战楚国，俘虏了楚王。项燕在楚国生死危亡的关头拥立昌平君为楚王，继续和秦军周旋。后来，项燕被秦国大将王翦带领的大军团团包围，昌平君被杀，项燕自刎而死。

项羽的父母史书没有记载，项羽从小跟着他的叔叔项梁长大。

项羽身高力大，史书记载：

籍长八尺余，力能扛（gāng）鼎，才气过人。《史记·项羽本纪》

秦代一尺约相当今天的23.1厘米，所以，"八尺余"应当是一米八四以上的大个头儿。"扛鼎"，就是双手能将一只鼎举过头部，力能扛鼎是指力气极大。

二十三年，秦王复召王翦，强起之，使将击荆。荆将项燕立昌平君为荆王，反秦于淮南。二十四年，王翦、蒙武攻荆，破荆军，昌平君死，项燕遂自杀。——《史记·秦始皇本纪》

它的难度远远超过将重物扛在肩上，所以，"扛鼎"的"扛"字读音特殊。整部《史记》记载的人物能够扛鼎的只有两位大力士：一位是项羽，另一位是刘邦八子中的第七个儿子淮南王刘长 (cháng)。

项羽出生于战国末期，青少年时代在秦帝国的治下讨生活，二十四岁遇上秦末大起义。在这个充满血与火的时代，人们非常崇尚武力。因此，项羽的力量巨大刚好符合当时人们对一个杰出男人的评价标准。项羽成为那个时代，也成为中国历史上"男人中的男人"。

虽吴中子弟皆已惮籍矣。——《史记·项羽本纪》

他与他的叔叔项梁避难会 (kuài) 稽的时候，当地的年轻人都很害怕项羽。项羽作为一个外乡人，客居他乡，亡命他乡，尚能为人敬畏，靠的就是他的这种超人力量，因为这是一个凭武力说话的动乱时代。

家族的魔咒：复仇

项籍少时，学书不成，去学剑，又不成。项梁怒之。籍曰："书足以记名姓而已。剑一人敌，不足学，学万人敌。"——《史记·项羽本纪》

项羽小时候不愿读书识字，也不愿学击剑，而且说："读书只能用来记一个人的姓名。"他的叔叔项梁见他不愿读书，就让他学击剑，但是，项羽对剑术同样不感兴趣，项梁非常恼火，项羽非要学习能够指挥千军万马的兵法。

这个贵族少年从小就立志学习"万人敌"的兵

法，究竟是为了什么呢？

这和项羽的家世关系密切。

项羽的祖父项燕是被秦将逼迫自杀的，项羽认为这是家族的耻辱，所以，项羽自小就怀有强烈的仇秦之心。他认为：只有学会行军布阵的兵法，才能指挥千军万马，才有机会为家族雪耻。家族的耻辱是令这位少年一生都难以忘却的大恨。

少年项羽的这一壮志使他成为后来灭秦的主将，但是，项羽对读书功能的认知却使他在灭秦后与刘邦争夺天下时犯下了一系列错误。书籍是人类智慧的结晶，先秦典籍中的历史文献、诸子著作充满了各种人生智慧。项羽没有在少年时期遍读书籍，为他日后的失败预伏了祸根。

项羽不愿学剑，是不是他的剑术粗疏呢？

不！项羽非常善于短兵格斗。乌江自刎前，他持剑与汉军步行交战，一个人就杀死汉兵上百人。这说明项羽的剑术极精。他之所以不愿学剑，并非他学不好，而是他立志要学"万人敌"的兵法，不愿学一对一的单打独斗。

项梁愿意教项籍学习兵法，项羽十分高兴，但是，"万人敌"的兵法项羽并没有学完，只是大略地学了学。

那么，他的兵法到底学得怎么样呢？

高祖十一年 (前196)，刘邦平定黥 (qíng) 布叛乱时，

独籍所杀汉军数百人。——《史记·项羽本纪》

于是项梁乃教籍兵法，籍大喜，略知其意，又不肯竟学。——《史记·项羽本纪》

看见黥布的军阵酷似当年项羽的布阵，马上感到一种巨大的心理压力。刘邦在项羽死后六年看见酷似项羽兵阵的黥布军阵还心有余悸，可见，项羽绝非不能打仗，而是极善布阵作战。他的"略知其意，又不肯竟学"只是不愿死背兵法而已。《汉书·艺文志》中记载的兵书中有《项王》一篇，虽然这一篇兵法今天已经失传了，但至少说明项羽不但懂得兵法，而且有兵书传世。

从以上的正史记载我们可以知道：项羽出生在一个世代将门之后的贵族家庭，对少年项羽影响最大的是他的叔叔项梁。项羽不愿读书，不愿只学剑术，他最钟情的是能够指挥千军万马的兵法。因为只有指挥千军万马的兵法可以使他成为统帅，完成他灭秦的夙愿，完成他复兴贵族家庭的荣光。

项羽青年时期，家中曾经发生过一件大事：他的叔叔项梁因为触犯秦法被捕入狱。这对项氏家族来说是一场大祸。幸亏拜托蕲县（今安徽宿州市）监狱的曹咎，给栎阳（今陕西西安市东北）监狱的司马欣写了一封信，这事才算摆平。

不久，他的叔叔项梁又出了一件大事：杀人。秦朝法律极为苛刻，杀人必遭重罚，仇家也不会放过项梁。于是项梁携项羽逃亡到了吴中（今江苏苏州市）避难。

项梁到吴中是为了逃避秦法制裁，避免仇家追杀。但是，亡命江湖的项梁很快展示出了非凡的才华，当地的贤士论其才干，都在项梁之下。

因此，项梁很快成为当地的大能人，每当遇到大徭役和大型丧事，人们都请项梁来主持。项梁和项羽一样，有着极为强烈的仇秦和复仇之心。因此，项梁借着承办当地大徭役和大型丧事的机会，每次都按照兵法安排手下的宾客和当地的青年。通过这类活动，项梁熟知了每位宾客和当地青年人的才能，为今后使用这些人奠定了基础。

秦始皇巡游会稽郡时，项羽和他的叔叔项梁有机会目睹了秦始皇威严豪华的仪仗。一心灭掉秦王朝、恢复项氏家族辉煌的项羽，不顾秦法的残酷和亡命江湖的身份，脱口说出：这个人可以取而代之。站在项羽身边的项梁吓得赶快捂住项羽的嘴说：不许胡说！这话要灭族的！话虽这么讲，但项梁从此对他这个胆大的侄儿反倒更器重了。

无独有偶。刘邦当年未发迹时在秦都咸阳亦曾见过秦始皇的奢华出行车队，并发出了"啊！一个男人就应当这样度过一生"的感喟。刘邦对秦始皇的权势、富贵艳羡至极，认为一个男人就应当这样度过一生。项羽看到秦始皇的奢华车队发出了"我可以取而代之"的誓言。两个"男人中的男人"看到第三个男人产生了两种截然不同的认知，关键在于家族影响。平民出身的刘邦与秦始皇、秦帝国无冤无仇，谈不上

项梁杀人，与籍避仇于吴中。吴中贤士大夫皆出项梁下。每吴中有大徭役及丧，项梁尝为主办，阴以兵法部勒宾客及子弟，以是知其能。——《史记·项羽本纪》

籍曰："彼可取而代也。"梁掩其口，曰："毋妄言，族矣！"梁以此奇籍。——《史记·项羽本纪》

嗟乎！大丈夫当如此也！——《史记·高祖本纪》

什么国仇家恨，他的愿望无非是想让自己的一生过得像秦始皇一样既富且贵。项羽与秦始皇、秦帝国有着强烈的国仇家恨，看到自己家族的仇人，发誓要取而代之。毕竟家族的仇恨让项羽怀有对秦帝国的强烈仇恨，家族的光辉历史让项羽怀有极强的使命感。

有时候，机会是等来的

项梁、项羽等待了多年的复仇机会终于到来了。

秦二世元年（前209）七月，陈胜、吴广在大泽乡举起了反秦的义旗。

秦始皇于公元前221年统一了中国，仅仅过了十二年，到了公元前209年，陈胜、吴广就率领九百戍卒揭竿而起。甭小瞧了陈胜、吴广的首义，当整个社会人心都处在动荡不定的时代，第一个揭竿而起的人就是时代的先知先觉者，就是这个时代的弄潮儿。陈涉举兵首义之时，对天下形势作出了一个令后人十分震惊的判断："天下苦秦久矣！"虽然他们没有任何胜算，但是，他们对于天下形势的判断实在值得我们膜拜一下。两个月后，刘邦沛县举兵时，也说了"天下苦秦久矣"这句话。这绝不是简单的重复！这是他们对整个天下反秦大势的精到把握。陈胜、吴广的首义犹如一场大地震的震源，从这儿传递出去的地震波将引发一场足以埋葬整个大秦帝国的大海啸。

秦始皇消灭六国时的大屠杀，秦王朝建立后的种种暴政苛法，埋下了无数仇秦的火种。陈胜、吴广义旗一举，天下云集响应，反秦的怒火迅速燃遍了大江南北。

一颗火星点燃了一场姗姗来迟的熊熊大火，出乎了所有人的意料。

秦二世元年 (前209) 九月，陈胜、吴广首义仅仅过了两个月，会稽郡守殷通紧急召见了项梁。

他对项梁说：整个长江以北已经全部起兵响应陈胜、吴广，上天要亡秦了。我听说，先发制人，后发为人所制。我想起兵，让你和桓楚担任统帅。

当陈胜、吴广首举义旗之时，谁都不知道他们的冒险使他们注定成为青史留名的人物。两个月后，天下汹汹的反秦波涛连秦帝国的郡守都深切地感受并认识到了：秦帝国的末日到了。一个帝国的基层官员都知道，秦帝国玩儿完了。

会稽郡守殷通找项梁商讨起兵反秦，主要出于三大原因：

首先是秦帝国气数已尽。会稽是秦朝的一个郡 (今浙江北部及江苏南部一带)，作为会稽郡最高行政长官的殷通已经看出秦帝国气数已尽。如果现在不带头造反，一旦会稽郡辖地有人起兵，他必将成为第一个被杀之人。出于保全身家性命的考虑，殷通决定起兵反秦，可见，殷通的起兵带有明显的投机与自保的性质。会稽郡守殷通起兵，说明此前全国各地出现了太多的县杀县令、郡杀郡守的恶性事件。帝国的基层官员成为大起义中第一批被清算的人！

其次，项梁在会稽郡名气很大。会稽郡守决定叛

江西皆反，此亦天亡秦之时也。吾闻先即制人，后则为人所制。吾欲发兵，使公及桓楚将。

——《史记·项羽本纪》

秦时首先想到的是世代为楚将的项氏后人项梁。他认为：让项梁参与谋划起兵反秦，胜算大，号召力大。殷通是文官，不懂军事，又是秦帝国的郡守，这些年来没少干欺压百姓的事。现在要举兵叛秦，底气明显不足。因此，他要借力、借名，项梁就是殷通借力、借名的首选。

再次，找桓楚需要项梁帮助。桓楚是殷通看中的另一个有名气的人，但是，桓楚亡命江湖，现在在哪儿都说不清，寻找此人亦需要项梁相助。

项梁听完，立即明白：他苦苦等待多年的机会来了。

项梁借机对殷通说：桓楚亡命江湖，没人知道他在哪儿，只有项羽知道。于是，项梁利用太守殷通让他召见项羽的机会，把自己杀殷通、夺取会稽郡的计划告诉了项羽，要他持剑在外等候。重新入座后，项梁告诉殷通，把项羽叫进来，让他去找桓楚。殷通召项羽进入郡守府议事，项梁给进入郡守府的项羽使了个眼色，项羽突然拔剑，杀死殷通。项梁手提郡守的人头，佩戴着郡守的绶带，挂着郡守的官印。整个郡守府都被突然发生的这一幕震惊了，一场混战立即在郡守府中展开。这场搏杀中，项羽一个人就杀了上百人，整个郡守府中的人都吓得趴在地上不敢轻举妄动。这是项羽一生中第一次实施"斩首行动"，项羽的果敢、勇武、霸气、杀气，第一次得到超常的发挥，震慑了整个

梁曰："桓楚亡，人莫知其处，独籍知之耳。"梁乃出，诫籍持剑居外待。梁复入，与守坐，曰："请召籍，使受命召桓楚。"守曰："诺。"梁召籍入。须臾，梁眴籍曰："可行矣！"于是籍遂拔剑斩守头。项梁持守头，佩其印绶。门下大惊，扰乱，籍所击杀数十百人。一府中皆慑伏，莫敢起。——《史记·项羽本纪》

郡守府。

项梁立即召集吴中当地的豪绅、官吏，通报了自己起兵反秦的大事，并且派人到会稽郡下属的各县去征兵，得到精兵八千。这八千江东子弟兵成为项氏集团的核心战力！

项羽的出色表现再一次得到项梁的充分肯定。项梁杀死会稽郡守后自封为"会稽守"，项羽被封为"裨将"。守，是郡守；裨将，即是副将。

司马迁在《史记·项羽本纪》结尾这样评价项羽：秦朝的暴政引发了陈胜的起义，当时天下起兵的豪杰多得数都数不过来。项羽没有任何凭借，乘势而起，竟然只花了三年时间就率领天下诸侯消灭了秦朝，分封诸侯，政令出自项羽，自号为霸王。他虽然没有善终，但是，项羽却是自古以来的第一人。

人生需要平台

项羽真的是没有任何凭借就突然崛起了吗？

错！贵族之家、将门之后是他的第一个平台。

项羽的祖父是楚国名将项燕。《史记·陈涉世家》记载陈胜、吴广密谋首义之时，陈胜曾说：我听说秦二世是始皇帝最小的儿子，不应当继承皇

梁乃召故所知豪吏，谕以所为起大事，遂举吴中兵。使人收下县，得精兵八千人。——《史记·项羽本纪》

于是梁为会稽守，籍为裨将。——《史记·项羽本纪》

夫秦失其政，陈涉首难，豪杰蜂起，相与并争，不可胜数。然羽非有尺寸乘势，起陇亩之中，三年，遂将五诸侯灭秦，分裂天下，而封王侯，政由羽出，号为"霸王"，位虽不终，近古以来未尝有也。——《史记·项羽本纪》

位，应当继承皇位的是公子扶苏。扶苏因为多次劝阻秦始皇，始皇帝将他打发出京，到长城军团做监军。坊间传说：有人说扶苏没有罪过，却被秦二世赐死。民间百姓都听说他是一位贤者，却不知道他已经被杀了。项燕是一位屡立战功的楚国大将，爱惜士卒，楚人都很爱他。现在有人说他下世了，有人说他逃亡在外。如果我们起兵打着公子扶苏、楚将项燕的旗号，参加者一定众多。吴广听说后，深表赞成。

陈胜、吴广这样的普通戍卒都认为"扶苏"与"项燕"是首义反秦必须高举的两面大旗，可见，项燕在楚地拥有多么巨大的影响力。

所以，"项氏世世为楚将"是项羽最重要的政治资本。这一政治资本对项羽来说，有两点重要意义：

第一，使项羽迅速成为秦末起义军中的重要人物。

第二，贵族世家、世为楚将的巨大号召力。

由于项氏家族的巨大影响和项梁的出众才华，项梁集团一起兵就迅速成为楚地反秦武装中的一颗新星。陈胜被杀后，项梁集团从楚地最有影响力的集团走向全国，成为在全国具有重大影响力的反秦集团。项梁对项羽的器重使项羽在项梁集团中迅速成为项梁的副将，给了项羽一个比同时代其他军事天才更高的平台。项羽能在二十四岁时就成为具有全国性重大影响的项梁集团的副总司令，拥有一个高大、宽广的平台，这对项

陈胜曰：『天下苦秦久矣。吾闻二世少子也，不当立，当立者乃公子扶苏。扶苏以数谏故，上使外将兵。今或闻无罪，二世杀之。百姓多闻其贤，未知其死也。项燕为楚将，数有功，爱士卒，楚人怜之。或以为死，或以为亡。今诚以吾众诈自称公子扶苏、项燕，为天下唱，宜多应者。』吴广以为然。——《史记·陈涉世家》

羽一生的事业极为重要。因为平台往往比才干更重要。项羽凭借着项氏贵族的声望，借助于叔叔项梁的器重，获得了一个这么宝贵的人生平台，是他人生的一大幸运。

秦末大起义初期有一位领袖陈婴，原来是东阳令史。东阳是秦朝的一个县，即今安徽天长市。陈婴一向非常谨慎，讲究信用，被当地人称为忠厚长者。秦末大起义席卷东阳县时，东阳县的一些年轻人杀死本县县令，聚集了几千人起义。但是，起义军中没有合适的领军人物。找来找去，发现东阳令史陈婴的资历、声望、才干都很合适，他们便要求陈婴做首领，遭到陈婴拒绝，于是，他们强迫陈婴当了起义军的首领。

由于陈婴在东阳非常有声望，所以，陈婴做了首领后，队伍一下子发展到两万多人。

这些起义的青年人看到起义军迅速壮大，便要立陈婴为王，建立一支与众不同、头裹青巾为标志、不隶属于任何人的特殊军队——苍头军。

陈婴的母亲坚决不同意儿子称王。陈母说：自从我嫁到你们陈家，从来没有听说你家的祖先有大富大贵的人。如今突然称王，恐怕不吉利。不如找个名家归附在人家名下，事成了可以封侯，事砸了也容易逃，不至于被人指名道姓地通缉。

自古以来，因为法不治众，对造反者实行的都是首恶（世所指名）必办，胁从不问。陈母就是要陈婴当个"胁从"，不要当必办的"首恶"。这和刘邦刚刚起兵时的情况一样，萧何、曹参等人在秦朝时比刘邦官位都高，但是，一旦造反，他们都不敢当头儿，害怕成为首恶。只有胆大的刘邦敢于当这个头儿，不怕"世所指名"。对于一个政权来说，"世所指名"，就是匪首。陈婴听了母亲的话，不做匪首，不敢为王，这是趋利避害的人之常情，可以理解。但是，陈婴要带着这支队伍归属谁，就不是人之常情，而是受一种观念的支配。他对下属说：项氏世世为将，在楚国非常有名，如果我们想起兵反秦，那么非项氏来领导这支队伍不可。我们要是能依靠项氏这样的名门大族，一定能够灭亡秦国。陈婴的建议得到了东阳起义军的一致赞同。所以，陈婴率领这支两万多人的军队投靠了项梁、项羽。

陈婴的建议能够得到大多数起义军成员的认同，说明当时多数人都认可项氏，项氏家族在楚地具有很强的号召力。这是项羽的重要政治资本，也是项羽崛起的一个重要原因。

秦末大起义中还有一位受过秦朝黥刑（脸上刺字）的勇将——英布，因为他受过黥刑，故亦称黥布。黥布因独犯秦法而被罚至骊山做苦工，在骊山他集结了一些囚徒，逃出来当了强盗。陈胜、吴广起义后，他也乘势起兵，并且在陈婴归属项梁之后也投靠了项梁。项梁战死后他成了项羽的部下，成为项羽手下最勇

陈婴者，故东阳令史，居县中，素信谨，称为长者。东阳少年杀其令，相聚数千人，欲置长，无适用，乃请陈婴。婴谢不能，遂强立婴为长，县中从者得二万人。少年欲立婴便为王，异军苍头特起。陈婴母谓婴曰：『自我为汝家妇，未尝闻汝先古之有贵者。今暴得大名，不祥。不如有所属，事成犹得封侯，事败易以亡，非世所指名也。』婴乃不敢为王。谓其军吏曰：『项氏世世将家，有名于楚。今欲举大事，将非其人不可。我倚名族，亡秦必矣。』于是众从其言，以兵属项梁。
——《史记·项羽本纪》

项梁渡淮，黥布、蒲将军亦以兵属焉。
——《史记·项羽本纪》

猛的将军。项羽分封天下十八诸侯王时，黥布因为战功居项羽集团所有将领之首而受封为九江王。

黥布在起兵后归属项梁，与陈婴归属项梁一样，也是因为项氏世世为楚将，名声极大。

可见，在当时的社会中，六国的遗老、官僚及普通百姓对被秦国灭掉的六国旧政权仍然存有极强的依恋心态。六国旧政权的余孽，实际成了与秦朝中央政府抗衡的一股重要力量。

陈婴、黥布皈依的不仅是名门望族项氏，还是自战国以来长期存在于人们心中的一股强大政治势力。只有代代相传的贵族世家，才能得到一般民众的心理依靠。

可见，人生不能没有平台。这是人生向上的必备利器。项羽的平台是贵族家族，世世楚将的家族是项羽人生的第一个平台。当然，有了平台并不保证你一定能够成功，要成功还得有熟练驾驭平台的本领。

项梁的副将是项羽的起点，它为后来项羽登上秦末大起义政治舞台提供了许多方便。这是项羽在秦末群雄并起的大环境中迅速崛起的一个重要原因。

一个人在社会上做事，特别是一生中想做点大事，起点非常重要。起点就是平台，起点就是机会。起点高，平台高，机会就多；反之，起点低，平台低，往往事倍而功半。

项羽和韩信是这一时期旗鼓相当的两位军事奇才，他们之间具有很大的可比性。韩信同样是慕名而首先投奔项梁，但是，项梁不了解他，更没有重用他。项梁死后，韩信归属项羽。作为项羽部下的郎中，韩信多次建言，项羽都未采纳。刘邦赴汉中任汉王，在项羽手下得不到重用的韩信又转到刘邦手下任职，地位仍然非常低，更无知名度。韩信归汉后，不但没有得到重用，而且犯了死罪。同案的十三位案犯个个被处决，韩信因为偶遇滕公，才得以免死。韩信早年如此不顺利，原因是他的起点太低，没有平台，没有施展才华的机会。与韩信相比，项羽真是一位乱世中的幸运儿。

放羊娃的悲喜人生

项梁起兵响应陈胜反秦，特别是项梁渡江西进后，凭借着项氏家族在楚地的赫赫声名，项梁集团的力量迅速扩张，成为继陈胜之后楚地的第二大反秦集团。由于陈胜集团和项梁集团都集中于楚地，楚地迅速成为天下反秦势力最大的地区。树大招风，章邯军团在击败了攻入函谷关的陈胜部将周巿 (fú) 后，率兵首先攻打楚地的反秦武装，陈胜、吴广首先被杀。

陈胜战死之后，项梁成为楚地反秦武装的核心人物。项梁在得知陈胜战死的确切消息后，召集楚地各路反秦武装开会，刘邦也参加了这次重要会议，商讨下一步的行动。

七十岁的范增向项梁建议：陈胜的失败是必然的。秦灭六国，最无辜的是楚国。楚怀王被骗入秦国，最终没有返回故国，所以，楚国百姓都非常怀念楚怀王。有

及项梁渡淮，信仗剑从之，居戏下，无所知名。项梁败，又属项羽，羽以为郎中。数以策干项羽，羽不用。汉王之入蜀，信亡楚归汉，未得知名，为连敖。坐法当斩。——《史记·淮阴侯列传》

人说：楚国即使只剩下三姓王族，最终灭秦的也必定是楚人。如今陈胜率先起事，没有拥立楚王的后代，而是自己称王，所以不可能支撑多久。如今，这么多起兵的人都归属你，是因为项氏世世代代是楚国的将领，能够重立楚王的后人为楚王。

范增的建议是一把双刃剑：在烽烟四起的反秦初期，立战国时期楚王的后人为楚王，对当时的楚地老百姓确实有巨大的号召力；但秦帝国灭亡后，如何处理在反秦斗争中重新称王的六国君王后裔，将会成为一个非常棘手、敏感的政治问题。

继续保持他们的王位，等于拱手将推翻暴秦的胜利果实送给他人，这是任何一个胜利者都很难办到的事。如果废弃他们在反秦初期的王位，又非常容易引来政治对手的攻击，成为政治上的一大败笔。所以说谁做了推翻暴秦的盟主，谁就捧上了这个烫手的山芋。

项羽就是因为在秦亡后未能处理好项梁在反秦初期拥立的楚怀王熊心，被刘邦安上"弑君"的罪名，在政治上陷入被动，进而付出了极高的代价。

项梁采纳了范增的建议，在民间找到了楚怀王的孙子熊心。此时熊心已经沦落为一个放羊娃。项梁找到他，立其为楚王，为了满足楚地百姓对楚怀王的怀念，仍用楚怀王的称号。

陈胜败固当。夫秦灭六国，楚最无罪。自怀王入秦不反，楚人怜之至今。故楚南公曰『楚虽三户，亡秦必楚也』。今陈胜首事，不立楚后而自立，其势不长。今君起江东，楚蜂午之将皆争附君者，以君世世楚将，为能复立楚之后也。——《史记·项羽本纪》

于是项梁然其言，乃求楚怀王孙心民间，为人牧羊，立以为楚怀王，从民所望也。——《史记·项羽本纪》

从放羊娃到楚王，无疑是人生的一个巨变。放羊娃熊心真是人生的幸运儿！但是，熊心的人生之路充满了变数。他之所以能够从放羊娃一步登天成为楚王，是因为他的祖上世世是楚国国君。在楚国刚刚灭亡的十几年的特殊历史时期里，熊心是一面具有象征意义的旗帜。但是，他只是当时楚地最有实力的反秦武装项梁集团所立的一个傀儡。项梁并不希望熊心对反秦大业指手画脚，他只是想借用熊心这面旗帜。项梁军团决定了放羊娃熊心的升沉荣辱，如何与项梁集团首领相处，如何在楚地众多反秦武装集团中左右逢源，对于一个放羊娃来说，是一个严峻的考验。这是他的幸运，也是他的悲剧。

项梁从东阿起兵，打到定陶，击败章邯军团。项羽又杀了秦丞相李斯的儿子、三川郡太守李由，项梁因此骄傲起来，不再把秦军放在眼里。项梁手下的幕僚宋义告诫项梁：将军打了胜仗就骄傲，士兵打了胜仗就懈怠，现在士兵已经懈怠了，秦军是天天增兵，我真为你担心。但是，接二连三的胜利已经冲昏了项梁的头脑，逆耳之言听不进去了。项梁干脆派宋义出使齐国，省得宋义在自己耳边天天唠唠叨叨。宋义在去齐国的路上遇到了齐国的使者高陵君显。宋义问：您是去拜见武信君项梁吗？高陵君回答：是啊。宋义说：我认为武信君项梁必定战败。您悠着点走能捡条命，您走得急了将会遇到大祸。秦帝国不断增兵给章邯，章邯发兵攻打项梁。项梁兵破定陶，战败被杀。项梁战死让项羽、刘邦感到担心，他们俩认为：项梁兵败，军心动摇。于是，项羽、刘邦和另一支友军吕臣军一块儿率兵东进。项羽驻守彭城（今江苏徐州市）西，刘邦驻守彭城砀地，吕臣驻守彭城东附近。

项梁兵败战死，对楚怀王熊心来说是一个重大挑战，也是一个难得的机会。熊心立即做了两件大事：一是迁至彭城，二是调整军事长官。楚怀王熊心原来驻守盱台（xū yí，今江苏盱眙县），现在迁到彭城。因为彭城周围楚军主力较多，有较强的军力支撑，在安全上他更放心。调整军事长官是楚怀王熊心的一着险棋。他被项梁立为楚怀王时，项梁只是想让他做个招牌菜。但是，人算不如天算，项梁没想到自己竟然"走"在了熊心的前面。楚怀王熊心从即位之日起就知道自己是个摆设，他也没想到政治强人项梁突然兵败身亡。楚怀王熊心是项氏所立，项氏决定着他的生存状态。项梁战死这一突发事件让熊心面临着两种选择：一是以假当真，独立行使楚地最高领袖的职能；二是继续听命于项氏。选择前者可以让熊心过把瘾，选择后者则继续当他的傀儡楚王。前者固然诱惑很大，但风险亦很大。因为一旦真正独立行使楚地义军最高领袖的权力，内部必然与项氏集团发生激烈冲突，外部亦会成为秦军追杀的对象。放弃这一机会，楚怀王熊心又心有不甘。最终，楚怀王熊心过了把独立瘾。他夺了项羽的军权，将项氏集团的军队和吕臣的军队合并起来，由自己直接掌管。对被夺了军权的

项梁起东阿，西比至定陶，再破秦军，项羽等又斩李由，益轻秦，有骄色。宋义乃谏项梁曰："战胜而将骄卒惰者败。今卒少惰矣，秦兵日益，臣为君畏之。"项梁弗听。乃使宋义使于齐。道遇齐使者高陵君显，曰："公将见武信君乎？"曰："然。"曰："臣论武信君军必败。公徐行即免死，疾行则及祸。"秦果悉起兵益章邯，击楚军，大破之定陶，项梁死。沛公、项羽去外黄攻陈留，陈留坚守不能下。沛公、项羽相与谋曰："今项梁军破，士卒恐。"乃与吕臣军俱引兵而东。吕臣军彭城东，项羽军彭城西，沛公军砀。

——《史记·项羽本纪》

吕臣，熊心给了很高的优待：任命吕臣为司徒，吕臣的父亲吕青为令尹。对于非项氏集团的刘邦，熊心给予扶植，封刘邦为武安侯，命其担任砀郡长，继续统领砀郡军队。

此时又发生了一件让楚怀王熊心兴奋不已之事。原先得到宋义警告的齐国使者高陵君显见到楚怀王熊心，对宋义赞赏有加：宋义早就说过武信君必败。停了几天，武信君项梁果然兵败。仗未打就能看出败征，这叫知兵。楚怀王熊心一听，立即召见宋义。一番谈话，楚怀王熊心大为兴奋，立即任命宋义为上将军。上将军是秦汉时期的最高军职，宋义担任上将军表明楚怀王熊心将宋义看作是自己安插在楚军中的心腹战将。项氏集团的重要成员项羽，受封鲁公，担任次将，范增任末将，刘邦以外的其他将领都归宋义指挥。宋义被称为"卿子冠军"。

项梁之死对项羽来说是一个重大的挫折，项羽的军权被剥夺，项羽的地位也受到楚怀王熊心的压制。

项梁战死，项羽第一次走到了人生的十字路口。过去，项羽是当仁不让的二当家，只要项梁说

楚兵已破于定陶，怀王恐，从盱台之彭城，并项羽、吕臣军自将之。以吕臣为司徒，以其父吕青为令尹。以沛公为砀郡长，封为武安侯，将砀郡兵。初，宋义所遇齐使者高陵君显在楚军，见楚王曰：『宋义论武信君之军必败，居数日，军果败。兵未战而先见败征，此可谓知兵矣。』王召宋义与计事而大说之，因置以为上将军；项羽为鲁公，为次将，范增为末将，救赵。诸别将皆属宋义，号为卿子冠军。——《史记·项羽本纪》

话，项羽执行，即会马到成功。项梁一死，项羽的处境就微妙了。

首先是挫折。项羽和他的顶头上司楚怀王的关系顿时紧张起来。楚怀王深知，自己不过是项氏家族推出来的一个玩偶。他们今天可以立他为王，明天也可以置他于死地。所以，玩偶对他后面的牵线人心存戒备，甚而忌恨。项梁下世，楚怀王第一个反应就是夺兵权，项羽的地位随之急转直下。本来，作为项梁的副将，项羽完全可以接管项梁军团的余部。然而，楚怀王保留了刘邦的军权，却收回了项羽的军权。楚怀王到底是王族之后，他对于权力的运用，没有轰轰烈烈，大张旗鼓；倒是润物无声，和风细雨。项羽有口难辩，只得领命。

其次是机遇。项梁活着的时候，于公，项梁是主将，项羽是副将；于私，项梁是叔叔，项羽是侄子。所以，项羽凡事必须接受项梁的指挥，项羽始终生活在项梁的光环之中。项梁之死固然令项羽前途黯淡，却也给了项羽一次自由发光、任意挥洒的机会。从此，项羽可以毫无顾忌地自行其是。即使从头再来，每一点得失，都是我的地盘我做主。对于一个胸怀天下的年轻人来说，未尝不是幸事。

项梁的败亡让项羽独立走上了中国历史的大舞台。在这个大舞台上项羽表现如何呢？

请看：巨鹿之战。

巨鹿之战

谈到项羽的军事才能，大家不约而同地会想到"破釜沉舟"这个典故，这个典故表现了项羽一往无前、视死如归的精神，同时，也充分表现了项羽卓越的军事才能。这个典故就出自巨鹿之战。何谓巨鹿之战？

项羽在巨鹿之战中的表现如何呢？

二

夺取军权

《史记·秦楚之际月表》记载：秦二世二年后九月，秦军包围了赵国重镇巨鹿。三年十月，章邯军攻破邯郸。十一月，项羽统率楚兵渡河救巨鹿。十二月，项羽军大破秦军于巨鹿。端月（正月），项羽军俘虏秦将王离。

秦国大将章邯出关后首先镇压的是楚地义军，因为楚地是陈胜、吴广的首义之地，义军数量多，影响大，保秦必先灭楚。章邯如愿以偿，先败陈胜，导致陈胜战败被杀；再破项梁，在山东定陶杀死项梁。

先后除掉劲敌陈胜、项梁后，章邯认为：楚地的义军已经成不了气候。于是，他率军北上，攻击赵国，并大败赵军。赵王歇、赵相张耳逃入巨鹿城，陈馀率残军数万人驻守巨鹿城外。章邯命令王离、涉间率军围住巨鹿城。章邯率军驻守在南面，并修筑了专用的运粮通道（甬道）向王离军团供应军粮。陈馀率数万赵军驻守在巨鹿北边，这就是"河北之军"。

章邯为什么会在楚军并未彻底被剿灭的情况下挥师北上攻击赵国呢？

定陶一战，秦军重创楚军，而且杀死了楚军集团统帅项梁。偏将项羽的军事能力此时尚未得到展现，章邯对情况不明的项羽并没有给予特别的重视。另

章邯已破项梁军，则以为楚地兵不足忧，乃渡河击赵，大破之。当此时，赵歇为王，陈馀为将，张耳为相，皆走入巨鹿城。章邯令王离、涉间围巨鹿，章邯军其南，筑甬道而输之粟。陈馀为将，将卒数万人而军巨鹿之北，此所谓河北之军也。——《史记·项羽本纪》

一位楚将刘邦此时羽翼尚未丰满，也未崭露头角。唯其如此，章邯才会做出项梁既死，楚地之兵不足以忧虑的判断。

赵国是秦末反秦大起义中的重镇之一。秦末大起义有三大重镇，一是楚地，以陈胜、项梁为代表。二是齐地，以田儋为代表。三是赵地，以赵王歇、张耳、陈馀为代表。此时，章邯已击败并杀死陈胜、项梁、田儋，剩余的唯有三大重镇之一的赵国。灭赵是秦军的既定方针。灭了楚、齐两地主要义军后，灭赵自然就提上了议事日程。

此时赵国发生内讧。

秦末大起义中的赵国是赵地贤人张耳、陈馀多次在陈胜面前游说，力劝陈胜多立六国之后，扩大反秦势力，陈胜派自己的亲信武臣前往赵地扩大反秦武装的结果。武臣到赵地后，宣传、组织反秦武装，赵地反秦力量空前高涨。张耳、陈馀看到赵地反秦大势已成，劝武臣自立为赵王。张耳、陈馀劝武臣自立为赵王出于三方面原因：一是因为陈胜派到各地扩大反秦武装的将领扩展起兵之地多，因而遭人进谗言而被陈胜所杀者多。二是张耳、陈馀力劝陈胜不要过早称王，陈胜不听。三是张耳、陈馀虽然力劝陈胜派人到赵地扩大势力，但是，陈胜最终派的是自己的亲信武臣，张耳、陈馀只是武臣的部下，这让张耳、陈馀很不快。武臣在张耳、陈馀的力劝之下自立为赵王让陈胜极为愤怒，但为了不与赵地反秦武装翻脸，陈胜吞下了这一苦果，承认了武臣为赵王。当然，陈胜并非毫无动作。他要求赵王武臣西入秦关，并且扣留了武臣等人的家属，封赏了张耳的儿子张敖。张耳、陈馀听闻周章大军进入函谷关后在戏地被打败而退出函谷关。又听说：为陈王扩大土地的将军们大多因受人谗毁而被杀。

心中对陈王不采纳自己的建议，不听信自己的建言，不任命自己为将军，只任命了一个低级的校尉而不满。于是，他俩向武臣建议："陈王起兵至蕲而即位陈王，并没有一定要立六国后人为王。您率领三千人攻下赵地数十城，孤零零地留在河北赵地，不称赵王的话我担心你无法镇抚赵地。陈王听信谗言，恐怕你也难于避免灾难。将军不要失去时间，时间也不会等我们。"武臣听后自立为赵王，任命陈馀为大将军，张耳为右丞相，邵骚为左丞相，并派人向陈王汇报。陈王得到这一消息，大为愤怒，想杀了武臣的家人并发兵攻击赵国。陈王的相国房君进言说：秦国没有灭亡又杀了武臣的家族，这等于又造了一个和我们对立的秦国，不如趁此机会表示祝贺，再令武臣加快攻秦的步伐。正在愤怒的陈胜听完，感觉这个主意不错，采纳了相国房君的意见。同时，将武臣的家属全部迁至自己的宫中，并封张耳的儿子为成都君。陈胜派人到赵国祝贺赵王武臣，命令赵军抓紧向西攻入函谷关。

张耳、陈馀把陈胜的如意算盘看得清清楚楚。他俩力劝武臣：陈王承认你为赵王绝非本意。如果楚能灭秦，必然会对赵国动武。所以，当务之急不是西进灭秦，而是扩大赵国地盘，扩

张耳、陈馀闻周章军入关，至戏却；又闻诸将为陈王徇地，多以谗毁得罪诛，怨陈王不用其策不以为将而以为校尉，乃说武臣曰："陈王起蕲，至陈而王，非必立六国后。将军今以三千人下赵数十城，独介居河北，不王无以填之。且陈王听谗，还报，恐不脱于祸。又不如立其兄弟，不，即立赵后，将军毋失时，时间不容息。"武臣乃听之，遂立为赵王。以陈馀为大将军，张耳为右丞相，邵骚为左丞相。使人报陈王，陈王大怒，欲尽族武臣等家，而发兵击赵。陈王相国房君谏曰："秦未亡而诛武臣等家，此又生一秦也。不如因而贺之，使急引兵西击秦。"陈王然之，从其计，徙系武臣等家宫中，封张耳子教为成都君。陈王使使者贺赵，令趣发兵西入关。

——《史记·张耳陈馀列传》

大赵国势力。北击燕、代，南收河内。如果赵国的版图扩大了，力量增强了，楚国即使灭了秦也不敢轻易对赵用兵。

张耳、陈馀的意见让赵王武臣非常信服，他立即派人分头扩大地盘。其中，大将李良顺利攻占了常山，之后赵王武臣又派李良攻略太原。李良进军太原时在"太行八陉"之一的井陉关遭遇秦军阻击，未能顺利进兵。井陉关秦将非常狡猾，他莫名其妙地给未能顺利攻下井陉关的李良送了一封信。此信非常蹊跷：一是信未密封；二是诈称此信是秦二世派人送给李良的密信；三是告诉李良，你过去是秦将，地位尊贵。假如你能反赵归秦，将赦免你的叛秦之罪，继续让你享受荣华富贵。李良拿到这封据说是秦二世写给自己的信，将信将疑，不知道自己该如何办。

恰在此时突发一个事件，改变了李良的认知，让他从犹豫不决中做出了一个惊人之举。

什么突发事件呢？

原来李良路遇赵王武臣的姐姐外出饮酒。这位赵王姐姐带了一百多个随从，阵仗盛大。李良远远看见这么大的阵仗，误以为是赵王武臣出行，于是他赶快伏下身来，站在路边以示敬意。赵王的姐姐喝得醉醺醺的，不知道避让在路旁的人竟是赵

张耳、陈馀说武臣曰："王王赵，非楚意，特以计贺王。楚已灭秦，必加兵于赵。愿王毋西兵，北徇燕、代，南收河内以自广。赵南据大河，北有燕、代，楚虽胜秦，必不敢制赵。"——《史记·张耳陈馀列传》

李良已定常山，还报，赵王复使良略太原。至石邑，秦兵塞井陉，未能前。秦将诈称二世使人遗李良书，不封，曰："良尝事我得显幸。良诚能反赵为秦，赦良罪，贵良。"良得书，疑不信。乃还之邯郸，益请兵。——《史记·张耳陈馀列传》

国大将李良，只派了一位骑兵随从向伏在路旁的李良表示感谢。

李良一向身份尊贵，等他站起身来，面对自己的侍从时，深感羞惭。一位胆大的侍从大声说道：天下叛秦，谁有本事谁上。赵王武臣的才华一向在将军之下，现在赵王的姐姐竟然见将军不下车致敬，请让人追上去杀了她。

李良拿到秦将的劝降信后，本来就萌生了叛赵之心，只是未做出最后决定。在他萌生叛赵之心时突然遭到武臣姐姐的羞辱，尽管是无意的羞辱，他心中也十分不快，身边侍从的一番话更激发起李良的报仇心态。于是，他派人先追杀了赵王武臣的姐姐，再率兵突然偷袭了赵国都城邯郸，杀死了毫无戒备的赵王武臣、左丞相邵骚。张耳、陈馀耳目众多，知道消息得早，得以仓皇逃跑。张耳、陈馀在李良叛乱后搜集了数万残兵，有人告诫张耳、陈馀，你们难以在赵地独立门户，请迅速改立赵国王族后人为赵王，这样才能在赵地立足。二人找到赵歇，立为赵王，居住信都(今河北邢台市)。

穷途末路的李良，逃到章邯麾下。章邯认为里应外合是平定赵地的良机，急忙挥师北上，打算先平定河北，以断绝秦帝国之大患。章邯率兵

未至，道逢赵王姊出饮，从百余骑。李良望见，以为王，伏谒道旁。王姊醉，不知其将，使骑谢李良。李良素贵，起，惭其从官。从官有一人曰：『天下畔秦，能者先立。且赵王素出将军下，今女儿乃不为将军下车，请追杀之。』——《史记·张耳陈馀列传》

李良已得秦书，固欲反赵，未决，因此怒，遣人追杀王姊道中，乃遂将其兵袭邯郸，邯郸不知，竟杀武臣、邵骚。赵人多为张耳、陈馀耳目者，以故得脱出。收其兵，得数万人。客有说张耳曰：『两君羁旅，而欲附赵，难；独立赵后，扶以义，可就功。』乃求得赵歇，立为赵王，居信都。——《史记·张耳陈馀列传》

赶到邯郸，将邯郸的百姓全部迁到河内（治今河南沁阳市），同时将赵国都城邯郸全部夷为平地。张耳和赵王歇逃到巨鹿，被王离率领的长城军团紧紧包围。陈馀向北收拢常山散兵，得到几万人，驻扎在巨鹿北面。章邯军团屯兵于巨鹿南，修筑了专门向王离军团输送粮食的专用通道。由于有章邯的专用粮道，王离军团的粮食供应非常充足，屡屡急攻巨鹿。巨鹿城中兵力少而且已经断粮，张耳接连派人请求巨鹿城外的陈馀施以援手。陈馀认为自己的这几万士兵无法打败手中数十万人马的王离兵团，不敢冒险出兵。

不敢攻击秦军的不仅是陈馀，前来救援的燕军、齐军也驻扎在巨鹿城外观望，张耳的儿子张敖收集代地兵万余人，也只能驻扎在陈馀军旁，不敢攻击秦军。

此时，赵地的巨鹿集中了秦帝国的王离、章邯两大主力兵团，与此两大兵团作战的成败，关乎秦帝国的兴亡，也关乎反秦义军的前途。

在这样一个历史关口，项羽登场了。

全歼长城兵团

为了镇压日甚一日的关东（函谷关以东）义军，秦帝

李良走归章邯。章邯引兵至邯郸，皆徙其民河内，夷其城郭。张耳与赵王歇走入巨鹿城，王离围之。陈馀北收常山兵，得数万人，军巨鹿北。章邯军巨鹿南棘原，筑甬道属河，饷王离。王离兵多，急攻巨鹿。巨鹿城中食尽兵少，张耳数使人召前陈馀，陈馀自度兵少，不敌秦，不敢前。——《史记·张耳陈馀列传》

国动用了防范匈奴铁骑的长城兵团。该兵团原来由秦代名将蒙恬掌管，沙丘之变导致蒙恬被赐死，秦国大将王翦的孙子王离掌管了长城兵团。在秦帝国危亡之际，王离亲率长城兵团加入围歼赵国的行动，具体任务是围攻赵王歇刚刚逃入的巨鹿城。

项羽作为次将，奉命跟随"卿子冠军"宋义救赵，到达安阳（今山东曹县东南）。此时，天气大寒，冻雨加雪，士兵们饥寒交迫。宋义天天高歌酒会，驻留四十六天不前进，项羽要求紧急救赵，宋义扬言：先让秦赵相斗！如果秦国胜了，我们借着秦军的疲劳，攻打秦军；如果秦军败了，我们率兵一路向西追杀，可以大败秦军，并大言不惭地对项羽说：披坚执锐，我不如您；运筹帷幄，您不如我。项羽回撑（duǐ）宋义：我们应当全力攻秦，现在竟然滞留四十六天不前进。今年岁饥民贫，士兵吃芋头和豆子，军中没有现粮。你天天饮酒高会，不带兵渡河在赵地筹粮，和赵国合力攻秦，还说什么等秦赵争战的结果。秦国如此强大，攻打一个刚刚立国的赵国，有什么结果让你承接？再说我们楚国刚刚打了败仗，怀王日夜寝食难安，把整个楚国的军队给了你，国家安危，全在此一仗。如今你不体恤士兵，只顾为自己谋私利，不是社稷之臣。于是，趁着早上拜见上将军宋义的机会，在大帐中砍下宋义的头，并号令军中：宋义和齐国谋，背叛楚国，楚怀王熊心暗中给我下令诛杀宋义！军中诸将齐声赞成：首立楚国的是将军家，如今除掉叛乱的还是将军。遂即派人追杀宋义生前派往齐国出使的儿子，一直追到齐国才杀了宋义的儿子。然后派桓楚向楚怀王熊心报告诛杀宋义一事，事已至此，楚怀王熊心只能接受他最不想接受的事实。因为项羽诛杀宋义，意味着熊心掌握兵权和调整主官两项大事完全失败。

项羽杀了"卿子冠军"宋义，威震楚国，名闻远近。于是，他派当阳君黥布、蒲将军率领两万士兵渡河救援巨鹿。随后，在陈馀的请求下，率领全部楚军渡河。渡河后，项羽下令沉掉所有的船只，砸坏所有的烧饭用具，烧掉所有可以居住的房子，每位战士只能带三天的干粮，以示已无退路的决心。秦、楚两军相遇，经过多次白热化厮杀，项羽率军斩断了秦军的专用粮道，大败秦军，杀了苏角，俘获了长城军团首领王离，涉间不降楚，自杀身亡。这场大仗，楚军的气势居全部诸侯军之冠。救援巨鹿的各路诸侯军有多支，但是，没有一支敢于参战。等到楚军猛攻秦军，各路诸侯军将领纷纷站在自家营房观战。楚军战士无不以一当十，楚兵呼声惊天动地，诸侯军听到楚军的喊杀声，无不人人恐惧。楚军打败秦军后，项羽召见各路诸侯将领，他们一进入楚军大营，无人不是跪着前行，没有一人敢抬头看着项羽。项羽因此成

诸别将皆属宋义，号为卿子冠军。行至安阳，留四十六日不进。项羽曰：「吾闻秦军围赵王巨鹿，疾引兵渡河，楚击其外，赵应其内，破秦军必矣。」宋义曰：「不然。夫搏牛之虻不可以破虮虱。今秦攻赵，战胜则兵罢，我承其敝；不胜，则我引兵鼓行而西，必举秦矣。故不如先斗秦赵。夫被坚执锐，义不如公；坐而运策，公不如义。」因下令军中曰：「猛如虎，很如羊，贪如狼，强不可使者，皆斩之。」乃遣其子宋襄相齐，身送之至无盐，饮酒高会。天寒大雨，士卒冻饥。项羽曰：「将戮力而攻秦，久留不行。今岁饥民贫，士卒食芋菽，军无见粮，乃饮酒高会，不引兵渡河因赵食，与赵并力攻秦，乃曰『承其敝』。夫以秦之强，攻新造之赵，其势必举赵。赵举而秦强，何敝之承？且国兵新破，王坐不安席，埽境内而专属于将军，国家安危，在此一举。今不恤士卒而徇其私，非社稷之臣。」项羽晨朝上将军宋义，即其帐中斩宋义头，出令军中曰：「宋义与齐谋反，楚王阴令羽诛之。」当是时，诸将皆慑服，莫敢枝梧。皆曰：「首立楚者，将军家也。今将军诛乱。」乃相与共立羽为假上将军。使人追宋义子，及之齐，杀之。使桓楚报命于怀王。怀王因使项羽为上将军。当阳君、蒲将军皆属项羽。——《史记·项羽本纪》

为诸侯联军的上将军，全体诸侯都归他统率。

项羽全歼秦军长城兵团，仅仅是完成了巨鹿之战的第一阶段；但是，长城军团成建制地被歼，严重打击了秦军的气势，也改变了双方的军力对比。

约降章邯兵团

此时，章邯军团驻在棘原（今河北平乡县），项羽率联军驻在漳南（今河北故城县），互相对峙而未交战。秦军多次打得不顺利，秦二世派人指责章邯作战不力，章邯心中担忧，专门派长史司马欣去朝中汇报、请示。司马欣到了咸阳，在司马门逗留了三天，赵高不见，明显表达了对司马欣的不信任。司马欣看出端倪，赶紧退回军中，不敢走来路，绕别道回营。赵高果然派人追杀司马欣，因回军的道路不是原路，司马欣幸免赵高追杀。回到军中，司马欣向章邯报告：赵高在朝中专权，其他人都无法作为。如果我们这里打胜了，赵高必然嫉妒我们的功劳；如果打输了，我们不能幸免于被杀。希望将军认认真真考虑一下后果。

恰在此时，陈馀给章邯写了一封信，大意说：白起作为秦将，南征鄢郢，北坑赵括，攻城略地，数都数不过来，最终竟然被赐死。蒙恬为秦将，北

项羽已杀卿子冠军，威震楚国，名闻诸侯。乃遣当阳君、蒲将军将卒二万渡河，救巨鹿。战少利，陈馀复请兵。项羽乃悉引兵渡河，皆沉船，破釜甑，烧庐舍，持三日粮，以示士卒必死，无一还心。于是至则围王离，与秦军遇，九战，绝其甬道，大破之，杀苏角，虏王离。涉间不降楚，自烧杀。当是时，楚兵冠诸侯。诸侯军救巨鹿下者十余壁，莫敢纵兵。及楚击秦，诸将皆从壁上观。楚战士无不一以当十，楚兵呼声动天，诸侯军无不人人惴恐。于是已破秦军，项羽召见诸侯将，入辕门，无不膝行而前，莫敢仰视。项羽由是始为诸侯上将军，诸侯皆属焉。——《史记·项羽本纪》

逐戎人，为秦国开辟榆中千里之地，最终被斩阳周（今陕西子长市）。为什么呢？因为功劳太多，秦不能全部封赏，因此借机除掉。如今将军您作为秦将已经三年了，手下损失的士兵有十多万，但是诸侯反秦的势头未减。赵高一向是谄媚皇上之人，现在的形势不妙，他也怕皇上向他问罪，因此想方设法杀掉将军以堵住皇上的问责，派人代替将军以洗刷自己。将军久居外朝，内部矛盾重重，有功要杀，无功也要杀。何况上天要灭亡秦朝，天下无论智者、愚者都看明白了。您现在在朝中不能直言劝谏，在朝外将成为亡国将军，立身孤独而想苟活，难道不悲哀吗？将军为何不退兵与诸侯合作，约好共同攻秦，分其地而称王。这比自己接受酷刑，妻子和孩子成为罪人的结局更好。章邯看后，心中充满疑虑，暗中派人想与项羽订立盟约。盟约未谈完，项羽派蒲将军率兵渡过三户（今河北磁县西南古漳水上），驻军漳南和章邯军团作战，再次打败章邯军团。项羽率领全军攻击汙水上（今河北磁县境内）的秦军，又败秦军。

据《史记·秦楚之际月表》，秦二世三年十二月项羽在巨鹿大破秦军，正月，俘虏王

章邯军棘原，项羽军漳南，相持未战。秦军数却，二世使人让章邯。章邯恐，使长史欣请事。至咸阳，留司马门三日，赵高不见，有不信之心。长史欣恐，还走其军，不敢出故道，赵高果使人追之，不及。欣至军，报曰：『赵高用事于中，下无可为者。今战能胜，高必疾妒吾功；战不能胜，不免于死。愿将军孰计之。』陈馀亦遗章邯书曰：『白起为秦将，南征鄢郢，北坑马服，攻城略地，不可胜计，而竟赐死。蒙恬为秦将，北逐戎人，开榆中地数千里，竟斩阳周。何者？功多，秦不能尽封，因以法诛之。今将军为秦将三岁矣，所亡失以十万数，而诸侯并起滋益多。彼赵高素谀日久，今事急，亦恐二世诛之，故欲以法诛将军以塞责，使人更代将军以脱其祸。夫将军居外久，多内却，有功亦诛，无功亦诛。且天之亡秦，无愚智皆知之。今将军内不能直谏，外为亡国将，孤特独立而欲常存，岂不哀哉！将军何不还兵与诸侯为从，约共攻秦，分王其地，南面称孤；此孰与身伏铁锧，妻子为僇乎？』章邯狐疑，阴使候始成使项羽，欲约。约未成，项羽使蒲将军日夜引兵度三户，军漳南，与秦战，再破之。项羽悉引兵击秦军汙水上，大破之。

——《史记·项羽本纪》

离，二月，打败章邯，四月再次打败章邯。七月，章邯才在自己不为秦廷所容、进退失据的情况下与项羽约降。此时离项羽在巨鹿开战已有八个月，这显示了章邯军团的实力雄厚，即使王离军团被歼，章邯仍然可以独立对抗项羽。如果秦帝国继续支持章邯，项羽打败章邯的时间可能还要推迟。

章邯在内外交困的背景下选择了约降项羽，项羽在军粮匮乏的情况下准备接受章邯的约降。签完约降书后，章邯面见项羽仍念念不忘地诉说赵高企图加害自己的窘境。可见，章邯投降，不光是面临项羽的军事压力，更重要的是得不到秦帝国中央政府的支持，仗没法打了。项羽接受章邯约降是因为自己的军粮不足，打不下去了。项羽接受章邯约降后，封章邯为"雍王"，留置自己军中。"雍"，在今陕西宝鸡一带，是"关中"的一部分。可见，在约降章邯时，项羽已决定不设"关中王"，而是将关中之地分为几块，分别封王。司马欣受封上将军，统领章邯所部，作为整个军团的前导。

长达八个月的巨鹿之战，击败了秦帝国的两大主力军团，奠定了反秦斗争的最后胜利，但是，漫长的巨鹿之战也延误了项羽入关的时间。

那么，项羽是如何入关的呢？

请看：项羽入关。

章邯使人见项羽，欲约。项羽召军吏谋曰："粮少，欲听其约。"军吏皆曰："善。"项羽乃与期洹水南殷虚上。已盟，章邯见项羽而流涕，为言赵高。项羽乃立章邯为雍王，置楚军中。使长史欣为上将军，将秦军为前行。——《史记·项羽本纪》

项羽入关

三

巨鹿之战后，项羽率领除刘邦之外的各路诸侯浩浩荡荡地向西进发。但未曾料想，刘邦先于项羽两个月于汉元年（前206）进入关中秦地，并派兵把守函谷关，阻止项羽入关。项羽以武力强行打入关中，刘、项矛盾迅速激化。此时，项羽挟巨鹿之战胜利之威，统率四十万诸侯联军，刘邦仅有十万大军，形势对刘邦十分不利。项羽为什么要对刘邦痛下杀手呢？又是什么原因导致项羽轻纵刘邦呢？

该"怒"该"笑"是门大学问

公元前206年十月，刘邦怀着极为兴奋的心情率先进入关中。之后，他派兵把守函谷关，阻止项羽和其他诸侯入关，准备就任关中王。按说，刘邦的这种做法并没有错，因为，他在西进之前，与项羽在楚怀王面前曾经有个约定：谁先进入函谷关，谁就做关中王（先入定关中者王之）。既然我刘邦先于项羽进入函谷关，我自然要当关中王。

项羽在巨鹿之战中打败了秦军主力，并作为诸侯联军的总指挥，率领四十万大军西进入关。但是，公元前206年十二月项羽走到函谷关时，却遇到刘邦军队以武力拒绝项羽入关。此时，项羽才知道刘邦比他早两个月进入函谷关，"闻沛公已破咸阳，项羽大怒"《史记·项羽本纪》，派兵打入了函谷关。

这是项羽入关之时的第一个"大怒"。

这里有两个问题：

一是项羽为什么大怒？

二是项羽的"大怒"说明了什么？

巨鹿之战胜利之后，"项羽召见诸侯将，入辕门，无不膝行而前，莫敢仰视"。所谓"膝行"，就是跪着前进，由此可见诸侯将对项羽的敬畏，"项羽由是始为诸侯上将军，诸侯皆属焉"。项羽因此成为天下诸侯的总指挥、总盟主。

可见，巨鹿之战的胜利极大地提高了项羽的政治地位，使项羽高居诸侯上将军的位置。此时的项羽已经习惯了把自己看作是秦末大起义中最大的功臣，也习惯了天下诸侯对他的尊崇和敬畏。但是，他没有料到刘邦竟然抢先一步，率先入关。按照事先与刘邦的约定，无论项羽有多大功劳，"关中王"都应该给刘邦。这是项羽心中最难咽的一口气！为什么呢？

一是诸侯将与刘邦对项羽态度的反差太大。

诸侯将在巨鹿之战后见到项羽"无不膝行而前，莫敢仰视"，对项羽充满敬畏。刘邦把住函谷关不让项羽入关，充满敌意，这个反差太大了，项羽感受得最深切。

二是项羽认为刘邦出力不多。

项羽认为自己击败秦军两大主力军团，是灭秦贡献最大的人，这的确是实情。而刘邦是在自己吸引了秦军主力并歼灭秦军主力的情况下轻松进入关中的，所以即使刘邦先入关，但因为功劳不够，也不能让他做关中王。

三是刘邦的关中王是楚怀王许下的。

此时的楚怀王熊心是战国末年被秦王扣留在秦地并死在秦国的楚怀王的孙子。他是在范增的建议下由项梁所立的一个傀儡。先入关为关中王是"怀王之约"，项羽对楚怀王熊心早就极为不满，岂能遵守"怀王之约"？

刘邦以武力拒绝项羽入关，这对项羽的自尊来说是一个极大的伤害，也是项羽函谷关前"大怒"的根本原因。

项羽在函谷关前的"大怒"说明了什么呢？

这个"大怒"暴露了项羽在政治上的幼稚和无知！项羽"怒"得无知，"怒"得幼稚！为什么这么说呢？我们可以分析一下刘邦和项羽二人的相互关系。

刘、项关系大体上可以划分为两个阶段：

第一阶段，在反秦斗争中，刘、项两大军事集团是并肩作战的友军，他们有共同的敌人——秦王朝，有共同的利益，因此，刘、项是战略同盟者。

第二阶段，秦帝国的灭亡使刘、项两大军事集团失去了共同的敌人，也失去了共同的利益。从这一时刻起，刘、项两家由并肩作战的友军无可避免地演变为争夺秦末大起义胜利果实的两大对立的军事集团。这种集团根本利益的冲突是必然的、不可调和的。这两个阶段的转折点就是秦帝国的灭亡。

公元前206年十月刘邦入关，秦王子婴出降，就是这段历史的拐点！谁最早意识到这一历史拐点，并自觉地为本集团的根本利益而奋斗，谁就能赢得政治上的主动权。

如果我们承认这一观点，那么项羽在函谷关遇到刘邦的阻击，得知刘邦已经比自己提前两个月入关，不但不应当"大怒"，而且应当大笑。为什么项羽不应当"大怒"而应当大笑呢？

《三国演义》写"三江口周瑜纵火，诸葛亮智算华容"一事时，曹操曾有过三次仰天大笑：

第一次是曹操兵败逃到乌林之西、宜都之北。曹操看见这里地势险要，"乃于马上仰面大笑不止"，他认为诸葛亮无智，周瑜少谋，如果是自己用兵，一定会在此埋伏下一队人马。结果，一笑未了，引来了常山赵子龙。多亏徐晃、张郃拼死拦住赵云，曹操才得以逃脱。

第二次是走到葫芦口。此时已是人困马乏，士兵们埋锅烧饭，曹操坐在树林里，又一次仰天大笑。他手下的人说，刚才丞相一次大笑引来了赵子龙，折了好多人马。现在怎么又笑起来？曹操说：诸葛亮、周瑜还是不行，如果在此预先埋伏下一队人马，以逸待劳，我们就是逃了性命，也免不了受重伤了。结果，话音未落，杀出一支人马，为首的是燕人张翼德。这一回，许褚连马鞍都未备就来迎战，张辽、徐晃也来助战，才使得曹操又一次逃了出来。

第三次，走到华容道，曹操随行的人马只剩下三百多人，还大多有伤。曹操第三次仰天大笑，说：诸葛亮、周瑜到底是无能之辈，如果在此埋伏下一队人马，我们只有束手就擒了。话未说完，一声炮响，两边五百校刀手摆开，为首大将关云长，手提青龙刀，胯下赤兔马，截住去路。曹军见了，亡魂丧胆，面面相觑。这一次是关云长义释曹操，否则，曹操必然亡命华容道。

我读《三国演义》，非常佩服曹操的这三次大笑。

"大笑"，显示了曹操的理性和智慧。

曹操是在赤壁大战败逃的路上发出这三次"大笑"的。因为，他看到了刚刚打败他的诸葛亮、周瑜的"愚蠢"，当然，这只是打引号的"愚蠢"。虽然曹操三次"大笑"分别引出了赵云、张飞、关羽的三支人马，但是，曹操能在大败之时保持如此冷静、理智的头脑，每次都能看出对方的"失误"，实在令人钦佩。

遗憾的是项羽没有能在刘邦重兵防守的函谷关前仰天大笑，而是"大怒"。

为什么这样讲呢？

因为刘、项两家在刘邦入关、秦王子婴出降的那一刻起已经由并肩作战的友军转化为争夺秦末大起义胜利果实的两大对立的军事集团，所以，刘邦派兵把守函谷关，阻止项羽入关是意料之中的事。同样，用军事手段在刘邦集团足够强大之前就加以消灭是项羽集团的最佳选择。

我们知道，巨鹿之战之后天下反秦武装已经由项羽统一领导了，虽然齐地还有不愿帮助楚军救赵的田荣，还有无所归属的彭越，但是，田荣、彭越都无法构成对项羽集团的巨大威胁。唯独刘邦集团，一是先入关中占有政治优势，二是军事力量比田荣、彭越都强得多，三是刘邦早就有平定天下、恢复帝制中国的梦想。审时度势，威胁项羽集团的只有刘邦集团。

如果项羽有如此清醒的认识，那又何必"大怒"呢？刘邦把守函谷关，阻止项羽入关，恰恰给了项羽攻打刘邦集团一个最好的借口！

对刘邦来说这叫作利令智昏，对项羽来说这叫作天赐良机！

趁刘邦羽翼未丰之际，从军事上解决刘邦集团，对项羽集团来说当然是上上策。所以，项羽如果有清醒、理智的政治头脑，不但不应当"大怒"，而且应当大笑！该大笑不大笑，反而"大怒"，说明项羽此时完全不懂他和刘邦集团的关系，这是项羽政治幼稚的突出表现！

火上浇油不是闹着玩的

项羽打进函谷关，驻兵戏西，也就是戏水西岸。刘邦手下的左司马曹无伤向项羽密报："沛公欲王关中，使子婴为相，珍宝尽有之。"《史记·项羽本纪》司马,是军队中的军法官,当时军中一般都设有左右司马,分别称为左司马、右司马。曹无伤的密报,证实了刘邦称王关中的意图。这与项羽称霸天下的意图相左,使得项羽的自尊和虚荣再一次受到伤害,所以,项羽又一次"大怒"。

如果说第一个"大怒"是在历史转折刚刚开始之时,项羽还来不及思考刘、项两家的关系,尚有可原谅之处,那么项羽的第二个"大怒"则显得幼稚无知,不可原谅。刘、项两家争夺天下的局面已经明朗,何必还要"大怒"呢?无论项羽如何对待刘邦,刘邦终归是要和项羽争夺天下的。因此,得到曹无伤密报的项羽应当毫不迟疑地用军事手段解决刘邦集团。

曹无伤的密报讲了三点:一是刘邦要做关中王,二是刘邦要让秦降王子婴为相国,三是刘邦想把秦宫的财宝全部归为己有。

这三条没有一条是项羽能够同意的,所以,项羽必然会"大怒"。

先说第一条。刘邦与项羽的"怀王之约"当时是在楚怀王熊心的主持下约定的,并非项羽之愿;而且,刘邦西行入关,项羽北上救赵,刘邦明显占了便宜,项羽当时就心怀不满。如今,项羽成了诸侯总盟主,更是此一时彼一时,项羽岂能甘心让刘邦当关中王?

再说第二条。项羽仇秦,来自家族之仇。如今灭了秦,岂能不杀秦王子婴?刘邦要让子婴当相国,项羽断断不能同意。

最后说第三条。秦朝宫中珍宝无数。这里不仅有秦国历代的珍宝,更有秦灭六国后从六国宫中搜刮到的天下珍宝。这些珍宝,刘邦想要,项羽岂能不想要?人同此心,心同此理嘛。如今刘邦要将秦朝宫中珍宝全部据为己有,项羽岂能同意?

曹无伤告密的三条，项羽没有一条能同意，怎么能够不大怒？因此，曹无伤的告密就是火上浇油！火上浇油可不是闹着玩的，那是要出大事的。

项羽在第二个"大怒"后，做出了一个对自己集团来说最正确的决定：第二天一早让士兵们好好吃一顿饭，然后为我把刘邦的军队给灭掉。

先灭了刘邦再说的决定对项羽集团来说，是一个极为英明的决定。但是，这个正确决定也有着它先天的重大缺陷。

第一，基础不牢。

项羽的这一正确决定是在盛怒之下做出的，是在他个人自尊与虚荣受到伤害的情况下做出的；不是建立在对秦王朝灭亡之后天下形势的冷静、客观分析的基础上做出来的。因此，它的基础存有重大缺陷。一旦项羽个人的虚荣与自尊得到了满足，这个决定随时都可能撤销。

第二，随意性太强。

项羽用武力解决刘、项两大集团关系的决定是项羽个人做出来的，项羽没有和集团核心成员认真讨论过这一重大决策。因此，个人的专断导致项羽可以在不和集团核心成员充分协商的情况下由他一人自主撤销。所以，这个决定具有极大的随意性。

项羽的这一决定一下子引发了五个人的强烈反应：

旦日飨士卒，为击破沛公军。——《史记·项羽本纪》

第一个人是司马迁。

他在《史记·项羽本纪》的这一决定后写了五句话：

当是时，项羽兵四十万，在新丰鸿门；沛公兵十万，在霸上。

司马迁的交代让我们明白了刘、项两大集团当时的力量悬殊——战略优势明显在项羽这边。因此，司马迁在貌似客观冷静的叙述之中，饱含了对项羽的惋惜之情。

第二个人是范增。

范增是项羽集团的唯一谋士，他认为：沛公未入关时，贪财好色。入关后，不取财宝，不贪美色。这说明刘邦志向高远。再说，我派人前去望气，发现沛公的头上现出五彩。这是天子之气，赶快灭了他！

范增这番话有两个要点：一是刘邦志向远大，二是刘邦有天子之气。结论是"急击勿失"。

范增发现，贪财好色的刘邦入关之后竟然"财物无所取，妇女无所幸"，刘邦这个事出反常的做法显然是在收买民心，志存高远。

就这一点而言，范增比项羽高明，他看出了刘邦远大的政治志向，力劝项羽尽早解决刘邦。但是，范

沛公居山东时，贪于财货，好美姬。今入关，财物无所取，妇女无所幸，此其志不在小。吾令人望其气，皆为龙虎，成五采，此天子气也。急击勿失。

——《史记·项羽本纪》

增并没有从秦朝灭亡后刘邦、项羽两大军事集团存在的必然性冲突这一关键角度讲清利害。因此，范增这番话并没有抓住要害。范增没有说明刘邦入关、子婴投降意味着刘、项关系已经从并肩作战的友军转化为根本利害相冲突的两大对立军事集团，因此，范增不可能真正帮助项羽从战略高度认识解决这一问题的紧迫性。

望气之说不可信。但是，当时的人对望气之说深信不疑。所以，范增以此力劝项羽痛下杀手，秒杀刘邦。

曹无伤是刘邦起兵时的左司马，后来一直担任此职未升迁。项羽入关时的雄厚兵力与巨大声望，让曹无伤看到了未来天下的主宰者是项羽而不是刘邦。因此，他的告密，只能说明曹无伤是在为自己留后路，他希望通过告密在项羽处立下一功，为自己未来转投项羽集团先送上一份厚礼。

人算不如天算

第三个人是项伯。

项伯是项羽的堂叔，此时正任项羽的左尹，就是左相，相当于今天的副总理。项伯得知项羽这一重大决定后，立即"夜见张良"。

项伯为什么要冒险夜见张良呢？

因为项伯曾在秦朝受过张良的救命之恩，所以，在项羽第二天即将对刘邦集团动手的前夜，他为了挽救张良的性命，私自夜闯刘邦大营，秘见张良，并将项羽第二天一早军事解决刘邦集团的绝密军情告诉了张良，希望张良连夜离开刘邦大营，不要与刘邦一块儿丢了性命。项伯此举，客观上并不是像曹无伤一样是为了在项羽胜利之后邀功请赏，而是为了救出张良一人。

因此，对项羽集团来说，项伯只是一个政治糊涂虫；对刘邦集团来说，曹无伤却是一个内奸。

第四个人是张良。

项伯完全低估了张良。张良是何许人也？他是刘邦手下的"三杰"之一，也是楚汉战争中一等一的谋士。他一眼就看穿了项伯的人性弱点：将个人义气置于集团利益之上。所以，他紧紧抓住"义"这个字做了一番大文章。他说："臣为韩王送沛公，沛公今事有急，亡去不义，不可不语。"《史记·项羽本纪》意思是说：我是替韩王护送刘邦的，如今刘邦有了危难，我却逃走了，这恐怕不够义气，不能不告诉他。张良这番话是要让项伯明白：你来救我是出于"义"，我去救刘邦也是为了"义"。正是这个"义"，迫使项伯不得不同意张良把这一绝密军情告诉刘邦。

第五个人是刘邦。

刘邦如何应对这一突发事件呢？

刘邦得到这一绝密军事情报，顿时大惊失色，忙向张良问了怎么办（为之奈何）。

刘邦的反应值得玩味：

刘邦得知项羽第二天一早要用武力解决两大集团冲突的决定后，为什么大惊失色？

楚左尹项伯者，项羽季父也，素善留侯张良。张良是时从沛公，项伯乃夜驰之沛公军，私见张良，具告以事，欲呼张良与俱去。曰："毋从俱死也。"——《史记·项羽本纪》

刘邦尽管比项羽在政治上老到成熟，但是，此时的刘邦却犯了一个大错误，而且这个错误在自己入关之后就犯下了，并不是现在才犯的。

刘邦犯下的这个错误是什么？

是过早地暴露了自己的政治意图，是在自己集团强大到足以对抗项羽集团之前就过早地暴露了自己的雄心。结果，招致了一场迫在眉睫的毁灭性的军事打击！这就叫利令智昏！

那么，刘邦的"为之奈何"说明了什么呢？

"为之奈何"是刘邦的口头禅之一，它说明了刘邦的高明。说明刘邦善于在关键时刻听取谋士的意见，而且对谋士的意见具有极强的鉴别力。

张良如何应对刘邦的询问呢？

张良当然胸有成竹，但是，他并不愿意马上将对策告诉刘邦，而是一连反问了两个问题：

谁给你出的这个馊主意？刘邦说：有一个无知的人劝我，把住函谷关，不要让诸侯入关，整个秦地都可以成为你关中王的领地。所以，我听了他的意见。

张良再问：你估量一下，你的军事力量足以抵挡项羽的军事力量吗？

刘邦沉默了一会，说：本来就不如项王。究竟该怎么处理这件事呢？

这是一个让刘邦非常难堪的问题，言外之意是你

张良曰："谁为大王为此计者？"曰："鲰生说我曰'距关，毋内诸侯，秦地可尽王也'。故听之。"良曰："料大王士卒足以当项王乎？"沛公默然，曰："固不如也，且为之奈何？"——《史记·项羽本纪》

也不掂量掂量你自己的实力，所以才有"沛公默然"四字。难能可贵的是刘邦尽管非常难堪，却仍然能够在部下面前坦然承认自己不如项羽。这种胸襟非常可贵，这种心态极为难得。

韩信在萧何的大力推荐下任大将军后曾和刘邦有过一番谈话，韩信也是一连问了两个问题：

您如今向东争夺天下的权力，难道对手不是项王吗？

刘邦马上回答：是这样。韩信接着问了第二问：

大王自我评估一下，您的勇猛、强悍、仁德、强盛，与项羽相比，怎么样？刘邦沉默了很长一段时间，才说：不如项王啊。

韩信和张良实际上指出的是同一个问题，就是刘、项两家在楚汉战争初期的军事实力对比对刘邦很不利。要刘邦公开在下级面前承认这一点非常不易。刘邦对张良的回答实质上是要刘邦在下级面前承认自己的失误，而且是承认自己犯了一个低级错误：利令智昏。

为了找到战胜项羽的良方，刘邦还是老老实实地承认自己当时的实力不如项羽，做到这一点也不容易啊。

张良的两问也说明张良是一位非常称职的老师，他严格遵守"不愤不启，不悱不发"(不冥思苦想，不要去启发他；不郁积难言，不要去开导他)的古训。他并没有直截了当地告诉刘邦应该怎么做，而是要他好好思考一下才告诉他应该怎么做。

信谢，因问王曰："今东乡争权天下，岂非项王邪？"汉王曰："然。"曰："大王自料勇悍仁强孰与项王？"沛公默然良久，曰："不如也。"

——《史记·淮阴侯列传》

在刘邦充分思考过自己的错误之后，张良才提出了解决这个问题的办法：利用项伯，欺骗项伯。

张良对刘邦说：你去告诉项伯，说你刘邦不敢背叛项王。

张良这一招，妙在两处：一是利用了项伯，二是看透了项羽。项伯是政治糊涂虫，好利用；项羽的愤怒是自尊与虚荣受到了伤害，好抚平。

刘邦的理解力极好，他立即领会了张良此计的精神实质，而且马上胸有成竹了，"为之奈何"也不再问了。反而连续向张良提了两个问题。

第一个问题是：

你怎么和项伯有这么深的交情？

项伯在大战爆发的前夜私见张良，证明了项伯和张良非同一般的关系。刘邦在理解了张良传授的计谋之后，对张良和项伯非同一般的关系立即给予了极大的关注，这表明了刘邦的政治警觉性极高。

张良从容不迫地回答：项伯在秦朝时曾经犯过人命案，我救了他。今天我有了危难，他才特意来救我。

刘邦在解除了疑虑之后，马上提出第二个问题：

你们俩谁年长？

张良回答：他比我年长。

刘邦马上应对：我刘邦要拿出对待兄长的礼仪接待项伯。

请往谓项伯，言沛公不敢背项王也。——《史记·项羽本纪》

沛公曰："君安与项伯有故？"张良曰："秦时与臣游，项伯杀人，臣活之。今事有急，故幸来告良。"沛公曰："孰与君少长？"良曰："长于臣。"沛公曰："君为我呼入，吾得兄事之。"——《史记·项羽本纪》

刘邦的这两问大不一样，前一问是他对张良心存怀疑，后一问是他解除对张良的疑虑之后所采取的行动。

作为刘邦第一谋士的张良实际上是让刘邦欺骗项伯。张良的妙计用四个字概括叫政治欺骗，用两个字概括叫欺骗，用一个字概括叫骗。

张良为什么要刘邦哄骗项伯呢？

因为项伯是此时唯一能够向项羽传话的人，而且又是一个政治糊涂虫，好骗易骗。所以，争取项伯、哄骗项伯就成为刘邦迫在眉睫的第一要务。

张良与刘邦谈完，立即外出邀请项伯入见刘邦。项伯一入帐，刘邦立即敬酒，并马上与项伯定为儿女亲家。这是刘邦既实用又高明的一手，第二天鸿门宴上项庄拔剑起舞企图行刺刘邦时，项伯也拔剑起舞，时时保护刘邦，原因就在于刘邦前一天刚刚和他定了儿女婚事，他与刘邦成了儿女亲家。

此计并非出自张良，张良仅仅是告诉刘邦要哄骗项伯说你自己不敢背叛项王，并没有要他和项伯定为儿女亲家，但是，刘邦想到了，并且一见面就做成了。刘邦的超水平发挥表现出了他惊人的危机公关能力。

素昧平生的两个人初次见面，往往有一种陌生感，但是，刘邦却有这样的天赋，他能够在第一次见面时，

张良出，要项伯。项伯即入见沛公。沛公奉卮酒为寿，约为婚姻——《史记·项羽本纪》

迅速击碎两个人之间的陌生感，这是一种非常强的危机公关能力。正因为如此，刘邦才能与项伯一见面就结为儿女亲家。刘邦与吕后只有一儿一女，我们当然不知道刘邦与项伯结为亲家是嫁女儿还是娶媳妇，但是，有一点可以肯定，那就是刘邦当了皇帝之后，项伯绝对不敢向刘邦再提这次结亲之事。刘邦也绝不会提两家结为儿女亲家一事。刘邦的儿子惠帝刘盈娶的是自己的亲外甥女，刘邦的女儿（鲁元公主）后来嫁给张耳的儿子张敖。我们甚至不知道项伯是有儿子还是有女儿。反正刘邦与吕后的亲生儿女一个也没与项伯的儿女结亲，此时打亲家牌只不过是一桩政治交易而已。

此时刘邦一心想的是拉拢项伯，至于这门婚事是否会给自己的子女幸福自然不在考虑之列。它表现了刘邦极端自私的一面。

后来，彭城之战失败之后，刘邦在逃亡的路上遇见自己和吕后生的一儿一女。儿子是后来的汉惠帝刘盈，女儿是刘盈的姐姐，生子被封为鲁王，所以尊其母为鲁太后。鲁太后死后的谥号为"元"，因此史书上称她为鲁元或者鲁元公主。

刘邦看见项羽的追兵离得近了，为了逃命，竟然临门一脚，将亲生儿子、女儿从车上踹下来。赶车的夏侯婴马上停车把他的儿女又抱上来，这样反复了多次。刘邦甚至嫌夏侯婴多管闲事，竟然拔剑要杀夏侯婴。夏侯婴劝告刘邦，情况再急也不能抛弃亲生儿女，怎么能不管儿女呢？刘邦这才让他的亲生儿女和他一同乘车逃命，最终得以逃脱。

在和项伯拉近了关系之后，刘邦讲了一段至关重要的话：

第一，我刘邦入关后，丝毫不敢贪占任何东西，登记官民的户籍，封存了秦帝国所有的仓库，等待上将军项羽到来再处理。

第二，我派人把守函谷关，是为了防止盗贼随便出入，应对突发事件。日日夜夜盼望上将军项羽的到来，怎么敢造反呢？

第三，希望您详细地对上将军项羽说明我实在不敢背叛他。

刘邦这番话十分厉害：

刘邦入关的确是"籍吏民，封府库"，但是，"籍吏民"是为了自己做关中王时知道向谁征收赋税；"封府库"是为了笼络民心。但是，此刻舌尖一转却变成了等待项羽处置。

刘邦派兵把守函谷关是为了阻止诸侯入关，以便安安稳稳地做关中王；但是，此刻舌尖一转却成了防止盗贼出入和应对突发事件。可见，舌尖上的学问太大了！

这番话首先打动了项伯，让项伯完全相信了。所以，项伯说：明天你可要一早来向项王做个解释。

项羽武力解决刘邦集团的决定被项伯夜见张良一个突发事件彻底捅了出来，没有任何秘密可言了。更重要的是项伯不但夜见张良，还为刘邦出谋划策，要彻底熄灭项羽的一腔怒火。此时的项羽正在为第

吾入关，秋毫不敢有所近，籍吏民，封府库，而待将军。所以遣将守关者，备他盗之出入与非常也。日夜望将军至，岂敢反乎！愿伯具言臣之不敢倍德也。——《史记·项羽本纪》

项伯许诺。谓沛公曰："旦日不可不蚤自来谢项王。"——《史记·项羽本纪》

二天消灭刘邦磨刀霍霍，他不知道人算不如天算。

他的计划即将被瓦解。这是为什么呢？

是非成败转头空

项伯连夜赶回项羽大营，亲自向项羽做了一番解说。项伯是怎么说服项羽取消第二天将施行的对刘邦集团的军事打击的呢？项伯讲了关键的三点：一是刘邦有功，二是对有功之人动武不合道义，三是要善待刘邦。

刘邦有功，这是不争的事实，即使项羽衔恨欲杀刘邦，但对刘邦首先入关灭秦亦不能视而不见。诛杀有功之人实属人生大忌。项伯讲的这两点项羽还真不好轻易抹杀，所以，项伯的善待刘邦的说法不能说完全没有道理。

但是，项伯劝项羽取消第二天对刘邦集团的军事打击还是出于一个"义"字，因为项伯救张良、替刘邦说情，都是立足于一个"义"字；张良利用项伯、刘邦忽悠项伯也是冲着一个"义"字。

项羽听完项伯的话之后，竟然完全同意了项伯提出的停止第二天消灭刘邦集团的军事行动的提议。项羽的反应令人震惊：

一是完全丧失政治警觉。

于是项伯复夜去，至军中，具以沛公言报项王。因言曰："沛公不先破关中，公岂敢入乎？今人有大功而击之，不义也，不如因善遇之。"项王许诺。——《史记·项羽本纪》

大战前夜，项伯私自进入敌营，并且泄露了重大军事机密，项羽竟然连一个"君安与张良有故"的疑问都没有，与刘邦"君安与项伯有故"的政治警觉相比，实在是差得太远。

二是不知道谁是自己当前真正的对手。

刘邦派兵把守函谷关阻止他入关，曹无伤告密，都没有使项羽意识到刘邦正在自觉地和他争夺天下。

如前文所述，项羽决定用军事打击解决刘、项两大集团的矛盾对项羽集团来说是一个完全正确的决定。但是，这个正确的决定的基础不牢。它是建立在项羽的自尊受到严重伤害的基础之上的仓促决定，它不是建立在冷静分析刘、项两大集团在秦帝国灭亡之后，从战略盟友演变为政治对手的理性分析的基础之上的决定。所以，这种基于个人感情基础上的决定来得快，去得亦快。

项羽中止对刘邦的军事打击是刘、项之争中刘邦集团的第一个重大胜利，也是项羽集团在刘、项之争中的第一个重大挫折。

刘邦避免了一场迫在眉睫的毁灭性军事打击，在自己的军事力量强大到足以和项羽抗衡之前避免了和项羽的决战，将一场军事斗争巧妙地转换为鸿门宴的政治斗争。

对于刘邦集团来说，一场迫在眉睫的毁灭性军事打击躲过去了，万幸啊！

对于项羽集团来说，一次消灭最大政治对手的机遇消失了，可悲啊！

刘邦政治上的老到成熟，项羽政治上的幼稚可笑，对比十分鲜明，刘、项胜负实际上已见分晓。

刘邦利用了项羽的政治幼稚忽悠了项羽，但是，这并不等于项羽集团中所有人都那么好忽悠，更何况第二天刘邦要亲自到鸿门来向项羽做出解释，他能躲过鸿门宴这一关吗？

请看：一场改变历史的饭局。

一场改变历史的饭局

四

刘邦巧妙地利用和项伯的儿女亲家关系，欺骗项伯，并且通过项伯初步欺骗了项羽，让项羽取消了第二天用军事手段消灭刘邦集团的决定。这对刘邦集团来说，无疑是一个重大胜利。但是，项羽对刘邦的疑虑和恼怒并没有得到完全解除。而且，项伯也明确地告诉他，要他第二天一早到鸿门拜见项羽。所以，刘邦第二天必须亲自到鸿门面见项羽。那么，第二天刘邦又将会怎样与项羽集团进行周旋呢？

会忽悠是大本事

第二天一早，刘邦带领一百多个随从来到鸿门面见项羽。鸿门，是古地名，在今西安市临潼区东五公里的鸿门堡村，是当时通往新丰的大道。

"沛公旦日从百余骑来见项王，至鸿门，谢曰"，许多解读《史记·项羽本纪》的人都认为这个"谢曰"的"谢"，是"谢罪"。

我认为：这个"谢"绝对不能讲成"谢罪"。"谢罪"是承认自己有罪，刘邦此时无论如何都不能承认自己有罪。这个"谢"就是"解释"。刘邦对项羽一番说辞主要是向项羽进行解释，他要将项羽对他的敌意说成是项羽对他的误会，因此，他需要向项羽进行一番解释：

我与项王共同攻打秦军，你在河北作战，我在河南作战。我都没有料到我能先入关破秦，又在此处见到将军。如今有小人挑拨离间，导致你我之间产生误解。

刘邦这段话的要害有三条：

第一，叙旧与忽悠。

"臣与将军戮力而攻秦，将军战河北，臣战河南"这三句是叙旧。刘邦这番讲话中最重要的一个目的是要极力模糊项羽的政治警觉，使项羽的政治认识

"臣与将军戮力而攻秦，将军战河北，臣战河南，然不自意能先入关破秦，得复见将军于此。今者有小人之言，令将军与臣有郤。"——《史记·项羽本纪》

仍然停留在共同反秦的历史阶段之中。因此，叙旧就成为刘邦最重要的手段。所谓"臣与将军戮力而攻秦，将军战河北，臣战河南"是说，我们共同的敌人是秦帝国，我们是并肩作战的盟友。

通过叙旧，刘邦想使项羽的认识仍然停留在当年并肩作战的阶段，不去思考秦帝国灭亡之后刘、项两大集团关系的历史性变化。

项羽本来在政治上就十分糊涂，刘邦这番话的目的是使糊涂的项羽更糊涂，以便利用项羽政治上的糊涂，避免与项羽在此时摊牌。

第二，逢迎与压制。

"然不自意能先入关破秦，得复见将军于此"二句是逢迎与压制。

首先是逢迎。经过张良的开导，刘邦已经完全了解引发项羽大怒的原因，是自己派兵把守函谷关的行为刺伤了项羽的自尊与虚荣，何况自己又比项羽提前两个月率先进入关中。

因此，鸿门宴上见到项羽后，刘邦极力淡化自己首先入关灭秦的功劳，把自己费尽心机攻入关中，说成是"不自意"，是自己都没想到，言外之意是我刘邦心中也认为是将军您应该先入关。

这一点能够最大限度地满足项羽的自尊与虚荣。刘邦这一手其实就是拍马屁，只是刘邦拍得非常高明，拍得项羽浑然不觉，这在拍马屁之中应当是最高境界。

其次，是在不经意中强调自己"先入关破秦"。这是暗提"怀王之约"。依"怀王之约"，刘邦先入关破秦，理应为关中王。尽管此时项羽的势力非常强大，刘邦不敢明里硬要关中王，但是，刘邦却在表面恭维项羽的同时暗提"怀王之约"，在道义上压了项羽一头。这两句话，软中有硬，有分量。

第三，必然与偶然。

"今者有小人之言，令将军与臣有郤"两句是化必然为偶然。

刘、项两大集团的矛盾是两大对立的军事集团的必然性冲突，不是一般的偶然性冲突。

刘邦有意要淡化这种冲突的必然性，因此，他说是有小人挑拨离间导致刘、项产生隔阂。这明显是化必然为偶然，化大为小，避重就轻。如果不是两大集团根本利害的冲突，何至于被人挑拨离间？

通过以上三点，我们可以清楚地看出，刘邦的这番"鸿门说辞"非常了得。

而且，这段话出自刘邦之口，更是不容易。刘邦平时怎么说话？那是张口"骂曰"，闭口"你老子"(乃翁)。《史记》中记述刘邦语言，最典型最常见的就是一个"骂"，似乎刘邦不骂人就不说话，说话就要骂人。《史记》中刘邦有三种身份，一是沛公，二是汉王，三是高祖；因此，《史记》写刘邦说话最多的是"沛公骂曰""汉王骂曰""高祖骂曰"。

但是，此时刘邦对项羽却是卑躬屈膝，小心翼翼，一句骂人的话都没有，可以说，纵观刘邦的一生，这是第一次，也是最后一次。当然，这也说明刘邦完全可以不骂人说话。

刘邦权谋善变，项羽粗鲁直爽，项羽自然不是刘邦的对手。

项羽又是如何理解刘邦的鸿门说辞的呢？

听到刘邦这一番甜言蜜语、谦恭卑微的说辞，项羽晕了，简直摸不着北了，因为他的自尊和虚荣得到了最大限度的满足了。

此时他真心实意地感到对不起自己当年并肩作战的战友，真心实意地为自己差一点毁灭掉刘邦集团而感到内心忏悔。

我这样讲有根据吗？

有！

我们只要看看项羽听了刘邦的鸿门说辞后的回答就能明白项羽是怎么想的：

这是你的左司马曹无伤说的，否则，我怎么会做出这样的事情！

推出曹无伤作为替罪羊，为自己开脱"罪责"，这不是内心忏悔是什么？项羽对刘邦的内心忏悔是项羽彻底受骗的标志。

一句话断送了曹无伤之命！

一句话道尽了项羽的政治幼稚！

当然，这个"罪责"是项羽自己认为的"罪责"，并不是项羽真正的罪责。消灭刘邦集团，对项羽集团来说，何罪之有？

有人认为：为了分辩和洗刷自己，项羽将归附和投靠自己的人说出来，是项羽的粗豪少谋。这话不错，但是，这种看法并没有看清项羽。项羽是因为内心深感忏悔才说出曹无伤为自己开脱的，根本原因不是"粗豪少谋"，而是不知道刘邦在演戏，在有意掩盖自己和项羽主动争天下的真相。也就是说，项羽不知道刘邦是和他争夺天下的真正对手。

在自责、忏悔之中的项羽，最后以诸侯上将军和东

『此沛公左司马曹无伤言之；不然，籍何以至此。』——《史记·项羽本纪》

道主的双重身份，设宴招待刘邦，这就是鼎鼎大名的鸿门宴。整场鸿门宴上，项羽一方面因为自尊得到满足而非常自傲，另一方面因为内心忏悔而非常自惭。

我们怎么知道鸿门宴上项羽非常自傲呢？

看看鸿门宴上的座次便可知晓项羽的自傲。

战国秦汉的习俗，堂上的座次，对堂下而言，面向南是最尊贵的。不对堂下而言，面向东的座次最尊贵，其次是面向南，再次是面向北，最后是面向西。

鸿门宴上项羽、项伯是面向东坐，是最尊贵的位次；范增是面向南坐，是其次尊贵的位次；刘邦是面向北坐，是第三等的位次；张良是面向西坐，是最下一等的位次。

项羽、项伯坐在最为尊贵的面向东的位置，表现了项羽以诸侯总盟主自诩的心态；刘邦坐在位次第三的面向北的位置，让项羽、项伯、范增坐上位，从行动上有意表现对项羽的尊崇。刘邦的谦恭实为作秀，项羽的自负自得在座次的安排上得到了充分的表现。

这表明项羽已经完全被刘邦所哄骗！

项羽易哄易骗。

后来楚汉相争时，刘邦手下一个重要谋士陈平献反间计，要离间项羽和范增的关系。因为，项羽手下仅有这一位谋士，如果离间了他们两人的关系，项羽自然更容易对付。陈平是怎么施行离间计的呢？说起来都让人好笑。

原来项羽的使者来到刘邦的大营，陈平让人先端上上等的酒菜。等项羽的使者说明自己是代表项羽出使，陈平马上对项羽的使者说，我以为是范增的使者，然后将上等的酒菜撤下去，再换上劣等酒菜。项羽的使者很气愤，回去如实汇报，项羽听了怀疑范增和刘邦暗中勾通，马上夺了范增的权，范增气得离开了项羽。这样，项羽手下连一位谋士都没有了。

这种低级把戏都能骗住项羽，项羽实在是易哄易骗。

忽悠住老大并不算完

项羽的彻底受骗是否意味着刘邦在鸿门宴上的平安呢？

不一定。

我们今天仍然用"鸿门宴"代表险象环生、难于应对的酒宴。因为在项羽忏悔之后，鸿门宴仍然不太平，宴会上接连发生了两件事：

一是范增举玦，二是项庄舞剑。

先说第一件事。项羽决定的专断和随意，使他唯一的谋士范增都不了解此时项羽的忏悔之情。所以，项羽不杀刘邦并不代表范增不想杀刘邦。范增的第一个举动是"数目项王"，屡屡向项羽使眼色。范增使眼色，当然是示意项羽在宴席上诛杀刘邦。但是，范增完全不了解此时项羽心中已经非常懊悔不该起举兵灭刘的念头，怎么可能再在宴会上杀掉刘邦呢？范增看到使眼色不

项王使者来，为太牢具，举欲进之。见使者，详惊愕曰：『吾以为亚父使者，乃反项王使者。』更持去，以恶食食项王使者。使者归报项王，项王乃疑范增与汉有私，稍夺之权。范增大怒，曰：『天下事大定矣，君王自为之。愿赐骸骨归卒伍。』项王许之。——《史记·项羽本纪》

见效，这才一而再再而三地举玦 <small>（举所佩玉玦以示之者三）</small>。"玦"是一种有缺口的环形佩玉，范增举"玦"是以"玉玦"的"玦"谐音"决心"的"决"，要求项羽下决心杀掉刘邦。但是，"项王默然不应"。

范增此前并不知道此时的项羽已经不是入关之后两次"大怒"时的项羽了，项羽当时"大怒"的前提——自尊和虚荣受到的伤害——已经不复存在。现在的项羽充满了对刘邦的忏悔之情。因此，项羽绝不可能再在鸿门宴上杀刘邦。面对范增的频频举"玦"，项羽必然是默然不应。

再说项庄舞剑。

范增看到项羽对自己举"玦"不做任何反应，他终于明白项羽是不愿意在宴会上除掉刘邦。于是，范增采取了另一措施：招项羽的堂兄弟项庄舞剑，让项庄在舞剑中寻机刺杀刘邦。"项庄舞剑，意在沛公"这句成语即源于此。

大家也许会感到很奇怪：项羽已经深感对不起刘邦了，为什么还会同意项庄舞剑行刺刘邦呢？

我们不妨对鸿门宴上的全部参加者做一分析。鸿门宴开始时只有五个人参加宴会：项羽、项伯、刘邦、范增、张良。但是，范增自作主张，召来了项庄，让他进入宴会，以舞剑助兴为名，刺杀刘邦。这样，鸿门宴就成了六个人。可是，项庄还没有开始舞剑，却又杀出来了一个人——项伯。项伯是一个政治糊涂虫，夜见张良，泄露重要军事情报即是明证。但是，此时坐在项羽身边的项伯表现得非常清醒：他知道项庄舞剑是要行刺刘邦，因此，他主动要求与项庄对舞。项伯此时如此清醒，原因只有一个：刘邦是自己的"亲家"，万万不能让自己的"亲家"在鸿门宴上遇刺。可见，刘邦前一天晚上与项伯结为儿女亲家竟然发挥了这么大的作用，我们不得不佩服刘邦真行！

对于此时鸿门宴上上演的刺杀，范增是主谋，项庄是刺客，他俩心中自然明白为什么要舞剑。刘邦是被刺杀的对象，加上刘邦的精明强干，他心中也十分明白项庄舞剑的凶险。张良就更不用说了，他对这一切都洞若观火。连我们前面讲过的那位将个人之"义"置于集团根本利益之上的政治糊涂虫项伯，这会儿也变得非常机灵。项庄刚刚拔剑起舞，他也立即拔剑起舞，而且常常用他的身体保护着刘邦，使项庄的行刺不能得手。

项羽此时对刘邦深感忏悔，范增使眼色，他不应答；范增屡屡举玉玦暗示，他不理睬。他要是知道"项庄舞剑，意在沛公"，他岂能同意？项羽同意项庄舞剑，恰恰证明他并不知道项庄舞剑的真实目的，他也不知道项伯为什么要拔剑起舞。整个舞剑的真正目的他是一无所知，只对场上的表演看得津津有味。

鸿门宴上六个在座的人，五个都心如明镜，唯独项羽完全不了解真相，项羽政治上的糊涂还用再说吗？

鸿门宴其实是五个明白人陪着一个糊涂人的盛宴！

范增起，出召项庄，谓曰：『君王为人不忍，若入前为寿，寿毕，请以剑舞，因击沛公于坐，杀之。不者，若属皆且为所虏。』庄则入为寿。寿毕，曰：『君王与沛公饮，军中无以为乐，请以剑舞。』项王曰：『诺。』项庄拔剑起舞，项伯亦拔剑起舞，常以身翼蔽沛公，庄不得击。

——《史记·项羽本纪》

眼缘很重要

张良看到有项伯在保护着刘邦，一时半会儿出不了大乱子；但是，宴会上剑光闪烁，很难说会出什么意外。于是，趁项伯保护刘邦之际，张良立即出营门急召樊哙，为什么张良此时急召樊哙呢？

樊哙的妻子叫吕媭，刘邦的妻子叫吕雉，吕雉与吕媭是亲姐妹。因此，樊哙和刘邦是连襟关系，而且，樊哙本人还是刘邦手下的一员猛将。

樊哙看到张良，赶快问，现在情况怎么样？张良告诉他，现在的情况非常紧急。项庄正在舞剑，但是，舞剑的本意是刺杀沛公。樊哙得知刘邦在鸿门宴上的危险后，立即提剑拥盾闯入军营。项羽的卫士欲阻止樊哙进帐，樊哙用盾牌撞开，强行进入大帐。樊哙入帐，"头发上指，目眦尽裂"的威猛形象吸引了全场的注意力。眦，是眼眶。连麻木到极点的项羽对樊哙的闯帐都立即戒备起来："项王按剑而跽曰：'客何为者？'"跽，是古人由坐到站的过渡阶段，相当于今天的跪姿。政治上极其麻木的项羽"按剑而跽"，说明樊哙的闯帐一下子引起了项羽的警觉，马上做出了格斗的准备姿势。张良赶快向项羽解释——这是沛公的侍从。

听说是沛公的卫士，再看到樊哙的威猛，项羽内

于是张良至军门，见樊哙。樊哙曰：『今日之事何如？』良曰：『甚急。今者项庄拔剑舞，其意常在沛公也。』哙曰：『此迫矣，臣请入，与之同命。』哙即带剑拥盾入军门。交戟之卫士欲止不内，樊哙侧其盾以撞，卫士仆地，哙遂入，披帷西向立，瞋目视项王，头发上指，目眦尽裂。项王按剑而跽曰：『客何为者？』张良曰：『沛公之参乘樊哙者也。』——《史记·项羽本纪》

心顿生赞赏之情，禁不住脱口大叫：壮士！赐他一杯酒。樊哙接过酒杯，起身，一饮而尽。项羽又说，给他一个猪腿！左右立即给樊哙送上一个尚未煮熟的猪腿。樊哙将随身带的盾牌反扣在地上，把猪腿放在盾牌上，拔出佩剑，用剑一块块切下来吃。

项羽看到樊哙豪爽的吃劲儿，真是有了眼缘了，兴奋地说，能不能再喝一杯？樊哙闻讯，借题发挥，慷慨陈词：

我死都不惧，何惧一杯酒？秦王有虎狼之心，杀人唯恐不多，刑人唯恐不广，天下人都反了。怀王和各位将领盟约：率先进入秦都咸阳的人封关中王。如今沛公率先攻破秦都进入咸阳。任何东西都不敢取，封存宫殿、仓库，驻军霸上，等待大王到来。为了防止盗贼任意出入，应对突发事件，选派将军防守函谷关。劳苦而功高如此，不但没有封侯之赏，而且您还听信谗言，想诛杀有功之人。这是走亡秦的老路啊！我认为大王不会这样做。

樊哙的这番说辞十分给力。

一是以亡秦作比。

樊哙开场即以"亡秦"作比，说"亡秦"杀人如麻，导致天下叛乱；如果项羽要杀刘邦，"此

项王曰：『壮士，赐之卮酒。』则与斗卮酒。哙拜谢，起，立而饮之。项王曰：『赐之彘肩。』则与一生彘肩。樊哙覆其盾于地，加彘肩上，拔剑切而啖之。——《史记·项羽本纪》

樊哙曰：『臣死且不避，卮酒安足辞！夫秦王有虎狼之心，杀人如不能举，刑人如恐不胜，天下皆叛之。怀王与诸将约曰「先破秦入咸阳者王之」。今沛公先破秦入咸阳，毫毛不敢有所近，封闭宫室，还军霸上，以待大王来。故遣将守关者，备他盗出入与非常也。劳苦而功高如此，未有封侯之赏，而听细说，欲诛有功之人。此亡秦之续耳，窃为大王不取也。』——《史记·项羽本纪》

亡秦之续耳，窃为大王不取也"。这实际上是以"亡秦"警告项羽，不要走"亡秦"的老路，随便杀人。当然，樊哙警告项羽不要随便"杀人"并不是泛指，而是指杀刘邦。

此番说辞最后指出，如果要杀了像刘邦这样有功的人，那简直就是继续走"亡秦"的道路。

樊哙拈出"亡秦"作比，明显含有对项羽的告诫。用现代的话来讲，可以用两句话来总结：一是历史的经验值得注意，二是要防止重蹈历史覆辙。在暴秦刚刚灭亡之时，人们普遍认为秦亡的原因是暴虐，因此，樊哙的话具有很大的威慑力。

二是拈出"怀王之约"。

刘邦对项伯、项羽的说辞都没敢提到当年怀王"先破秦入咸阳者王之"（先灭秦进入秦国都城咸阳的人封关中王）这句话，就是怕项羽认为自己有当关中王的野心。但是，樊哙此时却毫不忌讳地讲出来。樊哙以第三者的身份说出这件事，让项羽不能怪罪刘邦，同时又告诫项羽——刘邦是功臣，是理所当然的关中王。这就在道义上公开抢占了制高点。

三是与刘邦前后呼应。

刘邦在鸿门宴前一天面见项伯时曾说过封闭仓库、登记官吏百姓是为了等待项羽，派兵把守函谷关是为了应对非常事件。樊哙将这层意思加以强调，使刘邦的谎言更令人相信。更为重要的是，樊哙讲，沛公有如此大的功劳，不但没有封侯之赏，项羽反而听从挑拨离间的话，想杀有功的沛公。这是刘邦不敢说也不便说的话，但是，出自樊哙之口，就非常自然了。

四是出自武夫之口。

樊哙是一介武夫，给人的印象是粗鲁豪爽，上述三点借樊哙之口说出来，更容易使人相信。

项羽面对樊哙充满谎言的说辞竟然无话可答，只是非常尴尬地说了一个字：坐。

项王未有以应，曰：『坐。』樊哙从良坐——《史记·项羽本纪》

明明是樊哙满口欺骗，却说得振振有词，煞有介事。

明明是被人欺骗，项羽却真的感受到自己是一个有过之人！

刘邦集团的上下一心，项羽本人的政治幼稚，昭然若揭。

樊哙之言一定是张良所教，否则，一介武夫何以有如此睿智！何以能说出如此高水平的话。不管如何，樊哙闯帐，终止了项庄舞剑，为刘邦解了围。樊哙强调"怀王之约"，使刘邦站在了道德制高点上。再以秦王作比，震慑了项羽集团。鸿门宴上紧张气氛的缓和为刘邦逃席创造了机会。

三十六计，走为上计

刘邦利用樊哙闯帐的机会，立即借口"如厕"——上厕所，召樊哙出了项羽的大帐，安排逃席。

因为刘邦再也经不起范增的屡生事端了。

刘邦离席后，一连做了三件事：

第一件事，安排逃席。

刘邦深知鸿门宴凶多吉少，三十六计，走为上计。因此，逃席开溜是上上之选。但是，精明老到的刘邦即使是逃席，也希望安排得有条不紊。

刘邦首先问：我出来没有告别，怎么办？

刘邦对是否告别一事心中犹豫不决，所以他才向部下征求意见。樊哙虽然是一介武夫，但是，这一次他的判断却很好：不辞行。因为，办大事不拘小节，行大礼不顾细节。如今，项羽集团人多气壮，犹如砧板与刀，我们只是砧板与刀之间的鱼肉，何必要告辞？

第二件事，安排善后。

首先是选定善后人。张良的精明强干在鸿门宴前和鸿门宴中表现得淋漓尽致，所以，刘邦特地选定张良作为善后人，留下来善后。所谓善后，一是辞行，二是献礼。张良献的礼是刘邦带来的白璧、玉斗，这可以从反面证明刘邦的"籍吏民，封府库"未必完全可信——如果真是封了府库，刘邦的白璧、玉斗从何而来？一个平民造反的沛公从哪儿能弄来白璧、玉斗？

其次是交代辞行时间。刘邦脱逃时极其紧张，但他仍然不忘向张良交代一个重要细节：从这条小路到我的大营不过二十里，你估摸着我回到大营，再进帐辞行。

沛公曰："今者出，未辞也，为之奈何？"——《史记·项羽本纪》

樊哙曰："大行不顾细谨，大礼不辞小让。如今人方为刀俎，我为鱼肉，何辞为？"——《史记·项羽本纪》

项羽与刘邦的驻地相距四十里，但是，刘邦逃席走的是小道，只有二十里。即使如此，他仍然仔细交代张良，务必等我回到大营，才能进帐辞行，以免范增再生事端。

刘邦的精明老到，项羽怎么能比得上？

第三件事，处理随从。

刘邦来鸿门赴宴时带来了一百多个骑从，刘邦逃席时将他们全部抛下，只带了四员大将——樊哙、夏侯婴、靳强、纪信。而且，只有他自己一人骑马，四员大将全部步行。

这样安排，明里说是避免了大队人马出走的动静太大引发范增的追杀，暗里说四员大将无马步行，一旦遇到不测，四员大将只有拼死格斗，组成一道防火墙，方便刘邦自己脱身。当然，此中真意刘邦不便明言，司马迁也不便明写。

四员大将中的纪信在后来的荥阳之战中装扮作刘邦，带领两千女子，开东门出降，吸引了项羽军队的注意力。刘邦趁机带了十几位随从，从西门脱身。纪信冒充刘邦，帮助刘邦逃跑，最终被项羽所杀。

刘邦的这种安排虽然很周密，但是，他宁可牺牲部下也要保全自己的用心，也让人看到了刘邦自私阴刻的一面。

刘邦逃回了自己的军中，张良入席善后。张良老到精明，他对项羽说，沛公酒量不行，不能告辞。他让我代他献给大王一双白璧，献给大将军范增一双玉斗。项羽听后，问道："沛公安在？"张良回答：沛公担心大王责罚，独自离开，已经回到大营。项羽听说，并无反应，心安理得地接受了一双白璧。

范增气得将玉斗放在地上，拔剑击碎玉斗，气急败坏地说："竖子不足与谋。夺项王天下者，必沛公也，吾属今为之虏矣。"

刘邦回到军营，立即诛杀了曹无伤。

糊涂，其实是必然

整场鸿门宴项羽一共说了六句话：

1. 此沛公左司马曹无伤言之；不然，籍何以至此。

2. 壮士，赐之卮酒。

3. 赐之彘肩。

4. 壮士，能复饮乎？

5. 坐。

6. 沛公安在？

第一句话，断送了曹无伤的性命。

第二句话，表明项羽完全不理解樊哙闯帐的真实目的，反倒欣赏起樊哙的勇武。

第三句话，樊哙的闯帐坏了范增的大事，中止了项庄舞剑，项羽浑然不知。

第四句话，继续欣赏樊哙的勇武。

乃令张良留谢。良问曰："大王来何操？"曰："我持白璧一双，欲献项王，玉斗一双，欲与亚父，会其怒，不敢献。公为我献之。"张良曰："谨诺。"当是时，项王军在鸿门下，沛公军在霸上，相去四十里。沛公则置车骑，脱身独骑，与樊哙、夏侯婴、靳强、纪信等四人持剑盾步走，从郦山下，道芷阳间行。沛公谓张良曰："从此道至吾军，不过二十里耳。度我至军中，公乃入。"沛公已去，间至军中。张良入谢，曰："沛公不胜杯杓，不能辞。谨使臣良奉白璧一双，再拜献大王足下；玉斗一双，再拜奉大将军足下。"项王曰："沛公安在？"良曰："闻大王有意督过之，脱身独去，已至军矣。"项王则受璧，置之坐上。亚父受玉斗，置之地，拔剑撞而破之，曰："唉！竖子不足与谋。夺项王天下者，必沛公也，吾属今为之虏矣。"

——《史记·项羽本纪》

第五句话，一个"坐"字写尽了项羽的政治幼稚。

第六句话，一句"沛公安在？"道尽了项羽糊涂到底。

可以说，直至鸿门宴结束，项羽始终未能认识到刘邦是秦朝灭亡之后与他争夺天下的真正对手。因此，鸿门宴前、宴中、宴后都错失了消灭刘邦的大好时机。

以上我们讨论了项羽政治幼稚的第一个表现，就是他在相当长一段时间内不知道刘邦是他真正的政治对手。鸿门宴是第一个例证。

下面我们补充论证项羽政治幼稚的第二个例证。

鸿门宴结束了。刘邦忽悠住了诸侯中的老大项羽，躲过了鸿门宴前的军事打击，也避开了鸿门宴间的行刺，在接下来由项羽主持的大分封中又分到了巴郡、蜀郡、汉中郡，号为汉王。

项羽完成了大分封之后，回到西楚国的国都彭城（今江苏徐州市）。没有得到分封的齐地田荣于大分封后的汉元年五月率先驱逐、杀死项羽分封的三位齐王，自立为齐王。田荣还利用对项羽分封不满的陈馀，策动他在赵地发动叛乱，动员未得分封的彭越叛乱。

八月，刘邦重用韩信，明修栈道，暗度陈仓，杀回关中。此时，项羽面临齐地、关中、赵地等三地的叛乱，东面田荣，西面刘邦，动静都很大。项羽何去何从？剑锋当先指谁？

刘邦为了迷惑项羽，给项羽传达了两条信息：一是向项羽保证，自己该当关中王而没有当上关中王，因此，自己想得到关中，达到这一目的，就会立即罢手，绝不敢向东侵占项王的地盘。二是把"齐梁反书"送给项羽。齐是指自立为齐王的田荣，梁是指彭越。这应当是田荣、彭越要联合刘邦一块儿反叛项羽的一封信。刘邦已经攻占了三秦之地，占据了关中，还要表明自己没有非分之想，没有参与齐地田荣和梁地彭越、赵国的联手灭楚。项羽相信了刘邦只想得到关中的谎言，放弃了率先攻打关中刘邦集团的想法，将兵锋指向了齐地的田荣。项羽到此时还不知刘邦的目的是夺取整个天下，仍然误以为齐地田荣是主要敌人。

关中两个被封的诸侯王早已归降了刘邦，只有章邯坚守了十个月，他在等项羽，等项羽杀回关中时做内应，但是，他始终没有等来项羽。项羽误以为齐地田荣是最大威胁，于是出兵齐地，没有及时出兵关中，将刘邦逐出关中或加以消灭，致使刘邦在关中做大做强，将关中变为刘邦与项羽对决四年的大本营。

直至刘邦站稳关中，又挥师东进，占领了西楚国的国都彭城，项羽这时才意识到刘邦这老小子是自己真正的敌人，但是，此时离鸿门宴已达半年之久了。

可见，项羽不仅在鸿门宴上认识不到刘邦是自己真正的敌人，在刘邦占了关中之后还认识不到刘邦的危害之大。等刘邦占了自己西楚国的国都才认识到刘邦非同小可，是真正的敌人；但是，为时太晚了。

从上述分析可知，项羽在政治上实在是幼稚得可笑。谁是我们的敌人，谁是我们的朋友都认识不清，还谈什么夺取天下呢？

鸿门宴是项羽一生事业成败的转折点。此前，项

是时，汉还定三秦。项羽闻汉王皆已并关中，且东，齐、赵叛之，大怒。乃以故吴令郑昌为韩王，以距汉。令萧公角等击彭越。彭越败萧公角等。汉使张良徇韩，乃遗项王书曰：『汉王失职，欲得关中，如约即止，不敢东。』又以齐、梁反，书遗项王曰：『齐欲与赵并灭楚。』楚以此故无西意，而北击齐。——《史记·项羽本纪》

羽节节胜利，走上了当时政治舞台的中心。鸿门宴后，项羽一错再错，苦战四年，兵败乌江。刘邦一而再再而三地忽悠项羽是因为项羽在政治上太幼稚，是因为刘邦看透了项羽的政治幼稚。

所以，整场鸿门宴只说明了一点：项羽政治上十分幼稚。

项羽的政治幼稚不仅仅表现在谁是自己的敌人这一方面，在其他问题上也同样表现得很明显。

诛杀义帝是项羽政治幼稚的第二点表现。

义帝的"义"就是"假"，它就像"义父""义子"的"义"一样。

立楚怀王本来是范增的意见，但是，这个意见的本身就存有重要缺陷——授人以柄。

项梁起兵反秦之后，主动权完全掌控在自己手中。但是，范增错误地汲取了陈胜失败的教训，认为其失败的原因是不立楚国君王之后，要求项梁立楚王之后代为王。项梁误信了范增的意见，立楚怀王的孙子熊心为楚王，仍号称楚怀王。一个放羊娃就这样稀里糊涂地成为新的楚怀王。

怀王熊心在反秦之初有一定的号召力，对楚地反秦武装的崛起发挥过作用。但是，在项梁战死后，他对项羽的掣肘也相当明显。夺项羽军权，派刘邦入秦，任命宋义为统帅救赵，任命项羽为宋义的副将。这些措施的目的是最大可能地限制项羽在反秦斗争中发挥作用，特别是在项羽取得巨鹿之战的重大胜利之后，项羽曾派人向楚怀王汇报了巨鹿之战及入关的情况，意在向楚怀王表功，希望楚怀王能收回"先入定关中者王之"的成命。但是，楚怀王熊心虽然是项氏所立的傀儡，但是，他并不甘心仅仅做一个傀儡。所以，他利用手中暂时拥有的权力，重申"先入关为关中王"的约定，使后入关的项羽陷入政治上非常被动的局面。楚怀王熊心在项羽杀宋义夺军权后已经完全失败了，但是，熊心并没有放弃自己原定的"先入定关中者王之"的决定，决心和项羽对抗到底。

项羽在入关之后究竟该怎样处理楚怀王的问题，就成为考量项羽政治成熟与幼稚的一个标尺。

项羽先将楚怀王尊为"义帝"，然后将义帝排除在大分封之外，最后派人杀死义帝。

项羽杀死义帝，给了刘邦一个冠冕堂皇的借口。刘邦打着为义帝复仇的旗号，讨伐项羽，使项羽在政治上陷于被动。其实，刘邦要做皇帝，即使项羽不杀义帝，刘邦也一定会除掉义帝。项羽杀义帝等于为刘邦登基扫清了一个障碍，同时又成为刘邦讨伐项羽的借口。项羽的政治幼稚于此表现得也相当充分。

宋人王安石《范增二首》（其一）：

> 中原秦鹿待新羁，力战纷纷此一时。
> 有道吊民天即助，不知何用牧羊儿。

这首诗说：秦朝末年天下英雄逐鹿中原，一时间战争一场接一场。本来谁得民心谁就可以得到天下，不知道为什么要用一个放羊娃做楚怀王。

可见，王安石对项梁立楚怀王颇不以为然。

项羽对楚怀王可以说既有旧恨，又有新仇。

先说旧恨。

当年项梁由于轻敌战死，楚怀王熊心立即赶到彭城，将项羽与吕臣军合并起来，归自己掌管，夺了项羽的军权。但是，对同样是项梁部下的刘邦，仍然让他独掌军权，封刘邦为武安侯，任命为砀郡长。项羽受封为鲁公，但是，没有兵权。此时项羽虽为项梁余部的首领，毕竟项梁战败，军力受损，自己在楚军中的地位尚不突出，所以，只好咽下了这口怨气，但是，项羽心中肯定极为不满。

项梁战败之时，秦兵在章邯的率领下接连攻破陈胜与项梁两支劲旅，整个楚地反秦武装都处在低谷之中，没有人再敢侈谈西入函谷关。只有项羽与刘邦愿意率军西进。项羽愿意西行入关，直接的原因是项梁被秦军所杀，他要为项梁报仇。

但是，楚怀王熊心身边的人却极力反对，理由就是项羽太残暴，他曾杀死了整个襄城中的成年男子。所以，最好选派一个忠厚长者，"扶义而西"，让他告谕秦地的父老乡亲。秦地的父老乡亲，受秦暴政之害的时间太长了，如果能有一位忠厚长者前往秦地，行仁义之政，一定可以得到秦地父老的拥戴，拿下关中。结果，项羽被楚怀王熊心剥夺了西行入关的权力。

当是时，秦兵强，常乘胜逐北，诸将莫利先入关。独项羽怨秦破项梁军，奋，愿与沛公西入关。怀王诸老将皆曰："项羽为人僄悍猾贼。项羽尝攻襄城，襄城无遗类，皆坑之，诸所过无不残灭。且楚数进取，前陈王、项梁皆败。不如更遣长者扶义而西，告谕秦父兄。秦父兄苦其主久矣，今诚得长者往，毋侵暴，宜可下。今项羽僄悍，今不可遣。独沛公素宽大长者，可遣。"卒不许项羽，而遣沛公西略地。——《史记·高祖本纪》

楚怀王熊心手下这批官员，都是靠项梁立楚怀王熊心才有了今日的地位，自然知道项氏家族势力之大。现在项梁战死，项梁这把悬在所有官员头上的利剑刚刚解除，谁愿意再让项梁的接班人项羽立下奇功，重新骑在自己头上呢？所以，他们抨击项羽残虐，歌颂刘邦是忠厚长者，其背后真实的意图是想借机打压项羽，不让项氏集团壮大起来。在这种情况下，刘邦集团恰恰充当了打压项羽集团的一张王牌。

既然是墙倒众人推，项羽也只有忍气吞声，放弃西行入关的机会，作为"次将"，由宋义率领，北上救赵。

当时秦军两大主力军团包围了赵国，北上救赵的风险极大。项羽北上之路，要打硬仗，而且不止一场硬仗、恶仗，注定比刘邦直接向西入秦要艰难得多，而且也不如刘邦胜算大。这一安排明显偏袒刘邦，项羽心中岂能无感？

再说新仇。

一个人怀才就像女人怀孕一样，终究不可能不让世人知晓。项羽北上救赵，建立奇功，歼灭秦军两大主力军团，成为诸侯的总盟主，项羽的才华得以充分展示。当项羽以诸侯上将军的身份向楚怀王报告了消灭秦军主力之事时，楚怀王仍然坚持按照入关前的约定"先入关破秦者为关中王"办理。丝毫没有照顾项羽在灭秦斗争中的巨大贡献，这让旧恨在心的项羽更加恼怒。项羽并不是没有能力西行入关灭秦，而是楚怀王熊心不让他西行入秦。这岂不是将项羽逼上了梁山，不反就没有出头之日？所以，项羽杀楚怀王也是楚怀王一逼再逼的必然结果。

项羽召集众将，告诉他们：楚怀王是我家项梁所立，三年反秦，没有任何功劳，他怎么能够主持盟约？真正打江山的是你们大家和我。于是，尊楚怀王为义帝，实际上剥夺了楚怀王熊心号令天下的权力。

项羽讲的是实情，只是在操作上不够慎重、圆通，楚怀王是杀不得的。可以架空楚怀王，可以利用，可以当摆设，但不能杀！杀了楚怀王，就是以臣弑君，给了自己的政治对手讨伐自己的一面正义的旗帜，使自己在政治上陷入极大的被动。

刘邦的目标是做大汉皇帝，他与项羽一样不能容忍楚怀王凌驾于自己之上。所以，项羽不杀楚怀王，刘邦将来也必然会解决楚怀王的问题，至于刘邦如何解决，我们不得而知，因为历史不能假设。可是，项羽率先除掉楚怀王，做了刘邦未来要做的事，又给了刘邦一个讨伐自己的最好借口，这是项羽在政治上的重大失误！

公元前205年（汉二年）三月，刘邦第一次出关东伐项羽，到达洛阳，新城（今河南洛阳市偃师区）三老（负责教育的乡官）董公建议刘邦为义帝发丧，公开讨伐项羽，刘邦才恍然大悟，发现"义帝之死"是一张可以大打、长打的政治牌。于是，刘邦立即接受了这个建议，为义帝发丧，袒而大哭。

刘邦不但为义帝发丧，还整整为义帝哭祭了三

项羽怨怀王不肯令与沛公俱西入关，而北救赵，后天下约。乃曰：『怀王者，吾家项梁所立耳，非有功伐，何以得主约！本定天下，诸将及籍也。』乃佯尊怀王为义帝，实不用其命。——《史记·高祖本纪》

天，并派使者遍告天下诸侯：义帝是天下的共主，如今项羽先则流放义帝，继则将义帝杀害，这是大逆不道之举。希望天下的诸侯能够与我一道讨伐诛杀义帝的逆贼。

义帝被杀的时间，《史记》的《项羽本纪》《高祖本纪》记载为汉元年四月，《黥布列传》记载为汉元年八月，《秦楚之际月表》记载为汉二年十月，《汉书》《汉纪》也记载为汉二年十月。义帝被杀的时间史载较乱，早者为汉元年四月，晚者为汉二年十月。汉元年四月，项羽大分封。汉元年八月，刘邦兵出关中。汉二年十月，刘邦兵出函谷关。史载义帝被杀的这三个时间，刘邦都没有为义帝发丧。只是在新城三老董公的启发下刘邦才为义帝发丧，打出了"怀王之死"这张王炸。此前，刘邦即使兵出关中，开始了与项羽争夺天下的战争，也没有打这张政治牌，说明他对义帝并非忠诚。只是受三老董公启迪后他才意识到"怀王之死"如同"怀王之约"一样是张绝佳的政治牌，"袒而大哭"完全是一场政治秀。

项羽诛杀义帝成为项羽在政治上陷于被动的一个重要原因，同时也成为刘邦在政治上打击项羽的一面正义的旗帜。

迷信武力是项羽政治幼稚的第三点表现。

项羽迷信武力有它的客观基础，就是项羽个人

至雒阳。新城三老董公遮说汉王以义帝死故。汉王闻之，袒而大哭。遂为义帝发丧，临三日。发使者告诸侯曰："天下共立义帝，北面事之。今项羽放杀义帝于江南，大逆无道。寡人亲为发丧，诸侯皆缟素。悉发关内兵，收三河士，南浮江汉以下，愿从诸侯王击楚之杀义帝者。"

——《史记·高祖本纪》

的勇猛善战。项羽在垓下被围之时唱了一首非常有名的《垓下歌》：

> 力拔山兮气盖世，时不利兮骓不逝。
> 骓不逝兮可奈何，虞兮虞兮奈若何！

力能拔山，豪气盖世，但是，战局对我如此不利，连追随我转战一生的宝马也不愿再跑了，宝马不愿再跑了怎么办，虞啊虞啊，我怎么安排你？

这首歌充满了英雄末路的万绪悲凉，与刘邦的《大风歌》同样有名。其中，"力拔山兮气盖世"七个字表达了项羽对自己武力的肯定，这是项羽迷信武力的基础。

这就是历史文献记载中的霸王别姬。骓，是跟随项羽转战南北的宝马；虞，是项羽最宠爱的美女，一直追随项羽，在项羽垓下突围后，虞可能自杀身亡。今天安徽灵璧县城东十五里的宿泗公路旁有虞姬墓。墓碑横额刻有"巾帼千秋"四字。两旁对联是：

> 虞兮奈何，自古红颜多薄命。
> 姬耶安在，独留青冢向黄昏。

项羽迷信武力，不懂得军事是实现政治目的的一种手段，军事并非目的。因此，不讲政治策略，暴虐滥杀，绝对不可取。

项羽起兵不久，攻打襄城（今河南襄城县），久攻不下，终于攻下襄城后，将襄城成年的男子全部活埋（已拔，皆坑之）。

这件屠城之事成了项羽残暴的第一项指控。

当怀王召集大家商议进兵攻秦之事时，怀王身边近臣列举项羽暴虐的案例即是曾经屠杀了襄城的百姓。

汉元年 (前206) 四月，项羽分封诸侯归国，其中齐地分封了三位诸侯王。没有得到分封的田荣率先在齐地叛乱，拒绝项羽分封的齐王入境，并且杀死胶东王，指示彭越杀济北王，然后田荣自己独占了整个三齐之地，也就是整个山东。

项羽率部平定田荣，田荣败走平原，平原的百姓杀死了田荣。按理说，如果项羽在田荣死后再对齐地进行一些政治安抚，齐地的叛乱便可彻底平定，但是，项羽到处焚烧房屋，杀戮降卒，逼得齐地百姓纷纷反叛项羽，田荣的弟弟田横乘机起兵反楚。当时，刘邦在关中已经得逞，项羽需要的是迅速平定齐地，抽身对付刘邦。结果，由于迷信武力，一味屠杀，导致项羽身陷齐地战场，无从抽身。

汉之二年冬，项羽遂北至城阳，田荣亦将兵会战。田荣不胜，走至平原，平原民杀之。遂北烧夷齐城郭室屋，皆坑田荣降卒，系虏其老弱妇女。徇齐至北海，多所残灭。齐人相聚而叛之。于是田荣弟田横收齐亡卒得数万人，反城阳。项王因留，连战未能下。——《史记·项羽本纪》

刘邦趁机做大做强，占领整个关中，进而出关东进，一直打到彭城。

再说外黄 (今河南民权县) 事件。

汉四年 (前203)，刘邦第二次在项羽猛攻下失守成皋，仅和滕公一人逃出城，到达韩信所在的河北。刘邦夺走了韩信手下的精兵，并接受了郎中郑忠的建议，命令刘贾率兵两万，帮助彭越在梁地焚烧楚军粮。

这一年，项羽面临起兵以来的第一次重大危机。先是韩信攻占齐地，接着是龙且军团被韩信全部歼灭，彭越又南下切断项羽军粮道。所以，项羽被迫第二次从成皋前线回来平定彭越之乱。彭越这次出兵，占了十七座城。项羽费了好大力气才攻下外黄。由于攻占外黄伤亡颇多，项羽占领外黄后，曾下令杀戮城中所有十五岁以上的男子。但是，这件事却被外黄县令一位幕僚的十三岁小孩子制止了。此事说来真怪，这位十三岁的小娃娃，对项羽说：彭越势力大，外黄扛不住，只能暂时投降彭越，等待大王。现在大王来了，又要将满城的男人杀光。如果这样干，整个外黄以东的这十几座城，都不敢降项王了。

项羽听了这位十三岁小孩子的话，认为他讲得很有道理，就把原来准备屠杀的外黄男子全放了。

这事一传开，从外黄到睢阳（今河南商丘市）的十几座城立即都归顺了项羽，项羽迅速平定了彭越之乱，攻下睢阳、外黄十七城，以及彭越占领的梁地。

王安石《范增二首》（其二）：

郾人七十漫多奇，为汉驱民了不知。

谁合军中称亚父，直须推让外黄儿。

乃东，行击陈留、外黄。外黄不下。数日，已降，项王怒，悉令男子年十五已上诣城东，欲坑之。外黄令舍人儿年十三，往说项王曰：「彭越强劫外黄，外黄恐，故且降，待大王。大王至，又皆坑之，百姓岂有归心？从此以东，梁地十余城皆恐，莫肯下矣。」项王然其言。乃赦外黄当坑者。东至睢阳，闻之皆争下项王。——《史记·项羽本纪》

鄡，居鄡，即今安徽桐城市。范增是居鄡人，故称其为"鄡人"。

这首诗说：范增七十多岁，号称多奇计，实际上他是在驱赶百姓投奔汉王刘邦。谁说他可以在项羽的军队中称"亚父"，真应当把远远胜过范增的外黄县令门客的孩子当作项羽的谋士。

这首诗讽刺范增自称多奇计，实际上并没有为项羽提过什么好建议。这位十三岁的外黄少年，就胜过范增。

可见，项羽的暴虐虽出自本性，但他始终没有遇到一个能够用正确的策略来引导他的人。范增虽然是项羽谋士，但是，范增并没有完成规劝项羽的任务。所以，王安石写诗讽刺范增不如一个十几岁的孩子。

但是，此时已是汉四年的冬十月，离项羽最后败亡已为期不远。如果项羽能够早一点认识到迷信武力是一大过失，可能不会失败得那么惨。

综上所述，项羽的政治幼稚表现在三个方面：

一是对政治对手缺乏认识。

二是错杀义帝使自己陷于政治上的被动。

三是迷信武力，轻视政治。

上述三点只是项羽政治幼稚的三个方面；项羽政治上的失败绝不仅仅是上述三点，应当说还有一个重要原因，正是这一原因给项羽带来了一系列的厄运，直接导致了项羽的失败，那么，这一原因是什么呢？

请看：大分封：项羽的选择。

大分封：项羽的选择

项羽的政治幼稚不仅表现在上述三个方面，同时，项羽在分封诸侯时也犯了不少错误，进一步表现出政治上的幼稚。进入函谷关后，项羽作为诸侯联军的盟主，成为主宰天下的一号人物。当时，摆在项羽面前的有三种选择：选择王业称王，选择帝业称帝，选择霸业称霸。项羽最终选择了霸业，分封了十八位诸侯王，自封为"西楚霸王"。项羽为什么会选择霸业？项羽大封天下诸侯王给他带来了什么影响呢？

"三选一"要的是眼光

任何一个人都很难超越历史所提供的条件，提出一种新的政治制度。作为诸侯总盟主的项羽进入函谷关后，究竟该选择一个什么样的政治制度呢？

当时，可供项羽选择的中国政治制度主要有三种：

一是西周王朝的王业，二是秦王朝的帝业，三是春秋战国时代的霸业。

由于周朝实行的王业距离项羽生活的时代相对遥远，真正可供项羽选择的政治制度实际上只有秦朝的帝业和春秋战国时代的霸业。

秦朝实行的是分天下为三十六郡的帝国制，最高统治者是皇帝，皇帝通过郡县制直接控制全国。

春秋战国时代，大体分为两个阶段，一是春秋时期大国之间的争霸之战，二是战国时期的兼并统一之战。春秋时期，齐桓公、晋文公、秦穆公、楚庄王等相继为盟主，主导天下。虽然齐桓公、晋文公、秦穆公、楚庄王称霸的时代尚有周天子，但是，此时的周王朝只相当于一个小诸侯国，它的实力远远不能和这些霸主相比。政治永远只讲实力！周天子既然没有实力，那么就只好沦为霸主们偶尔用用的一块招牌。

项羽为什么选择霸业呢？

第一，众心所向。

秦末大起义中的许多人都有裂土封王的观念，如韩信。他灭了魏、代、赵、燕、齐五国，占据了整个北中国，立下了不赏之功。韩信在吞并三秦、开辟北方战场时并未提出分土为王的要求，但是，一旦攻下齐国，便马上以齐地近楚、不易控制为由，要求刘邦封他为"假（齐）王"。刘邦此时正在荥阳被项羽打得焦头烂额，一看韩信求封"假齐王"的信，勃然大怒，破口大骂：老子困在这里，日夜盼望着你来帮我，没想到你竟然想自立为王。张良、陈平当着韩信使者的面不便公开劝阻刘邦，只好用脚踩汉王刘邦的脚，并用耳语告诉刘邦：我们这儿的形势不好，我们有实力阻挡韩信称王吗？不如趁此机会善待韩信，让他为我们汉军守住齐地，否则会让韩信发生变故。汉王刘邦是何等聪明的人，经两人一点拨，马上改口，骂着说：大丈夫当诸侯王就要当真的，当什么假（代理）齐王？刘邦于是派张良拿着印信到齐地，立韩信为齐王。

再如黥布，原为项羽所封的九江王。后因与项羽有矛盾而被刘邦所利用，刘邦的说客说服黥布的理由，从获利的角度看，黥布归汉并不吃亏。跟着项羽当九江王，归了刘邦做淮南王，封地一如其旧。从避害的角度讲，黥布已与项羽产生嫌隙，难以消除；跟随刘邦，刘邦非常高看他，会给予他充分信任。因此，权衡利弊，黥布动了心，叛楚归汉。

使人言汉王曰：『齐伪诈多变，反覆之国也，南边楚，不为假王以镇之，其势不定。愿为假王便。』当是时，楚方急围汉王于荥阳，韩信使者至，发书，汉王大怒，骂曰：『吾困于此，旦暮望若来佐我，乃欲自立为王！』张良、陈平蹑汉王足，因附耳语曰：『汉方不利，宁能禁信之王乎？不如因而立，善遇之，使自为守。不然，变生。』汉王亦悟，因复骂曰：『大丈夫定诸侯，即为真王耳，何以假为！』乃遣张良往立信为齐王。——《史记·淮阴侯列传》

随何曰：『臣请与大王提剑而归汉，汉王必裂地而封大王，又况淮南，淮南必大王有也。故汉王敬使使臣进愚计，愿大王之留意也。』淮南王曰：『请奉命。』——《史记·黥布列传》

韩信、黥布要求裂土封王的心理非常具有代表性。

汉三年 (前204)，刘邦困于荥阳时，郦食其向刘邦建议：分封六国后人为诸侯王，但被张良阻止。张良认为：天下游士离开父母，抛弃故乡，跟随刘邦打天下，目的就是想得到封赏的土地。如果我们立了被秦灭掉的六国后代做王，天下游士就会各去侍奉他们的主子，返回故乡，你还和谁一块儿打天下呢？

张良阻止分封六国后代为王的做法是正确的。但是，郦食其的建议也让我们看到，裂土封王的势力在当时多么强大。

刘邦封诸侯王是为了拉拢一些最有实力的人，让他们为自己打败项羽这一总目标服务。其他人则不在分封诸侯王的考虑之列，这样，就能最大限度地消灭战胜项羽后存在的分裂势力。

因此，项羽在灭秦后，顺应了大多数人的愿望，裂土封王。

大面积的裂土封王，本身就是在恢复被秦王朝中断了的春秋战国列国并存、盟主主宰天下的政治局面。因此，选择大封诸王的本身决定了项羽只能选择霸业，而不能继承帝业。

第二，实力不足。

巨鹿之战后，项羽成为援赵诸侯联军的总盟主，率领四十万大军进入函谷关，并主持分封了十八诸侯王，

且天下游士离其亲戚，弃坟墓，去故旧，从陛下游者，徒欲日夜望咫尺之地。今复六国，立韩、魏、燕、赵、齐、楚之后，天下游士各归事其主，从其亲戚，反其故旧坟墓，陛下与谁取天下乎？
——《史记·留侯世家》

成为当时天下的实际主宰者，司马迁据此将项羽写入了本纪。不少研究者认为：此时项羽威震天下，极有实力，完全可以称帝。实际果真如此吗？

不尽然。

我们不妨将项羽与刘邦做一比较。公元前202年刘邦灭了项羽后，受韩信等诸侯王的推崇，于定陶称帝。此时天下诸侯王是一个什么情况呢？

刘邦称帝前，封韩信为齐王，封彭越为梁王，封张耳为赵王，封英布为淮南王，封韩王信为韩王。这些诸侯王都是刘邦所封，是刘邦的臣下，刘邦与他们有君臣之分。除了刘邦可以称帝，其他诸侯王不可能称帝。即使是功劳最大、实力最强的韩信，亦不可能与刘邦分庭抗礼。刘邦封韩信为齐王，韩信就做齐王；刘邦改封韩信做楚王，韩信就做楚王。韩信尚且如此，其他诸侯王就更不在话下。

项羽分封的诸侯王已被刘邦基本解决。因为楚汉战争绝不是项羽和刘邦两家的战争，而是天下诸侯王都被卷入的一场战争。原项羽分封的诸侯王都要面临一个选边站队的大是大非问题：要么降汉，要么降楚。雍王章邯反汉最终被杀；翟王董翳、塞王司马欣先降汉，后归楚，均被杀；西魏王魏豹降汉，后闹独立，在荥阳被汉将所杀；殷王司马卬降汉；代王赵歇被韩信所杀；九江王英布、衡山王吴芮降汉；胶东王田市被田荣所杀；齐王田都亡楚；济北王田安被田荣攻杀；辽东王韩广被燕王臧荼攻杀。原来受项羽所封的诸侯王已经在楚汉战争中或被杀，或降汉，不再成为刘邦称帝的牵制力量。

项羽分封十八诸侯王时所面临的情况与刘邦称帝的情况大不

相同。

此时天下尚有一批先行称王者，他们是楚怀王熊心、赵王歇、齐王田市、魏王豹、韩王成、燕王韩广。这些诸侯王是在秦末大起义中或自立，或被拥立的六国国君后裔。他们之中，只有魏王豹随项羽入关，其余皆未能随项羽入关。但是，他们曾经在反秦大起义中已经称王，虽然他们中的多数人未能随同项羽入关，但是这股势力不可小觑。如果项羽称帝，则很难处理这些诸侯王，最稳妥的办法是保留这些诸侯王。项羽只能承认这些已经称王的诸侯王，但不能将其纳入自己的臣下之中。

项羽的历史任务是灭秦，这些自立或受封的诸侯王在这一意义上都是项羽的盟友。项羽不能一一消灭他们，不能像刘邦一样，要求天下所有诸侯王臣服于己，否则就予以消灭。刘邦的灭项之战扫清了自己称帝的所有障碍。

所以，此时要求项羽称帝明显实力不足。

项羽对自己面临的情景有自己的判断，所以，章邯率兵和项羽约降，项羽立即封章邯为雍王。入关后，项羽分封十八诸侯王时，章邯仍为雍王，其地位、名号、封地未有任何变更。这说明，巨鹿之战结束时项羽对秦亡之后如何管理天下已经有了自己的设想。到达函谷关时，项羽才知道刘邦已先行入关。据"怀王之约"，先入定关中的刘邦应该受封关中王。这一现实更坚定了项羽分封天下的主张。

项羽占有具有重要战略地位的梁楚九郡，称西楚霸王，都彭城（今江苏徐州市）。

项羽分封的诸侯可以分为三类：

第一类，反秦起义的主要领导者项羽、刘邦，以及跟随项羽救赵消灭秦军主力，并随同入关的将领。

第二类，秦末起义后陆续在六国旧地称王者，主要是原六国贵族后人。

第三类，秦降将三人。

他们分别是：汉王刘邦，雍王章邯，塞王司马欣，翟王董翳，西魏王魏豹，河南王申阳，韩王韩成，殷王司马卬，代王赵歇，常山王张耳，九江王英布，衡山王吴芮，临江王共敖，辽东王韩广，燕王臧荼，胶东王田市，齐王田都，济北王田安。

第三，衣锦还乡。

项羽火烧秦宫后，曾经有人劝项羽：关中之地，是一个四面环山的不易被攻破的地方，而且土地肥沃，可以建都称霸。项羽听人一劝，也动了心，可是看见秦帝国的宫殿都被自己烧得成为断壁残垣，又一心想着回归故乡，就对劝他的人说：一个人富贵了不回故乡，就好像穿一件新衣服夜晚走路，谁能看见呢！可见，项羽最高的政治愿望是衣锦还乡，做"西楚霸王"，选择霸业正好符合他衣锦还乡的心愿。

衣锦还乡心理在汉代并非仅项羽一人具有。西汉武帝时期的朱买臣，被任命为会稽太守时，汉武帝对他说："富贵不归故乡，如衣绣夜行。"《汉书·严朱吾丘主父徐严终王贾传》东汉刘秀建武二年 (26) 大封功臣时对景丹说："今

人或说项王曰：『关中阻山河四塞，地肥饶，可都以霸。』项王见秦宫室皆以烧残破，又心怀思欲东归，曰：『富贵不归故乡，如衣绣夜行，谁知之者！』——《史记·项羽本纪》

关东故王国虽数县，不过栎阳万户邑。夫'富贵不归故乡，如衣绣夜行'，故以封卿耳。"《后汉书·朱景王杜马刘傅坚马列传》

应当说，中国古代衣锦还乡的心理非常严重，并非只有项羽、朱买臣、景丹，许多人都选择用衣锦还乡的方式来满足自己的成就感、荣誉感。

因此，早在巨鹿之战结束时项羽就已经选择了霸业。他封归降于他的秦将章邯为雍王，实际就是汉元年（前206）四月大封十八位诸侯王的先兆。入关之后，他自封为"西楚霸王"，都彭城，同时分封了十八位诸侯王。其中，就包括他在巨鹿之战胜利之后所封的雍王章邯。

项羽富贵还乡，刘邦朝堂炫富，二者都是炫富；不过，刘邦的炫富，揭示了权力致富远远超过劳动致富。

秦末大起义中除了刘邦，还有没有人选择帝业呢？

有。

陈胜首义后，迅速攻下陈郡。郡中豪杰劝陈胜称楚王：您披坚甲执锐器，率领士卒诛伐暴秦，恢复楚国社稷，存亡国，继绝世，功德应当称王。再说，领导天下诸将不可不称王，希望将军自立为楚王。陈胜征求刚刚得到的贤士张耳、陈馀的意见，他们俩一致反对陈胜称王。为什么呢？张耳、陈馀认为：暴秦的确当诛。秦帝国是无道之国，灭他人之国，绝他人之社稷，杀他人的继承者，导致天下百姓力尽财穷。将军出万死不顾一生，为天除去残贼，功劳至大。但是，刚刚到了陈郡就称王，让天下人说将军是为了一己私利反秦。不如暂不称王，尽快率军西进灭秦。同时，派人立六国国君的后人为诸侯，这等于是给秦帝国树立死敌。敌人一多,秦军的力量就会分散。灭了暴秦,占据咸阳,号令诸侯,以德服人,那么,帝业可成。

张耳、陈馀之说不无道理,但是,在大道理的背后包含着恢复赵国的目的。不论如何,张耳、陈馀力主灭秦后实行帝业,这才是张耳、陈馀政治主张的核心。

谁打天下谁坐庄

中国古代的封王,历来有两种原则:一是"因亲封王",二是"因功封王"。因亲而封,讲的是血缘亲疏;因功而封,论的是功劳大小。

项羽采取什么原则分封诸侯呢?

项羽入关后的大分封,基本上采用的是"因功封王"。

项羽在大封诸侯王之前,曾经与跟随他入关的诸侯将领讲过一段非常重要的对话:天下刚刚起兵之时,立了六国的后裔为王,利用他们的身份号召动员百姓讨伐秦国。但是,真正浴血奋战三年,最终灭亡秦国的是你们和我。义帝既然没有功劳,就应当分了他的土地给大家。诸侯将领们都非常赞成他的意见,于是,项羽封随同他入

陈中豪杰父老乃说陈涉曰:『将军身被坚执锐,率士卒以诛暴秦,复立楚社稷,存亡继绝,功德宜为王。且夫监临天下诸将,不为王不可,愿将军立为楚王也。』陈涉问此两人,两人对曰:『夫秦为无道,破人国家,灭人社稷,绝人后世,罢百姓之力,尽百姓之财。将军瞋目张胆,出万死不顾一生之计,为天下除残也。今始至陈而王之,示天下私。愿将军毋王,急引兵而西,遣人立六国后,自为树党,为秦益敌也。敌多则力分,与众则兵强。如此野无交兵,县无守城,诛暴秦,据咸阳以令诸侯。诸侯亡而得立,以德服之,如此则帝业成矣。』——《史记·张耳陈馀列传》

关的将领为诸侯王。

第一，评价义帝。

项羽这番话，对"义帝"的历史作用做出了评价。项羽提到的"天下初发难时"的诸侯王实指楚怀王一人，因为项羽在名义上只是楚怀王熊心的部下，其他诸侯王与项羽毫无关系。楚怀王熊心只是在陈胜首难时"假立诸侯以伐秦"的工具，当时"假立"义帝的目的是借其原有的王族身份动员楚地百姓伐秦。这个评价虽有个人色彩，但总体恰当。此前，项羽致信楚怀王熊心，熊心的回答只有一句话：按既定方针办（如约）。这个回答实是楚怀王熊心最后的坚持。巨鹿之战后，项羽如日中天，成为天下诸侯的上将军，实际掌控了天下。楚怀王熊心并不屈服于项羽的崛起，力主按"怀王之约"办！丝毫不顾及个人的安危和现实力量的巨大变化。正是在这一背景下项羽做出了对楚怀王熊心的评价。这一评价也决定了楚怀王熊心最终的命运。

第二，计功封王。

真正灭掉秦帝国、打下江山的是我项籍和随我破秦入关的诸将，因此，应当"分其地而王之"。

项羽这番谈话的实质是：义帝无功，当分其地；诸将有功，当裂土封王。此中，已隐含了"计功封王"之义。

如果我们认为项羽计功封王的意图在这段话中说得还不够明白的话，那么，汉四年（前203）项羽派去游说

谓曰：『天下初发难时，假立诸侯后以伐秦。然身被坚执锐首事，暴露于野三年，灭秦定天下者，皆将相诸君与籍之力也。义帝虽无功，故当分其地而王之。』诸将皆曰：『善。』乃分天下，立诸将为侯王。

——《史记·项羽本纪》

韩信的武涉说得就更明白了：

> 天下受秦之害太久了，因此大家奋力击秦。秦帝国灭亡后，计功割地，分土称王，让士兵得以休息。如今汉王又率兵东进，侵人之国，夺人之地。破了三秦王，又率兵出关，胁迫天下诸侯东击楚地，他的意图是不全部占有天下决不罢休，这种不知满足的胃口实在是太过分了。

可见，"计功割地，分土而王之"是项羽在汉元年(前206)分封诸侯王的总原则。

与秦时期的"因亲封王"相比，项羽的"因功封王"是一大进步。因为，"因功封王"挣脱了仅凭血缘就可以世代为王的桎梏，肯定了人的后天努力，肯定了人自身的价值。不重血缘重功劳是历史的进步。

项羽在王业、帝业、霸业三种既有的政治制度中选择了霸业。这既是他本人的认识，又是当时多数人共同的期盼。因此，这种选择是历史的必然。项羽不仅选择了霸业，而且创造性地采取了"因功封王"的分封制。

何况，十八位受封的诸侯王中，除了大起义之初自然形成的原六国诸侯之后，只有"三秦王"中的雍王章邯是项羽入关前分封的，其他诸侯王都是第一次受项羽之封。因此，如果项羽选择帝业，自称皇帝，这些诸侯王原本是巨鹿之战时反秦大军中的战友，项羽突然称帝，他们只能称臣，这会让多数有功之人需要一个适应的过程。

如果多数功臣不适应呢？即使少数功臣不服从，

天下共苦秦久矣，相与勠力击秦。秦已破，计功割地，分土而王之，以休士卒。今汉王复兴兵而东，侵人之分，夺人之地，已破三秦，引兵出关，收诸侯之兵以东击楚，其意非尽吞天下者不休，其不知厌足如是甚也。

——《史记·淮阴侯列传》

项羽在亡秦之后也还需要一个相当长的时间征服天下。这种征服天下的过程要多长？最终的结果会怎么样呢？变数太大，而且不是项羽所长的军事斗争，而是一场合纵连横的全国性内战。

项羽这种大分封给他自己带来的是祸还是福呢？

心里有，比什么都重要

项羽主观上的确要计功封王，但是，项羽"计功封王"的总原则并没有不折不扣地得到执行，反而出现了较大失误。项羽大封诸侯王的失误主要有两个方面：错封和失封。

先看错封。

错封的含义有两个，一是其人不该封而封，二是其人该封但所封之地不当。项羽错封主要有两点：一是对刘邦的错封；二是对三秦王章邯、司马欣、董翳的错封。

一是错封刘邦。

项羽分封诸侯王时最棘手的是刘邦，项羽对刘邦的错封主要是封地不当。

依照原来的约定：先入关者为关中王。刘邦早于项羽两个月入关，因此，刘邦理应被封为关中王。

项羽极端的自恋心态和对自身利害的考虑使他不可能封刘邦为关中王。

鸿门宴前、鸿门宴中，杀刘好，还是放刘好？对于项羽集团来说，当然是杀刘比放刘好。既然未杀，对刘邦的防范应当是项羽分封诸侯时要考虑的首要问题。

项羽在分封诸侯时仍然未意识到刘邦是他最大的政治对手，但是，项羽对刘邦阻止自己入关仍然心存芥蒂。同时他又担心此时不封刘邦，诸侯会说自己"负约"，更担心由此导致诸侯的反叛，仔细考虑下来，巴、蜀之地，路险难行，在秦朝时都是犯人的集居地，诡称巴、蜀也是关中，于是封刘邦为汉王，辖巴、蜀之地。

"项王、范增疑沛公之有天下"是项羽、范增的共识，主要是范增的坚持。因为刘邦先入关，而且刘邦派兵在函谷关阻止项羽入关。这种疑虑在大分封中起到的作用是将刘邦实封至巴、蜀。这对项羽集团的利益是一种组织保证，虽然这种措施后因张良、刘邦两人向项伯行贿而打了很大的折扣，但是，毕竟体现了视刘邦为首要敌人的明确认知。

项羽、范增最大的顾虑是刘邦有独占天下的雄心！这样，刘、项之争就会没完没了，直到一方被对方消灭为止。在项羽分封的十八位诸侯王中，只有刘邦有此雄心。项羽只想做个称雄天下的"霸王"，并没有独占天下重建帝国制的思想准备。

如果项羽对刘邦不仅是"疑"，而且是确确实实的深刻认知，项羽就不应该分封三秦王，也不应该一把火烧掉秦都咸阳，而是应该以咸阳为都城，自己驻守关中，镇住窥伺天下的刘邦。

项王、范增疑沛公之有天下，业已讲解，又恶负约，恐诸侯叛之，乃阴谋曰："巴、蜀道险，秦之迁人皆居蜀。"乃曰："巴、蜀亦关中地也。"故立沛公为汉王。——《史记·项羽本纪》

后来，张良把刘邦赏他的珠宝用来行贿项伯，刘邦也向项伯大力行贿，请他说通项羽，把汉中之地也划给自己。项伯两面受贿，自然为刘邦大力斡旋，项羽遂同意将汉中之地划给了刘邦。

汉中与关中仅隔一秦岭，比起从巴蜀还定三秦显然要容易得多。更何况，刘邦得了三郡之地，比起仅仅得到巴、蜀二郡相比，实惠得多。

项羽同意项伯的意见，将汉中地加封给刘邦是项羽大分封中的一大败笔。

因为无论加封汉中与不加封汉中，刘邦都要以"负约"为名挞伐项羽，占领整个关中，争夺整个天下。刘邦曾经历数项羽十大罪状，其中，第一条就是"负约"。"负约"在中国古代政治生活中是一个分量极重的词汇，项羽封刘邦时就担心天下诸侯以"负约"为名背叛自己。

项羽的失误在于，既然担心"负约"恶名，就应当将关中封给刘邦。这样做，至少在政治上避过"负约"的恶名，占领了道德制高点。封刘邦至巴、蜀，又听信项伯之言，加封刘邦汉中郡，为刘邦还定三秦提供了方便，还背负着"负约"恶名，实属错封。

刘邦当然不会甘心只做个关中王，他必然要东向与项羽争夺天下。因此，项羽可以在关中毗邻的巴蜀、在关中北部的魏地、关中东部的河南郡、河内郡围堵刘邦。当然，最重要的是项羽自己要时时盯着这个最强大

汉元年正月，沛公为汉王，王巴蜀。汉王赐良金百溢，珠二斗，良具以献项伯。汉王亦因令良厚遗项伯，使请汉中地。项王乃许之，遂得汉中地。——《史记·留侯世家》

的对手，心里要时时想着这个一刻都没有忘掉和他争夺天下的劲敌：心里有，比什么都重要。

甚至可以自己坐镇关中，紧盯刘邦的一举一动。

二是错封三秦王章邯、司马欣、董翳。

先说错封司马欣。

司马欣属于不当封而封，且封非其地。

司马欣是秦将章邯的部下，司马欣对项梁曾有过大恩。项梁在秦时曾因犯罪被逮捕入栎（yuè）阳（今陕西西安市东北）监狱，当时栎阳监狱长是司马欣。后来，蕲县（今安徽宿州市）监狱的监狱长曹咎给栎阳监狱长司马欣写了封信，这场官司才得以了结，项梁因此躲过了一次牢狱之灾。

对于项梁这场官司来说，司马欣是一个关键人物。秦朝法律苛刻，项梁犯法入狱，凶多吉少。即使有曹咎的说情信，但是，司马欣可以领这个人情，也可以不领这个人情。项梁最终得以了结官司，当然是得力于司马欣的鼎力相救了。

所以，项梁对曹咎、司马欣一直非常感恩。项梁的态度深刻地影响了项羽，项羽对曹咎、司马欣也怀有感恩之心。

因此，项羽分封十八诸侯王时，司马欣被封为塞王，都栎阳。

司马欣在整个楚汉战争中没有任何出色表现：汉二年（前205）刘邦杀回关中，司马欣立即降汉。彭城大战

长史欣者，故为栎阳狱掾，尝有德于项梁。
——《史记·项羽本纪》

后司马欣虽然逃归项羽，但在楚汉战争中寸功未建。汉四年_(前203)，项羽因军粮被彭越所劫，不得不回师，临行前，项羽竟然将镇守成皋的重任交给了曹咎、司马欣。

项羽临行之前跟他们说得非常清楚：我十五日必诛彭越，定梁地。只要求他们坚守勿战，维持十五天即可。结果，只挨了刘邦军队五六天的臭骂，大司马曹咎就受不了了，司马欣不知道是阻拦了还是没有阻拦，抑或是阻拦未获成功，反正曹咎出战兵败，曹咎与司马欣同时自杀。曹咎擅自出兵时，司马欣是曹咎的副将。他既不能阻止曹咎违令出战，又不能力挽狂澜，最后只能以兵败自杀而结束。

项羽竟然封了这样一位庸才为关中三秦王之一的塞王，实在匪夷所思。

"信任"的概念有两重意义：信任其人和信任其才。信任其人，还要考察其人之才。如果只能信任其人，不能信任其才，此人可用，但不可重用，否则会酿成大错。项羽没有区分"其人"和"其才"的两种不同的信任，导致信任其人而未考虑其才是否可信任，最终因信任其人而没有考察是否可以信任其才，出现对其才的"失察"，导致错封。

再看错封章邯。

章邯当封，但封非其地。

章邯是秦末名将，他曾率兵打败了进入关中的起

汉果数挑楚军战，楚军不出。使人辱之，五六日，大司马怒，渡兵汜水。士卒半渡，汉击之，大破楚军，尽得楚国货赂。大司马咎、长史欣皆自刎汜水上。大司马咎者，故蕲狱掾，长史欣亦故栎阳狱吏，两人尝有德于项梁，是以项王信任之。——《史记·项羽本纪》

义军，又战败陈胜、项梁，巨鹿之战后降项羽。此人骁勇善战，是秦末战争中不可多得的将才，也是秦帝国历史上最后一位杰出将领。

章邯率秦帝国二十万野战军团降楚，为秦帝国最后灭亡立下了大功。项羽在巨鹿之战结束后立即封章邯为雍王，成为关中三秦王中第一位受封者。项羽封章邯为雍王的初衷应是以秦人治理秦地。但是，项羽在新安坑杀二十万秦降兵后，关中百姓把对暴秦之恨倾注到章邯身上。因此，一代名将章邯最终打不赢杀回三秦的汉军，其中，民心的向背起了很大的作用。

章邯虽然败于韩信的明修栈道，暗度陈仓，但是，仍然顽强地坚守了十个月。直到彭城大战后，汉军水淹废丘，他才兵败自杀。

以计功封王的原则衡量，章邯可以封王。但是，让他封于秦地为王，执行项羽以秦人治秦地的方针却是项羽大分封中的又一大败笔。

另一位秦降将董翳为翟王，都高奴 (今陕西延安市北)。刘邦汉元年 (前206) 八月杀回关中，除了章邯进行了殊死抵抗，司马欣和董翳未做任何抵抗就都投降了。

三秦王的分封，都是错封。章邯的错封仅仅是错封在秦地。司马欣、董翳不仅不当封王，而且不当封在秦地，属双重错封。

错封三秦王的后果极为严重。汉元年四月大分封结束，八月刘邦杀回关中，项羽利用三秦王遏制刘邦杀回关中的愿望完全落空。从此，关中富饶的土地，秦代以来形成的耕战结合的组织方式，为刘邦与项羽争夺天下提供了源源不断的兵员、物资，成为刘邦牢不可破的根据地。

三秦王除章邯外，司马欣、董翳都是庸人；而且，关中百姓因项羽坑杀二十万秦降兵，独独留下他们三人，对他们三人恨之入骨。项羽偏偏在关中封了这三位秦将，三秦王的部队毫无战斗力就可以理解了。

项羽首先要在政治上占领制高点，不担"负约"恶名。其次，要心里装着"关中王"刘邦。只要心里有这位王爷，凭借项羽当时的军力，至少短期内应付刘邦集团应当不是大问题。历史证明：巍巍秦岭挡不住刘邦的兵锋，心里有，比什么都重要。

定标准要的是眼光

再说失封。

所谓"失封"，是指当封未封。

项羽主持的分封是"计功封王"，这是一个历史的进步。但是，项羽以什么作为"有功"与"无功"的标准呢？项羽这个标准定得有眼光吗？

我们看《史记·项羽本纪》中项羽分封的几条记载：

1. 瑕丘申阳者，张耳嬖臣也，先下河南，迎楚河上，故立申阳为河南王。

2. 赵相张耳素贤，又从入关，故立耳为常山王。

3. 鄱君吴芮率百越佐诸侯，又从入关，故立芮为衡山王。

4. 燕将臧荼从楚救赵，因从入关，故立荼为燕王。

5. 齐将田都从共救赵，因从入关，故立都为齐王。

6. 故秦所灭齐王建孙田安，项羽方渡河救赵，田安下济北数城，引其兵降项羽，故立安为济北王。

从上面几个例子可以看出：项羽是以尊楚为盟主与随同自己救赵入关这两条作为衡量"有功""无功"的标准。

基于这一标准的分封只封了两类人：一是随他救赵入关的将领，一是反秦起义初期时形成的诸侯王。

但是，还有一些人，如齐地的田荣，赵地的陈馀，项羽没有封他们，他们有没有功劳呢？

有！

应该不应该封呢？

应该！

齐地是秦末大起义中和楚地、赵地并列的三大中心之一。率先举兵反秦的是田儋。田儋是战国时期齐国的王族后裔，他的堂弟田荣，田荣的弟弟田横，都是齐地豪强；而且，他们三人都深得齐地百姓之心，具有很强的号召力。

陈胜举兵反秦后，田儋第一个杀掉狄县 (今山东高青县) 县令举兵。田儋举兵，颇费一番周折。

田儋绑着自己的奴仆，带着一群年轻人，扬言要杀奴，其实这只是田儋见狄县县令的一种方式。用这种方式，田儋见到了狄县县令，并利用这次见面杀了县令。田儋随即召集当地强宗大族的年轻人说：天下诸侯都已反秦自立。齐国自古而有，自己是齐国田氏王族的后裔，我田儋依理当称王。于是自立为齐王。带兵平定了整个齐地，成为秦末大起义中齐地的第一位齐王。

秦将章邯围攻魏国时，田儋发兵救魏，被章邯所杀。而且，章邯还趁机包围了田儋的堂弟田荣。

齐地百姓听说田儋死了，所以，又立了另一位齐国王族田假为齐王，田假任命了两位田氏宗族分别为将、相。这位被齐地百姓所立的另一位齐国王族田假，成为田荣与项梁反目的导火索。

项梁听说田荣处境危险，率楚兵打败章邯，救了田荣。田荣解围后，赶走了齐王田假，田假逃到楚；两位田氏将相逃到了赵。田荣另立田儋的儿子田市为齐王。

章邯得到秦朝的增兵之后，要与项梁决战。面对兵力大增的章邯，项梁要求刚刚被自己救出的田荣助战。但是，田荣却开出了条件：楚国要杀死逃到楚国的齐王田假，赵国要处死逃到赵境的齐王田假的将田间、相田角，然后，他才出兵。

楚怀王熊心和赵国没有同意田荣的要求，田荣便赌气不派兵救赵，项梁因此兵败被杀。

田儋详为缚其奴，从少年之廷，欲谒杀狄令，因击杀令。见狄令，田儋召豪吏子弟曰：『诸侯皆反秦自立，齐，古之建国，儋，田氏，当王。』遂自立为齐王。
——《史记·田儋列传》

发兵以击周市。周市军还去，田儋因率兵东略定齐地。秦将章邯围魏王咎于临济，急。魏王请救于齐，齐人闻王田儋死，乃立故齐王建之弟田假为齐王，田角为相，田间为将，以距诸侯。齐相田角亡走赵。项梁既追章邯，章邯兵益盛，项梁使使告赵、齐，发兵共击章邯。田荣怒项梁之立假，乃引兵归，击逐齐王假。假亡走楚。齐王假之相田角弟田间前求救赵，因留不敢归。田荣乃立田儋子市为齐王。田荣既逐章邯，章邯走而东，项梁引兵追之。而田荣收儋余兵东走东阿，章邯追围之。项梁闻田荣之急，乃引兵击破章邯军东阿下。章邯走而西，项梁因追之。田荣以齐军东走，不肯与楚兵西，使人让齐：『使楚杀田假，赵杀田角、田间，乃肯出兵。』
——《史记·田儋列传》

从此，项羽与田荣结下了梁子，大分封时这个梁子发挥作用了。

虽然田儋、田荣是秦末大起义中齐地反秦武装的杰出代表，为推翻暴秦做出了很大贡献，但由于田荣既没有参加救赵，也没有随同项羽入关，所以在项羽大封诸王时，田荣失封。

田荣失封导致严重后果。因为田氏三兄弟个个皆非寻常之辈。田儋胆子大，田荣会折腾，田横能死节。所以，田儋敢于第一个起兵反秦，敢于自封齐王，敢于占领整个齐地。田荣的纵横捭阖能力在秦亡汉兴之际，除了刘邦，几乎无人可比。

汉元年 (前206) 四月，项羽完成了诸侯分封，各诸侯王陆续回到了自己的封地。五月，没有得到分封的田荣率先叛乱。他联合同样没有得到分封的齐地另一位实力派人物彭越，驱逐了项羽分封的田都，田都逃到楚国。田荣不准田市上任项羽分封的胶东王，田市的左右都说：项王为人强势，大王应当赴胶东就国，如不就国，必定惹恼项王。田市胆小，害怕项王，私下前往胶东，惹恼了田荣，田荣在即墨追杀了胶东王田市。回兵时，又攻杀了济北王田安。于是，田荣吞并三齐，将三齐之地全部归于自己，自封为齐王。

田荣的叛乱缘于项羽大分封的标准有问题，

田荣以负项梁不肯出兵助楚、赵攻秦，故不得王。
——《史记·田儋列传》

而荣亦发兵以距击田都，田都亡走楚。田荣留齐王市，无令之胶东。市之左右曰：『项王强暴，而王当之胶东，不就国，必危。』市惧，乃亡就国。田荣怒，追击杀齐王市于即墨，还攻杀济北王安。于是田荣乃自立为齐王，尽并三齐之地。
——《史记·田儋列传》

该封王的没能受封，心中有怨气要发泄，终于酿成了叛乱。

田荣的叛乱立即吸引了项羽的极大注意，为什么呢？

第一，率先叛乱。

第二，威胁彭城。

第三，鼓动叛乱。

田荣是项羽大封诸侯之后的第一个叛乱者，而且，叛乱的齐地距离彭城较近，项羽自认为田荣叛乱威胁到了彭城。

田荣不但自己叛乱占领全齐，而且鼓动彭越、陈馀、刘邦叛楚。

彭越原为江洋大盗，趁乱起兵，未得分封而心怀不满。其实，彭越是一个非常有军事才能的人。因为他既未参加巨鹿之战救赵，又未随项羽入关。所以，项羽大分封时，彭越无缘。田荣加封彭越为将军，让彭越参加诛灭三齐王的行动。

予彭越将军印，令反梁地。
——《史记·高祖本纪》

赵地的陈馀向田荣请求救助，田荣资助陈馀军队，赶走常山王张耳，陈馀于是加入田荣的叛乱。

陈馀是何许人？他为什么对项羽的大分封如此不满呢？

张耳、陈馀原是赵国贤人。陈胜起兵后，张耳、陈馀说服陈胜到赵地策动反秦，使今河北一带成为天下反秦的又一个中心，并立赵王之后赵歇为赵王。张耳、陈馀的反秦活动引起了秦国的高度重视，因此，在章邯杀死了楚地的陈胜、项梁和齐地的田儋后，立即带兵进攻赵国，引发了著名的巨鹿之战。

巨鹿城被围时，张耳在巨鹿城内，陈馀带兵在巨鹿城外。张耳屡屡要求陈馀发兵救援巨鹿，陈馀知道自己兵寡力弱无法施援，这引起张耳对陈馀极端不满。巨鹿之战结束后，张耳指责陈馀救援不力，并且怀疑陈馀杀死了自己派来求援的将领。陈馀面对挚友的误解、指责，极其愤怒，弃印而去。因此，陈馀未能像张耳一样随同项羽入关。只是因为陈馀一向颇有贤名，巨鹿之战中又立有大功。因此，项羽封张耳为常山王，封给陈馀三个县。陈馀心中大为不满。他认为自己被封三个县，只相当于一个侯。比起张耳封常山王差得太多。所以，陈馀对项羽的大分封极为不满。听闻田荣叛楚，于是陈馀写信给田荣，大谈项羽分封不公，要求田荣派兵资助。田荣唯恐天下不乱，于是，资助陈馀赶走了常山王张耳。

陈馀叛楚，赶走了项羽分封的常山王张耳，赵地大乱。

同时，田荣还写信给汉王刘邦，联合刘邦反项。一时间，田荣叛乱引发了齐地、赵地、梁地的大乱，刘邦乘机发兵关中。

张耳之国，陈馀愈益怒，曰：『项羽为天下宰不平，尽王诸将善地，徙故王王恶地，今赵王乃居代！愿王假臣兵，请以南皮为扞蔽。』田荣欲树党于赵以反楚，乃遣兵从陈馀，陈馀因悉三县兵袭常山王张耳，张耳败走。——《史记·张耳陈馀列传》

田荣曰：『张耳与馀功等也，今张耳王，馀独侯，此项羽不平。』及齐王田荣畔楚，陈馀乃使夏说说项羽在犹豫了很长一段时间后决定发兵平齐。

田荣想当齐王，彭越趁机发难，陈馀发泄不满，他们三个人都有怨气，但他们三个人都没有消灭项羽、建立帝业的大志，也没有建立帝业的资本。

只有刘邦，既有大志，又有资本，是项羽的头号敌人，但是，项羽由于政治上的幼稚，不仅鸿门宴前、宴中没有认识到刘邦是他最大的政治对手；而且，在汉元年（前206）五月田荣叛乱，八月刘邦还定三秦的复杂局面下，仍然没有认识到最大的危险在汉不在齐，在刘不在田。

因此，项羽兵发齐地，没有及时增援坚守在废丘的章邯，没有及时亲临关中与杀回关中、羽翼尚未丰满的刘邦作战，使刘邦轻取关中。

这是项羽在政治上、军事上的一大失策。

误封和失封给项羽带来了巨大的灾难，但是，究竟是什么原因导致项羽在分封问题上出现了那么多失误呢？

关于失封的原因。

第一，对田荣。

田儋、田荣是齐地反秦力量的代表人物。田儋战死之后，田荣成为齐地反秦武装的首领。田荣对项梁请其出兵救赵抗秦的要求，提出杀田假作为先决条件，并在其先决条件得不到满足时拒绝出兵，明显不对，说明了他在政治上的短视。一个在政治上如此短视的人，注定不会有大作为。项羽看不到田荣不可能有大作为的一面，因为田荣当年不与项梁合作，又不参加巨鹿之战和联军入关，所以拒绝承认田荣反秦有功，拒绝封田荣为王，明显有悖于"计功封王"的原则。因此，田荣叛楚有其合理的一面。

田荣叛楚给项羽带来了极大的麻烦。

一是资助陈馀叛楚。

二是煽动彭越叛楚。

三是误导项羽平齐。

田荣的出现让项羽再次忽略了已经还定三秦的刘邦，客观上帮了刘邦大忙，让刘邦成为日后项羽的大麻烦。

第二，对彭越。

彭越是江洋大盗出身，虽然此人政治上极为糊涂，却极有军事才能。彭越在反秦初期与刘邦共同攻击过秦军。

《史记·高祖本纪》载：刘邦在秦二世三年（前207）二月，与彭越在昌邑（今山东巨野县东南）相遇。彭越是昌邑人，当时他刚刚聚集了一千多人，兵力很弱。彭越与刘邦共同攻打昌邑的秦军，这一仗打得不好，昌邑城也未攻下来。此后，刘邦带兵西进，彭越占据巨野，聚众万余。

沛公之从砀北击昌邑，彭越助之。昌邑未下，沛公引兵西。彭越亦将其众居巨野中，收魏散卒。——《史记·魏豹彭越列传》

这是今存正史中有关彭越参加反秦的唯一记载。

项羽没有和彭越共过事，对彭越的重视明显不足。项羽没有分封彭越基于三点：一是彭越没有大的军功，二是彭越非反秦初期所立诸侯王，三是未随自己入关。

后来，对项羽未分封的不满与刘邦的拉拢使彭越成为刘邦的属下，并成为楚汉战争期间最著名的游击司令，成为困扰项羽的军粮供应问题的最大障碍，这是项羽始料不及的。

项羽"计功割地，分土而王之"的原则并没有错，依照这一原则进行的分封也是大势所趋。忽略了彭越这位著名的游击将军不能全怪项羽谋划不周，只能说是项羽运气不好。这位不符合分封标准的人竟然是一位如此优秀的游击战专家。楚汉之争，项羽在军事上败于刘邦在荥阳的苦苦相持、韩信的千里迂回包抄、彭越的屡断楚军粮道。其实，刘邦开始亦未意识到彭越的重要，只是随着荥阳之战的艰苦，彭越的游击战屡屡断楚军的粮道，彭越才为刘邦认识。这是刘邦的幸运。当然，刘邦的幸运亦绝非纯属偶然。因为实力不足，志在天下，刘邦愿意广交盟友，愿意听取一切有益于自己的诤言，所以，彭越归汉既有其偶然性，又有其必然性。

第三，对陈馀。

陈馀早年就是一位名士。陈胜一起义他就和张耳面见陈胜，劝其立六国之后以培植反秦力量。后来，又随武臣一块儿来到赵地，使赵地发展成为三大反秦中心之一。巨鹿之战中，陈馀是驻守巨鹿城外的盟军的主要力量之一。项羽消灭王离军团后，陈馀与诸侯军共同参加了对章邯的作战，还亲自致信章邯，分析利害，成为章邯最终决定降楚的原因之一。只是因为陈馀后

项籍入关，王诸侯，还归，彭越众万余人毋所属。汉元年秋，齐王田荣畔项王，汉乃使人赐彭越将军印，使下济阴以击楚。楚命萧公角将兵击越，越大破楚军。
——《史记·魏豹彭越列传》

来与张耳反目，愤然出走，所以才没有参加入关。陈馀没有跟随项羽入关而未能封王，因为跟不跟项羽入关为事涉反秦大业的大是大非。但是，陈馀在反秦中的功劳是不可磨灭的。

项羽并没有完全忘记陈馀在反秦大起义中的贡献，封了他三个县，但陈馀认为自己亏大了。他认为自己与张耳功劳相等，张耳受封为王，自己受封了三个县形同封一个侯，心里窝囊。刚好田荣率先叛楚，陈馀顺势反楚。

项羽的失封导致田荣、彭越、陈馀联手叛楚，客观上帮了刘邦。

可见，项羽分封诸侯的错封、失封，给他自己带来了重大灾难。

上面我们所谈的都是项羽失败的政治原因。除了政治原因，军事被动也是项羽失败的重要原因。人们一般都认为项羽是一位名将，英勇善战，但是，在楚汉战争中他却一再表现出军事上的被动。

项羽在军事上为什么被动，怎样被动？

请看：彭城之战。

项羽以少胜多，先后打了巨鹿之战与彭城之战两个中国军事史上最著名的战役，成为秦亡汉兴之际最重要的军事家，项羽还留下了一部兵书《项王》，记载在《汉书·艺文志》中。他自称一生从未打过败仗。因此，项羽可以被称为这一时期一位著名的战神。但是，他最终却战败了，那么，项羽在军事上有没有失误呢？

六

彭城之战

在古今人们的印象之中，项羽是一位英勇善战的名将。项羽在乌江自刎之前回顾自己的一生时，也对自己的军事生涯做了评估：

我起兵至今已经八年，亲身经历了七十多场战斗。抵挡我的人都被我攻破，我所打击的人都表示臣服。我从未打过败仗，因而称霸于天下。

其中，"所当者破，所击者服，未尝败北"十二个字是项羽对自己军事才能的概括，后人多认同这一观点。项羽的军事才能真的像他个人所说的那样吗？

刘、项第一次交锋

说到项羽的军事才能，我想先谈谈项羽在大分封之后对天下大势的认知。

大分封是项羽主持的，因为此时的项羽是天下的总盟主。大分封并非项羽的人生胜利，也不是秦帝国灭亡后天下大乱的历史必然，大分封只是多方面因素交织后的必然。秦军两大主力军团之一的王离军团被项羽全歼，另一大武装章邯军团因内外交困向项羽约降。项羽率四十万诸侯联军闯入函谷关，刘、项争霸拉开了序幕。"鸿门宴"只是小试牛刀，而非事态终结；只是暂时地压制了刘邦集团的气势，而非一劳永逸地解决了刘、项二人的根本性矛盾。项羽

吾起兵至今八岁矣，身七十余战，所当者破，所击者服，未尝败北，遂霸有天下。——《史记·项羽本纪》

要巩固自己的霸主地位，还需要完成一系列的征战。这需要项羽集团具有敏锐的全局意识、理智的判断能力、应对各种挑战的心理准备和应对方案；但是，项羽集团特别是项羽本人，对此却一无认知，只能被动地应对各种事件，更谈不上战略预判和战略应对。因此，他对各种事件的应对基本全是错误的。

具有巨大的军事、政治优势，却不能正确地运用这些优势，不能预判出可能出现的各种危机，也不能正确地应对各种危机。这，正是项羽的悲剧。

应封汉中王的刘邦只封了巴、蜀二郡，后经刘邦、张良送礼给项伯，才加封了汉中。即使拥有三郡之地，刘邦会甘心屈居一隅吗？

齐王田荣未得封王，田荣会乖乖地束手接受吗？

刘邦在西，田荣在东，两位都是政坛折腾的高手。如果两位先后折腾起来，该如何应对？谁是首选的打击对象？

对目标仅限于齐地的田荣和对目标是全国的刘邦各应采取什么样的应对策略？

未分封的彭越，只封了三个县的陈馀又该如何安抚？

项羽对上述这些问题无一预判！真正的战略家，应当对大分封有清醒的认识。大分封只是对三年反秦斗争的第一阶段的小结。大分封之后，受封者与未受封者存在着满意和不满意。汉王刘邦虽然受封但仍然极不满意，至少他还想要"关中王"！未受封的齐地田氏家族同样极不满意。项羽对此有预判和应对方案吗？从项羽的反应看，他没有应对方案。如果一家闹起来了，怎么办？如果东西两家都闹起来了，怎么办？这两家是可以预判出来的。刘邦虽然封了汉王，但是，率先入关者应封"关中王",现在却把关中一分为三,分给了三位秦将,刘邦会老老实实地接受这一现实吗?齐地的田氏兄弟,率先起兵反秦,最终项羽分封的是支持自己的田氏,未封真正率先起兵反秦的另一系田氏,他们会认这个命吗?项羽难道不应该有所考虑吗?万一齐地闹起来怎么办?关中闹起来怎么办?两家同时闹起来怎么办?这就需要预判。不仅要有预判,而且要有应对方案。

没有预判,尚可容忍,如何应对呢?从项羽的行动看,应对完全失误!

汉二年（前205）四月,刘邦利用项羽平定齐地叛乱、陷入齐地战场的机会,率领五十六万大军打到西楚都城彭城。

刘邦此行,主要是为了消灭项羽集团,顺便接走家人。刘邦起兵反秦时没有携带家属,彭城离他的老家沛县只有二百里地,所以,他想这次接走他的父亲、妻子、儿子、女儿。

项羽得知刘邦攻占彭城的消息后,带了三万精锐骑兵,绕过刘邦重点设防的彭城东面和北面,插到彭城之西的萧县（今安徽萧县）。萧县距彭城只有六十里地。项羽到达萧县之后,对彭城的刘邦军团发动突然袭击。

刘邦进入彭城之后,忙于搜刮项羽的财宝、美女,每天饮酒宴会,根本顾不上接他的家人。项羽从彭城之西,突然袭击彭城的汉军。战斗在早晨打响,到中午,楚军已经打败了汉军。

收其货宝美人,日置酒高会。项王乃西从萧,晨击汉军而东,至彭城,日中,大破汉军。——《史记·项羽本纪》

这一仗，刘邦败得极惨。项羽军团"杀汉卒十余万人"，还有"汉卒十余万人皆入睢水，睢水为之不流"《史记·项羽本纪》。两个"十余万"让刘邦军团受到重创，而且，第二个"十余万"还是被迫跳水逃命，淹死在睢水中。

刘邦本人也被楚军所围，幸亏一场沙尘暴，直冲楚军而来，他侥幸逃出重围，只带了几十名随从逃难。《史记》有不少此类富有传奇色彩的文字，这是当时美化刘邦的结果，我们不可轻信。不管怎样，刘邦侥幸逃出来了。

刘邦在前面逃，楚军在后面紧追不舍。刘邦在逃命中意外地遇见了他的儿子、女儿，他的儿子是后来的汉惠帝，他的女儿是后来的鲁元公主。为刘邦赶车的滕公（夏侯婴）匆忙中将刘邦的儿子、女儿抱上了车，但是，楚兵追得急，刘邦担心因为车上多了儿子、女儿后车子跑得慢，便一脚把儿子、女儿踹下车去。夏侯婴一见，赶快停车抱孩子上车，刘邦还很不愿意。跑了不远，刘邦又一脚把儿子、女儿踹下车去，夏侯婴又忙停车抱孩子上车。一连几次这样，刘邦急得要拔剑杀夏侯婴。夏侯婴说：情况再紧急也不能不顾孩子。刘邦这才同意让儿子、女儿跟他一块儿逃，最终摆脱了危险。

刘邦尽管想当皇帝，但是，他也是父亲，他也应有疼爱儿女之心，如此对待自己的儿女，只能说明刘邦是穷途末路，实出无奈。

于是大风从西北而起，折木发屋，扬沙石，窈冥昼晦，逢迎楚军。楚军大乱，坏散，而汉王乃得与数十骑遁去。——《史记·项羽本纪》

推堕孝惠、鲁元车下，滕公常下收载之，如是者三。——《史记·项羽本纪》

刘邦是谁？是司令啊！司令坐着自己的专车只顾逃命，根本谈不上组织有效反击。这样，刘邦军队的建制全被打乱了：可以说，团长找不到师长，师长找不到军长，军长找不到司令。军队的战斗力在于建制，军队的建制一旦被打乱，整个军队就成了一盘散沙，毫无战斗力可言。

这就是项羽奇兵突袭的结果。

彭城之战项羽只投入了三万军队，刘邦却有五十六万军队，为什么项羽能以如此少的军队大败刘邦呢？

刘邦进了彭城，自以为已经稳操胜券了，每天喝酒庆功，把当年项羽从长安掠走的秦朝的财宝、美女全都收归己有。这恰好应验了范增当年对刘邦的两句评价：贪于财货，好美姬。他对项羽的反攻也有准备，但是，项羽却没有在刘邦重兵布防的彭城的北面、东面采取军事行动，而是从彭城西面的萧县进行奇兵突袭，打了刘邦一个措手不及。此时，刘邦才想起这次攻占彭城的目的之一是接家人西迁。只是进了彭城只顾享乐，等到打了败仗要回关中才想起家人，家人早已四散逃难了。

项羽这次是本土作战，是在自己西楚的国土内进行战争，因此，项羽的士兵人人都怀着收复西楚国都的激情参战，战斗力很强。刘邦却是从关中，千里迢迢来到西楚都城作战，是占领军。所以，刘邦在地理上、人

欲过沛，收家室而西；楚亦使人追之沛，取汉王家；家皆亡，不与汉王相见。——《史记·项羽本纪》

气上都不占优势。

这一仗项羽以三万精兵大破刘邦的五十六万军队，杀死汉兵二十余万，刘邦差一点被俘。

所以，彭城之战是中国军事史上以少胜多的典型战例之一，名气极大。

彭城之战打得非常成功，但是，彭城之战可以避免吗？

完全可以避免。为什么没有避免呢？因为项羽的预判和应对都错了。

大分封后，项羽应该想得到汉王刘邦是绝对不会善罢甘休的，他一定会杀回关中，夺取关中，并以关中为根据地东进，一步步夺取全国。

这是一个基本的预判，项羽没有这种预判，也没有正确地应对。如果有此预判和应对，项羽的优先选项是以关中为大本营，守住关中，盯住刘邦。即使退一万步，他回到彭城，在齐地、赵地、关中三地出现异动时，理应第一时间进军关中，锁死刘邦这一头号劲敌，集中力量，配合孤军坚持的雍王章邯，杀回关中，击败刘邦，先把这个头号政敌解决掉，再解决其他人。

即使顾忌彭城的安危，也可以进军齐地，采取战争和安抚两手，在杀掉自立的齐王后，采取安抚手段，迅速撤出齐地，杀回关中。

可惜这些措施，项羽无一采用，放任刘邦统一关中，进而攻陷西楚国国都彭城。自己却在齐地大开杀戒，陷入齐地，拔不出腿。

运气决定你能不能"火"，实力才决定你能不能"火"下去。归根结底，项羽的实力不行，尽管项羽"火"于巨鹿之战，但是，他的实力不够，特别是对战略转换的未来毫无预判和掌控的能力，因此，他不可能永远"火"在巨鹿之战的高光时刻。

歪打正着的大战略

彭城之战结束后，刘邦向西溃退，项羽一路追杀，直至荥阳、成皋一带刘邦才成功地阻击了项羽的追击。

刘邦在彭城吃了个大亏，但是，刘邦在从彭城向荥阳败退的途中还做了一件对整个战局影响深远的大事：诱降黥布。

黥布是项羽手下的第一悍将，作战十分勇猛。巨鹿之战第一个被派过河与秦军作战的就是他，打入刘邦重兵布防的函谷关的也是他。项羽分封十八诸侯王，项羽部下受封的唯独黥布一人，功封九江王，都六县 _(今安徽六安市)。

当阳君黥布为楚将，常冠军，故立布为九江王，都六。——《史记·项羽本纪》

但是，项羽到齐地平叛时向黥布征兵，黥布没有亲自来，只派了手下人带四千士兵参战；项羽反攻彭城，黥布也没有参加彭城之战。黥布受封后，对项羽的态度有了明显变化。因此，项羽与黥布产生了隔阂。可是，项羽考虑到当时北方的齐、赵"叛乱"，西方的汉王刘邦"叛乱"，唯独南方的黥布没有叛楚。而且，项羽又非常看重黥布的才华，还打算利用黥布的军事才能，因此，项羽没有兴师问罪，只派人去斥责黥布。但是，项羽的斥责让黥布感到更加紧张，他唯恐项羽不能容他。

项王方北忧齐、赵，西患汉，所与者独九江王，又多布材，欲亲用之，以故未击。——《史记·黥布列传》

刘邦从彭城向西逃跑的途中，提出了一个具有战略性的策略：寻找同盟军，共同对付项羽。刘邦向张良提出了一个重大战略问题：我想把函谷关以东的地方献出来，谁能和我共建此功？

数使使者诮让召布，布愈恐，不敢往。——《史记·黥布列传》

刘邦的"共功"，只可能是联手打败项羽。

这一方案中所下的筹码是子楚当年回答吕不韦方案的翻版。当年在赵国做人质的子楚听了吕不韦搞定其父安国君的计划后，兴奋地对吕不韦说：如果能像您的谋划那样，我愿意和您共享秦国。

吾欲捐关以东等弃之，谁可与共功者？——《史记·留侯世家》

刘邦提出这一方案，杀伤力极大。分函谷关以东之地寻找同盟者，联手打败项羽。

中国古代，土地是最宝贵的社会财富。秦王政二次灭楚之战时，起用了老将王翦。王翦出兵前、出兵中三番五次向秦王政要地，连他手下的随从都觉得要得太多了，秦王政也认为王翦太贪了，虽然王翦这种貌似贪得无厌的做法

必如君策，请得分秦国与君共之。——《史记·吕不韦列传》

主要是为了自保，因为秦王政交给王翦的毕竟是六十万生力军啊！王翦不要其他金银珠宝，只要土地，因为当时的生产力决定了土地是最重要的社会生产资料。

刘邦要以函谷关以东的大片土地为诱饵，招募能够和他一起灭掉项羽的人，这个本钱可不是小数目。因为刘邦刚刚经历的彭城之战，输得一塌糊涂，亲自领教了战神项羽的恐怖，打"灭"了他的速胜论。他知道仅凭自己是不可能打败项羽的，因此下决心组成反楚联军，共同对付自己称帝道路上最大的障碍，这是一个重大战略决策。

张良头脑极其清醒，他提出了三个人：韩信、彭越与黥布。韩信是刘邦手下唯一可用的人；黥布是楚军中的勇将，刚刚和项羽产生矛盾；彭越刚刚在梁地起兵。所以，黥布、彭越都是可用之人，赶快抓住机会联系这两个人。

刘邦曾对手下人说过：谁能为我出使淮南，让九江王黥布举兵叛楚，把项羽困在淮南几个月，我就可以稳稳当当地夺取天下。

刘邦这话透露出直到彭城战败之初，他都认为：自己可以很快地夺取天下。这就是刘邦在楚汉相争开始时的战略思想——速胜论。

但是，残酷的现实让刘邦明白：迅速打败项

九江王黥布，楚枭将，与项王有郄；彭越与齐王田荣反梁地：此二人可急使。而汉王之将独韩信可属大事，当一面。——《史记·留侯世家》

孰能为我使淮南，令之发兵倍楚，留项王于齐数月，我之取天下可以百全。——《史记·留侯世家》

公能令布举兵叛楚，项羽必留击之。得留数月，吾取天下必矣。——《史记·高祖本纪》

羽是不现实的，只有结成统一战线，才有可能最终打败项羽。

我们不能不钦佩张良的识人之明，韩信是帅才，张良认识他是因为他就在刘邦手下。黥布在破釜沉舟中的勇猛，广为人知，张良知道黥布可堪大用，亦不足奇。唯独彭越，并无显山显水，张良何以知道此人可堪大用，后来的战争实践证明了张良举荐彭越真是神算！

《史记·高祖本纪》记录了刘邦在秦二世三年（前207）二月与彭越在昌邑（今山东巨野县东南）的一次联合作战。彭越当时刚刚聚集了一千多人，攻打昌邑这一仗打得不好。此后，刘邦西进，彭越占据巨野，收拢魏国散兵游勇。

后来，对项羽未分封自己的不满与刘邦的拉拢使彭越成为刘邦的属下，并成为楚汉战争期间最著名的游击司令，成为困扰项羽的军粮供应问题的最大障碍，这是项羽始料不及的。

同时，刘邦着手策反黥布叛楚一事。

汉三年（前204），刘邦派随何出使淮南。当时刘邦一心想的是只要能把项羽困在齐地几个月，自己就可以稳稳当当夺取天下。

随何刚到淮南国时，因为太宰主政，等了三天也没见着淮南王黥布。随何找到掌权的太宰说：大王不见我，肯定是认为楚强汉弱。如果大王见了我，认为我说得对，一定是大王想知道的；认为我说得错，我和我手下二十人可以在淮南国刑场上接受死刑，以表明大王背汉而忠于楚。太宰听到随何如此表态，便向淮南王黥布汇报了此事，黥布召见了汉使随何。随何说：大王与项王都是诸侯，却以臣子的身份侍奉项王，一定是认为楚国强悍，可以托付九江国。项王伐齐，身先士卒，不避凶险，大王应调动九江国全部军队，亲自带兵，做楚军的先锋。结果只派了区区四千士兵，以臣子身份侍奉人主的应该是这种姿态吗？项王和汉王战于彭城，大王应该率九江之兵渡淮与项王军共赴彭城之战，大王手下拥兵万人，却无一人渡淮参战，只是旁观楚、汉相斗。一个将自己国家托付于他人的人，应该这样做吗？大王只是挂着空名助楚，还要将自己九江国托付给西楚国，我认为大王不会这样做的。大王不背叛楚国是因为汉弱。楚兵虽强，却有不义之名，因为他违背盟约而杀了义帝。汉王聚集天下诸侯，退守成皋、荥阳，楚兵打到这里，运送军粮需要八九百里，进退失据，大王将九江国托付给处于危亡的西楚国，我以为大王的做法值得考虑。只要大王发兵背叛楚军，项王一定会留在楚地，只要项王能滞留楚地几个月，汉军就一定能够夺得天下。只要大王和我空手去见汉王，汉王必定会裂地封王，何况只是一个淮南。九江王黥布，表面上答应了汉使随何的要求，但却没有行动。

至，因太宰主之，三日不得见。随何因说太宰曰：『王之不见何，必以楚为强，以汉为弱，此臣之所以为使。使何得见，言之而是邪，是大王所欲闻也；言之而非邪，使何等二十人伏斧质淮南市，以明王倍汉而与楚也。』太宰乃言之王，王见之。随何曰：『汉王使臣敬进书大王御者，窃怪大王与楚何亲也。』淮南王曰：『寡人北乡而臣事之。』随何曰：『大王与项王俱列为诸侯，北乡而臣事之，必以楚为强，可以托国也。项王伐齐，身负板筑，以为士卒先，大王宜悉淮南之众，身自将之，为楚军前锋，今乃发四千人以助楚。夫北面而臣事人者，固若是乎？夫汉王战于彭城，项王未出齐也，大王宜骚淮南之兵渡淮，日夜会战彭城下，大王抚万人之众，无一人渡淮者，垂拱而观其孰胜。夫托国于人者，固若是乎？大王提空名以乡楚，而欲厚自托，臣窃为大王不取也。然而大王不背楚者，以汉为弱也。夫楚兵虽强，天下负之以不义之名，以其背盟约而杀义帝也。然而楚王恃战胜自强，汉王收诸侯，还守成皋、荥阳，下蜀、汉之粟，深沟壁垒，分卒守徼乘塞，楚人还兵，间以梁地，深入敌国八九百里，欲战则不得，攻城则力不能，老弱转粮千里之外，楚兵至荥阳、成皋，汉坚守而不动，进则不得攻，退则不得解，故曰楚兵不足恃也。使楚胜汉，则诸侯自危惧而相救。夫楚之强，适足以致天下之兵耳。故楚不如汉，其势易见也。今大王不与万全之汉而自托于危亡之楚，臣窃为大王惑之。臣非以淮南之兵足以亡楚也。夫大王发兵而倍楚，项王必留；留数月，汉王取天下可以万全。臣请与大王提剑而归汉，汉王必裂地而封大王，又况淮南，淮南必大王有也。故汉王敬使使臣进愚计，愿大王之留意也。』淮南王曰：『请奉命。』阴许畔楚与汉，未敢泄也。——《史记·黥布列传》

当时西楚国使者也来到黥布大营，督促黥布发兵助楚。随何直接闯帐，坐到上座，对楚使说：九江王已经归汉，怎么可以发兵？楚使者闻讯站了起来，随何当即对黥布说：事情已经公开化了，立即杀掉楚使！黥布遂杀楚使，起兵攻楚。项羽派项声、龙且攻淮南，项羽率兵进攻刘邦的临时驻地下邑，龙且很快就打败了黥布，黥布与随何逃归刘邦。

楚使者在，方急责英布发兵，舍传舍。随何直入，坐楚使者上坐，曰：『九江王已归汉，楚何以得发兵？』布愕然。楚使者起。何因说布曰：『事已构，可遂杀楚使者，无使归，而疾走汉并力。』布曰：『如使者教，因起兵而击之耳。』于是杀使者，因起兵而攻楚。楚使项声、龙且攻淮南，项王留而攻下邑。数月，龙且击淮南，破布军。布欲引兵走汉，恐楚王杀之，故间行与何俱归汉。——《史记·黥布列传》

刘邦在彭城之战惨败后，仍然存在着浓重的速胜论思想。他派随何策反淮南王黥布确实是一步好棋，这样可以削弱项羽军团的战斗力；从战略角度看，黥布归汉可以从南面包抄西楚国。可是，这一战略妙棋在当时的刘邦眼里，只是迅速打败项羽的其中一步棋。但这步妙棋后来却成了战胜项羽的关键，超常发挥了它的作用，只能说是歪打正着。

随何在策反黥布时有过重大贡献，他给黥布讲了三点：

第一，你已经得罪了项羽。

第二，项羽只是表面强大。

第三，背楚归汉，待遇依旧。

黥布勇猛无比，但他就像三国时期的吕布，见利忘义。所以，经刘邦使者的这么一番"开导"，想到自己已经得罪了项羽，跟着项羽也没有好果子吃了；既然刘邦如此看重我，我何不投奔刘邦？反正跟项羽当九江王，跟刘邦当淮南王，名称不一样，结果都一样。

刘邦诱降黥布的初衷显然过于幼稚，因为有项羽在世，刘邦绝对不可能几个月内就平定天下。但是，彭城之战后刘邦逐渐形成的统一战线思想，及其统一战线思想的贯彻施行，却是刘邦最终战胜项羽的决定性因素。

真可谓是歪打正着！

黥布对项羽来说太重要了！在项羽的功劳簿上，每一次战绩都有黥布的巨大贡献。而且，作为九江王的黥布所处的地理位置非常重要。黥布的九江王国正好处在项羽西楚都城彭城的南面，是彭城的南方屏障。黥布叛楚，对项羽是一个致命的威胁。

因为，失去黥布使项羽不但失去了一员勇将，而且，使项羽在战略上逐渐失去南方战场。因此，黥布叛楚是刘邦战略上的一个重大胜利，同时是项羽战略上的一大败笔。

项羽的战略

彭城之战是以"项羽的胜利"而结束的，但是，项羽这一次的胜利和巨鹿之战的胜利有着明显的不同。

巨鹿之战是项羽军事生涯的巅峰。这一仗确立了项羽在反秦武装中的领导地位，让项羽走向了他人生的顶峰。此时的项羽是天下诸侯的盟主，刘邦的实力远不及项羽，因此，巨鹿之战后的项羽掌握着刘邦的生死存亡。

彭城之战虽然项羽胜利了，但是，他的胜利从战略上说非常有限。

项羽的胜利仅仅是收复了被刘邦占领的西楚国土，西楚国本身并没有扩大。

项羽入关时拥有四十万大军，刘邦只有十万军队；可是，到了刘邦进攻彭城之时，他已经拥有了五十六万大军。虽然刘邦的主力在彭城之战中全军溃败，大部分死亡，但是，荥阳、成皋以西直至关中，都还在刘邦的掌握之中，这一战略地区的人力、物力、领土都可供他调用。因此，刘邦彭城战败后仍然摆脱了鸿门宴前后随时可能被项羽消灭的危险境地；因此，刘邦的战略劣势与巨鹿之战后相比，得到了明显的改善，所以，彭城之战刘邦的失败中包含着胜利的因素。

项羽不能越过荥阳向西进兵，更不能把战争引向关中、巴蜀。彭城大捷始终只是一个局部战场的胜利，项羽无法把彭城大捷发展成为全局性的胜利。

因此，彭城大战之后与鸿门宴前后的时局相比，项羽的战略优势已大为逊色。这是彭城之战后项羽的第一个失败。

所以，对于人们一向认为的项羽英勇善战的观点，有必要进行一番检讨：

笔者认为，项羽英勇是实，善战则应有所区别看待，对于每一场具体战役而言，项羽的确善战；如果从战争全局，从战略上看，项羽的善战还值得探讨。

项羽一生自诩的"所当者破，所击者服，未尝败北"都是相对每一场具体战役而言，项羽至死都不知道他只是名将，而不是名帅；只是可用之人，而不是用人之人。

彭城之战后，刘邦坚守荥阳，项羽猛攻荥阳，一场决定双方生死存亡的荥阳之战即将爆发，双方到底谁胜谁负呢？

请看：越打越无希望的荥阳会战。

越打越无希望的荥阳会战

巨鹿之战显示了项羽的军事天才，而且这场战争也把项羽带到了那个风云年代的政治中心。彭城之战中，项羽继续发挥了他的军事天才，以三万精兵打败刘邦五十六万大军，创造了中国军事史上以少胜多的奇迹。但是，彭城之战与巨鹿之战相比，项羽的战略优势已大大缩水。项羽的胜利之中已经蕴含着导致他最终失败的重要因素——战略优势的逐渐丧失。因此，彭城之战是他一生军事生涯的重大转折点。那么，接下来的荥阳之战他能不能摆脱局部胜利而全局受损的不利处境呢？

七

一夺成皋

彭城之战后，刘邦向西溃退，一直退到荥阳（今河南荥阳市）才组织起有效的防御体系。

彭城之战爆发于汉二年（前205）四月。荥阳会战开始于汉二年五月，到汉四年（前203）九月"中分鸿沟"为止，时间长达两年零四个月。它是楚汉战争中历时最长的一场战役。

项羽和刘邦为什么会在荥阳发生这场战役呢？

因为荥阳的地理位置十分重要，它处在河南省东部平原和西部丘陵山脉的联结处，易守难攻。荥阳的西南，还有一座古城，叫成皋（gāo），此城建在今河南省荥阳市西北的大伾（pī）山上，居高临下，是一个战略要地。

刘邦、项羽的荥阳会战，就是在荥阳、成皋展开的。

荥阳会战可以划分为一夺成皋、二夺成皋、中分鸿沟三个阶段。

先说一夺成皋。

汉二年五月，项羽追杀彭城战败的刘邦到达成皋。在这里，项羽遭遇刘邦顽强的抵抗。如果不拿下成皋，项羽就不可能西进入关，直捣刘邦的关中老巢。因此，成皋成为项羽西进的第一道障碍。

项羽一夺成皋整整进行了一年。

汉军驻守荥阳，修筑了专用的通道（甬道）至黄河边，以便获得敖仓的粮食。汉三年（前204），项羽多次断了"甬道"，刘邦立即陷入断粮威胁，向项羽求和，愿意将荥阳以西留为汉地，不再谋求夺取全国。项羽听说后，打算同意刘邦的求和要求，这个要求实际上承认了楚、汉共分天下的格局。

范增不同意！他认为：现在很容易打败汉军了！项羽听从了范增的意见，急攻荥阳。刘邦十分惊恐。于是，采用陈平的反间计。等项王使者来汉军营，准备了丰盛的宴席。看见使者后说：我以为是亚父范增的使者，竟然是项王的使者。于是，撤下丰盛的宴席，摆上低劣的饭菜。使者不知是计，回营后汇报给项羽，项羽因此怀疑范增和汉军有私下联系，逐步夺了范增的权。范增大怒，气愤地说：天下事已经大定了！希望君王好自为之。然后请求退出项军，回乡养老。项羽竟然答应了范增的意气用事，范增在回乡的途中因为气愤发病，没有回到彭城，死在了路上。

范增虽然失了职务，丢了性命，但是，项羽对刘邦的军事打击力度仍然不减。汉将纪信对刘邦说：军情紧急，请让我假扮大王，欺骗楚军，大王趁机从荥阳城中逃出。于是，汉王刘邦当夜派了两千女人，假扮作汉军士兵，从荥阳东门出城。楚兵四面攻击，纪信端坐在诸侯王的豪华车中，车上盖着黄绸布，左面竖着大旗。纪信大声喊：城中粮食吃完了，汉王决定投降！楚军不明真相，高呼"万

汉军荥阳，筑甬道属之河，以取敖仓粟。汉之三年，项王数侵夺汉甬道，汉王食乏，恐，请和，割荥阳以西为汉。
——《史记·项羽本纪》

历阳侯范增曰：『汉易与耳，今释弗取，后必悔之。』项王乃与范增急围荥阳。汉王患之，乃用陈平计间项王。项王使者来，为太牢具，举欲进之。见使者，详惊愕曰：『吾以为亚父使者，乃项王使者。』更持去，以恶食食项王使者。使者归报项王，项王乃疑范增与汉有私，稍夺之权。范增大怒，曰：『天下事大定矣，君王自为之。愿赐骸骨归卒伍。』项王许之。行未至彭城，疽发背而死。
——《史记·项羽本纪》

岁"。刘邦趁此机会，带着几十个随从，从荥阳的西门逃往成皋，再从成皋退回关中。项羽看到纪信，忙问：汉王在哪儿？纪信回答：汉王已经出城了！项羽一怒之下，烧死了纪信。

纪信是当年鸿门宴刘邦逃席时步行跟随刘邦的四员大将之一。那一次，刘邦逃得比较幸运，纪信虽然充当了防火墙，但有惊无险。这一次，纪信主动假扮刘邦，让刘邦得以逃脱，自己却被项羽所杀。纪信救主，是那个时代忠于其主的道德规范的结果，但是，纪信的忠诚的确让后人敬畏。至于刘邦，谁救他的命他都心安理得，因为他的人生目标是当皇帝，总不能让我这个"皇帝"去死吧？

开拓北方战线

刘邦丢失成皋返回关中后，有一位叫辕生的人向他献计：这次从关中出发最好南出武关（武关是陕西南部的重要关隘），引诱项羽率兵南下，汉军坚守不战，让激战一年的荥阳、成皋防线得到喘息。同时，派韩信攻略赵地，联结燕、齐，再杀回荥阳。让楚军多方备战，力量分散，然后再打败他。

辕生为什么会向刘邦献此计呢？

汉将纪信说汉王曰：『事已急矣，请为王诳楚为王，王可以间出。』于是汉王夜出女子荥阳东门被甲二千人，楚兵四面击之。纪信乘黄屋车，傅左纛，曰：『城中食尽，汉王降。』楚军皆呼万岁。汉王亦与数十骑从城西门出，走成皋。项王见纪信，问：『汉王安在？』信曰：『汉王已出矣。』项王烧杀纪信。——《史记·项羽本纪》

袁生说汉王曰：『汉与楚相距荥阳数岁，汉常困。愿君王出武关，项羽必引兵南走，王深壁，令荥阳成皋间且得休。使韩信等辑河北赵地，连燕齐，君王乃复走荥阳，未晚也。如此，则楚所备者多，力分，汉得休，复与之战，破楚必矣。』——《史记·高祖本纪》

　　因为刘邦在和项羽的交战中始终是弱势一方。正面战场打不过项羽，再不想其他办法，岂不是要坐以待毙？其实，历史上许多英明的决策都是被逼出来的。人生如果没有困境逼迫，岂能发挥主动精神？

　　辕生之策有两点非常重要：一是拉长了项羽军团的后勤补给线，便于打击项羽后勤补给线；二是让韩信攻取赵地，联络燕、齐，形成反项的军事联盟。

　　虽然辕生之策还没有达到韩信攻取赵、燕、齐三国，完成战略包围的高度，但仍然不失为刘邦当时听到的最有建设性的军事建议。

　　刘邦听懂了辕生和项羽作战的新策略，采取主动作战和机动作战相结合的方法，率兵出武关，流动于宛、叶之间；让彭越切断项羽军团的后勤补给线；派黥布召集原来他在九江的旧部，在楚地南部形成南方战场。

　　刘邦在楚汉战争中确实没有可以书之于历史的制胜之谋，但是，刘邦非常善于听取他人意见，而且在这方面非常敏锐。刘邦的会听实在是无可挑剔，而且，一旦听到好主意，他就立即付诸实施。这里既有刘邦的过人之处，又有冷酷现实逼迫的因素。但是，无论如何，刘邦善听，在楚汉战争中无人可比。

　　辕生为什么向刘邦建议派韩信联络赵国呢？

　　原因是韩信此时已经攻下魏国，并降服了代国。

　　韩信怎么会游离于刘邦荥阳主战场跑到魏国去了呢？说来话长。

　　韩信北上的原因是魏豹叛汉归楚。

魏豹为什么要叛汉归楚呢?

当年陈胜称王时,魏国王室后人魏咎、魏豹兄弟二人前往投奔。陈胜没有用魏咎、魏豹兄弟,而是派了魏人周市去攻占魏地,魏地被攻下后,陈胜原打算立周市为魏王。周市认为:天下昏乱,忠臣乃见。如今天下全部叛秦,必须立魏王的后人才说得通。齐、赵两国各派车五十乘,要立周市为魏王。周市坚持不接受,反而到陈王处迎接魏咎,陈胜不放,反复了五次,陈胜才不得已立魏咎为魏王。

章邯击杀了陈胜后,进军攻打困守在城内的魏王咎。魏咎派出使者周市向齐、楚两国求救。齐、楚两国派兵随同周市救魏,章邯打败了周市搬来的救兵,团团包围了魏咎所在的城市。魏咎为了全城百姓的安全,与章邯军约定投降,条件是章邯要放过全城的百姓。最终为了保全城中的百姓,魏咎自杀。

魏咎自杀后,魏豹率领残部投靠了楚怀王。楚怀王给了魏豹几千兵,再次攻打魏地。此时,项羽已经约降了秦将章邯,魏豹也攻下了魏地二十多座城,并在项羽分封十八路诸侯王时被封为魏王。

魏豹是魏国王室后裔,他被封为魏王时可

陈胜之起王也,咎往从之。陈王使魏人周市徇魏地,魏地已下,欲相与立周市为魏王。周市曰:『天下昏乱,忠臣乃见。今天下共畔秦,其义必立魏王后乃可。』齐、赵使车各五十乘,立周市为魏王。市辞不受,迎魏咎于陈。五反,陈王乃遣立咎为魏王。——《史记·魏豹彭越列传》

章邯已破陈王,乃进兵击魏王于临济。魏王乃使周市出请救于齐、楚。齐、楚遣项它、田巴将兵随市救魏。章邯遂击破杀周市等军,围临济。咎为其民约降。约定,咎自烧杀。——《史记·魏豹彭越列传》

魏豹亡走楚。楚怀王予魏豹数千人,复徇魏地。项羽已破秦,降章邯。豹下魏二十余城,立豹为魏王。——《史记·魏豹彭越列传》

以据有原魏国都城大梁，可是项羽将魏豹封到了河东，以平阳为都城，史称西魏王。原来的魏地是军事要地，项羽将它留给了自己。

项羽分封中的失封、错封引发了齐地、赵地的动乱，刘邦借机从汉中杀回关中，迅速平定了三秦之地。当刘邦从临晋渡河时，魏王豹归附刘邦，参加了彭城大战。刘邦战败后，魏豹以省亲为由回到西魏国，同时断绝河道交通，叛汉。

魏豹叛汉，史书所载有三大原因：

首先是项羽厉害。刘邦五十六万大军竟然被项羽三万铁骑打得溃不成军，魏豹不愿再跟着刘邦吃败仗。

其次是刘邦不能平等待人，待人傲慢，骂归顺他的诸侯、群臣就像对奴仆一样。其实，刘邦就是这个德性，骂人成性，魏豹是魏国贵族后人，受不了这种屈辱，他要叛汉归楚，毕竟楚将项羽也是贵族子弟。

再次是魏豹听到了一个著名相面人许负的话，说他的妻子"薄姬"要生一位天子。魏豹认为：薄姬是自己的女人，如果薄姬能生"天子"，那么魏豹肯定要做天子了。魏豹失败后，薄姬归了汉，被刘邦纳入后宫，后为刘邦生一子，即是中国历史上的汉文帝。

项羽封诸侯，欲有梁地，乃徙魏王豹于河东，都平阳，为西魏王。——《史记·魏豹彭越列传》

汉王还定三秦，渡临晋，魏王豹以国属焉，遂从击楚于彭城。汉败，还至荥阳，豹请归视亲病，至国，即绝河津畔汉。——《史记·魏豹彭越列传》

媪之许负所相，相薄姬，云当生天子。——《史记·外戚世家》

刘邦闻听魏豹叛汉，派手下著名说客郦食其劝说魏豹，魏豹强调人生短暂，如白驹过隙，如今汉王傲慢，骂诸侯、群臣就像骂奴仆，一点儿礼仪都不讲，我实在是不想再见他。魏豹是魏国贵族，看不惯流氓习气严重的刘邦，倒也在理。郦食其非常了解刘邦，对魏豹所言心中是认同的。当然，郦食其不知道魏豹还有一个"天子"之梦。

魏豹统治的西魏国，在今天山西省中南部。它是刘邦、项羽交兵的主战场——河南荥阳一带的北部高原地区，战略位置十分重要，从这里出发渡过黄河，马上可以到达刘邦的防区。因此，此地成为兵家必争之地。

郦食其劝说魏豹失败导致刘邦决定派韩信攻打魏豹。刘邦的这一重大举措开始时只是为了消灭魏豹，并没有更多的深意。

汉二年（前205）八月，韩信以假象迷惑魏豹，做出从正面临晋关渡过黄河的姿态，暗中却从今陕西韩城用简易的日常用具悄悄渡过黄河，偷袭魏国重镇安邑。魏豹惊恐之中慌忙带兵从临晋关赶回来救援安邑，结果被韩信打败，自己也成了俘虏。

这一仗韩信声东击西，围点打援，打得非常出色。

安邑之战，双方投入的兵力都不多，但是，收获满满。刘邦灭魏后，在魏豹统治的西魏国，设立了河东、太原、上党三郡，永久解除了刘邦主战场北部的威胁。

此仗打完后的情况发生了刘邦意想不到的变化。如果从西魏国向北、向东扩展，能够降服代、赵、燕、齐四国，将对刘、项之争的战略格局起到极大的作用。这等于在项羽军团的北面、东面开辟了第二战场，这将从战略布局上完成对项羽军团的战略包围，意义非常重大。

攻占西魏国后，韩信向东北攻打代、赵两国。代国在今河北、山西北部一带，赵国在今河北南部一带。

韩信攻打代、赵二国一事，《汉书·韩彭英卢吴传》说是韩信向刘邦要求增兵三万，北举燕赵，东击齐，南绝楚粮道，西与刘邦会于荥阳。刘邦于是派张耳统兵三万协助韩信。但是，《史记》中没有记载韩信求得援兵三万，只记载刘邦在荥阳打了败仗，派人跑到韩信军营夺兵拒楚。

《汉书》的记载有待考证。刘邦在荥阳战场面临项羽的巨大军事压力，自顾尚且不暇，很难再调三万兵力去援助韩信；反而是刘邦收了韩信的精兵，补充自己在荥阳战场上的损失。

《汉书》记载中最有价值的是韩信请示刘邦："臣请以北举燕、赵，东击齐，南绝楚之粮道，西与大王会于荥阳。"这三句话是韩信提出的开辟北方战线，最终打败楚军的战略规划，项羽最终败在了韩信的

信遂虏豹，定河东，使人请汉王：『愿益兵三万人，臣请以北举燕、赵，东击齐，南绝楚之粮道，西与大王会于荥阳。』汉王与兵三万人，遣张耳与俱，进击赵、代。——《汉书·韩彭英卢吴传》

信之下魏破代，汉辄使人收其精兵，诣荥阳以距楚。——《史记·淮阴侯列传》

这一大战略上。

从这个意义上讲，这一时代最优秀的军事家是韩信，不是项羽。只是项羽的平台高，打赢了巨鹿之战，成了灭秦的大功臣，当上了分封十八路诸侯王的总盟主。韩信的平台低，在灭秦之战中根本插不上手，但是，韩信是真正的军事奇才，他提出了北方战线的总方略，并具体实施了这一总方略。除了围点打援的灭魏之战，又以背水一战的方式打胜灭赵一战，再降服燕国，奇兵突袭齐国。最后，又战败了项羽手下的第一骁将龙且，成功灭齐。断了楚军粮道，完成了从北方全面合围项羽的战略预想，最终以绝对优势打赢了灭项的关键之战，逼迫项羽自杀。

刘邦此时虽然在荥阳主战场上仍然遭受挫折，但是，从楚汉战争的整个战局看，刘邦已经获得了主动权。

项羽一夺成皋后，刘邦退回关中，从陕西南部的武关出关，到达河南的宛、叶，就是今天的河南南阳、叶县一带。项羽听说刘邦到了宛、叶，也带兵追到这里。

和韩信的北方战场相呼应，此时刘邦的另一个重大举措是动用彭越袭击项羽的后勤补给线。

彭越在刘邦打到彭城之时投靠了刘邦，刘邦封了他一个魏相国，但是，又允许他自由行动。实际上就是封了他一个游击司令，但是，这个游击司令不简单。他活动的魏地在今河南省东部、山东省西南部一带。这个区域恰好处在西楚都城彭城与荥阳主战场之间，因此，它是项羽兵团最重要的后勤补给线。

汉三年 (前204) 五月，在项羽历时一年刚刚夺得成皋后，彭越利用魏地处于刘、项主战场荥阳和彭城之间的战略地位，向南渡过睢水，袭击楚国后方补给线。

这是彭越第一次给项羽带来重大麻烦。

二夺成皋

汉三年 (前204) 六月，项羽得知自己的后勤补给线遭到严重破坏，不得不派终公防守成皋，自己驰援后方。终公是个什么人，史无明载，今已不可详知。但是，终公没有完成项羽的重托守住成皋。刘邦则利用项羽千里回援的机会，从宛地北上，杀死终公，夺回了成皋。

这是刘邦取得主战场的第一次大捷。

项羽被别人牵着鼻子走，往返奔波，丢失成皋，成为项羽在楚汉之争中第一次重大失误。我们称它为失误，就是因为这是项羽既不重视军事战略，又没有应对刘邦战略包围的有力举措。刘邦利用自己战略布局上的优势，用游击战频频袭击项羽的后勤补给线，迫使项羽千里回防，实现刘邦在战役上的胜利。

此如下围棋，刘邦虽然只是在项羽的后勤补给线上投了一个子，但是，这个子投得太关键了：它刚好点到了项羽的死穴上。依兵法上讲，这就是攻其必救；依现代军事而言，这叫作后方游击战。刘邦一方面和项羽在正面战场上殊死相争，另一方面指使彭越在项羽的后勤补给线上进行游击战。彭越这个游击司令还打得非常出色。他采用的正是今人非常熟悉的"敌进我退、敌退我进、敌疲我扰"的作战方针。

项羽本应在攻占荥阳之后继续扩大成果，彻底摧毁刘邦在荥阳的防线，为扫平关东、进攻关中做准备。结果，却被刘邦牵着鼻子，离开荥阳，南下宛、叶，使自己的后勤补给线变得更长，自己的软肋暴露得更加充分。彭越打的正是项羽的这一软肋。

项羽听说刘邦夺回了成皋，立即赶回荥阳。

汉三年 (前204) 六月，项羽第二次攻克荥阳，包围了成皋。成皋在项羽军的凶猛进攻中再次失守。刘邦二失成皋，比第一次还惨，这一次仅有一个夏侯婴陪着他逃出了荥阳。夏侯婴长期担任刘邦的太仆，就是专用司机。

刘邦和夏侯婴向北渡过黄河，利用早晨韩信尚未起床的时机，假称是使者，进入韩信军营，夺走了韩信的军队。

刘邦二失成皋，兵员损失极大，只能靠韩信军队补充主战场的兵员；同时，刘邦对韩信一直是既使用，又防范。夺走韩信训练有素的军队，可以有效遏制韩信利用刘邦陷于荥阳战场的机会迅速崛起。

刘邦趁韩信未起床，直接进入韩信的大营中，夺走韩信军队这件事，我总觉得有点不地道。韩信自己创建的军队，刘邦不打招呼就这么平白无故地带走了。韩信只能是暗中叫苦，刘邦是总公司的董事长，韩信只是他下属分公司的总经理。总公司亏损了，董事长便无偿地占用分公司的资产。反正，总公司、分公司都是我董事长的财产。

刘邦夺走韩信在赵国的军队意义十分重大：这说明此时韩信开辟的北方战场已经开始向刘邦的主战场输送兵员、物资，刘邦的战略优势已经得到比较明显的显现。

所以，从荥阳主战场看，项羽第二次夺得成皋是项羽军事天才的表现；但是，项羽仅仅是夺了一个成皋，而他在战场全局上的战略劣势反倒更明显了。二夺成皋是项羽的胜利，但是他在最终失败的路上走得更远了。

刘邦虽然在荥阳主战场上仍然表现被动，但是，刘邦能够利用战略上的优势迅速弥补局部战场的损失。主战场尽管非常重要，但是，相对于全局而言，主战场也只是一个局部战场。刘邦能够利用战略优势弥补他在战役中的劣势，反映出刘邦的军事战略才能实在是胜过项羽一筹。

令人不解的是，项羽为什么不去经营北方战场，是人力不足顾不上，还是根本就没有意识到问题的严重性？

项羽对军事战略的不重视是最根本的因素。项羽过于看重他在局部战场上的胜利，对战略全局的关注严重不足。他既没有像刘邦一样开辟北方战场、南方战场，又没有采取有效措施应对刘邦的战略布局。这，也许和项羽刚愎自用的性格有关，也许和他的力量不足有关。

刘邦在荥阳之战的第二年 <small>(汉三年，前204)</small> 已经品尝到了战略全局对局部战场的有效支撑。

二失成皋

汉三年八月，刘邦夺得韩信的精兵后，实力迅速得到恢复。刘邦又打算再赴荥阳主战场和楚军作战，郎中郑忠劝刘邦，深沟高垒，坚守不战，刘邦采纳了他的计策，派刘贾、卢绾带兵两万，增援彭越，帮助彭越烧毁楚军的军粮，攻击楚军的后勤补给线。

彭越这一次大规模的破袭战，攻下了睢阳、外黄等十七座城池，基本上控制了今河南省东部的商丘一带，彻底切断了项羽的后勤补给线。这样，项羽不得不第二次回防，战略上的失误更加明显。

汉四年（前203）九月，项羽派大司马（主管军事的最高长官）曹咎守成皋，自己回攻彭越。项羽临行前再三告诫曹咎，坚守勿战，我十五天一定可以平定梁地。

汉四年冬十月，刘邦让士兵向曹咎挑战，曹咎不敢出战。刘邦便派人羞辱曹咎，曹咎还是不出战。汉军连续羞辱曹咎五六天，曹咎再也不能克制自己的怒气，不听项羽临行前的忠告，渡汜水出战。曹咎的军队刚刚有一半士兵渡过河，刘邦军拦腰截断，大败楚军。曹咎等人羞愧自杀。项羽第二次丢失成皋。

项羽这次回师向东，在外黄（今河南民权县）受到外黄县令门客小儿的启发，没有滥施暴力，结果，迅速平定了梁地。同时，曹咎也丢失了成皋。

这是刘邦第二次尝到了牵着项羽的鼻子走、争取主动的甜头，也是刘邦以战略主动赢得战役胜利的成功尝试。

汉四年冬十月，韩信攻破齐国。此时，刘邦在主战场上虽然仍没有任何起色，但是，刘邦已经从北面、西面、东面初步形成了对项羽的战略包围。韩信破齐之日，已是项羽败亡之时，同时也是刘邦军事战略思想发挥最大效应之时。

项羽听说韩信攻占了齐国，立即派他最得力的大将龙且带兵救齐。这说明项羽虽然人在荥阳主战场，但却已经深切地感受到刘邦战略包围的巨大压力。

汉四年冬十一月，龙且兵败被杀，韩信巩固了对齐地的控制。

面对军事上的失败，项羽派说客武涉前往齐地面见韩信。

派说客去说服韩信叛汉，对项羽来说实在是破天荒的举动。游说、策反，从来都是一种政治手段，项羽一贯迷信武力，极少使用这种手段。项羽采用这种非常手段，说明项羽已经意识到刘邦的战略包围给他带来的巨大压力。

鸿沟议和

刘、项主战场上，刘邦仍然没有优势。但是，项羽却因刘邦战略优势的逐步形成真切地感受到"少助、食尽"两大威胁。

汉四年 (前203) 秋九月，刘邦充分利用这一有利时机，连续派出说客，终于说服项羽释放太公、吕后，双方以鸿沟为界，中分天下。鸿沟以西为汉，以东为楚：鸿沟即成了楚汉的分界线。鸿沟，是战国时魏国凿的沟通黄河与淮河的运河。北起荥阳，南至中牟、开封，南流至沈丘入淮河的支流颍水。

中国象棋棋盘上的"楚河汉界"即来源于鸿沟。所谓楚河、汉界都是相对鸿沟而言。今鸿沟两边还有当年两军对垒的城址，东边是霸王城，西边是汉王城。

项羽的鸿沟议和是不得不议和。

整个荥阳之战的过程就是项羽在荥阳战场上屡战屡胜的过程，但是，项羽在局部战场上的节节胜利并没有给他带来全局的胜利；相反，项羽在成皋和刘邦相持的二十八个月中，他的战略全局优势却在不断缩小。

韩信平定了项羽分封的魏、代、赵、燕、齐诸国，控制了整个黄河以北的广大区域，形成了从北面、东面包围项羽的态势。对刘邦来说，韩信破魏、灭代、败赵、降燕、亡齐，不仅在北方和东方形成了对项羽的战略包围，而且也解除了自己主战场的侧面威胁。同时，刘邦获得了燕、赵等地大量人力、物力的资源，大大加强了主战场的力量。

荥阳之战的二十八个月中，项羽在荥阳战场上胜利的过程，也是他在全局上失败的过程。这样的统帅怎么能算得上"善战"呢？项羽英勇是实，善战是虚；严格来讲，项羽只英勇，并不善战；尤其不善于战略决战，这是项羽最终败亡的惨痛教训。

战略讲的是全局、整体。战略布局讲究着眼于整体和长远，不拘泥于局部细节。刘邦虽然在荥阳之战中每战必败，但是，由于战略全局走活，荥阳主战场失败的过程反倒成了他在战略上最终战胜项羽的过程。

项羽在荥阳会战中倾注了全力，这一仗持续时间之长，对项羽最终失败的影响之大，在项羽一生中都是绝无仅有的。

究竟是什么原因导致项羽在政治、军事上犯了那么多错误呢？

请看：自毁长城。

自毁长城

前面我们详谈了导致项羽失败的政治原因和军事原因。政治上的幼稚导致他在相当长一段时间不知道刘邦是他真正的对手，屡屡错失消灭刘邦集团的良机；军事上对刘邦的战略包围缺乏足够的重视，更没有积极的应对措施，导致他在战略上陷入严重的被动。政治、军事两方面的重大失误，使项羽在和刘邦的对峙中逐渐丧失了优势。到底是什么原因导致项羽在政治、军事上犯了那么多错误呢？

"说者"的冤枉

围绕项羽有许多成语流传至今。比如讲到项羽的英勇善战，我们马上会想到"破釜沉舟"；遇到一场充满危机、难以应对又不好推辞的酒宴，我们就会把这场酒宴叫作"鸿门宴"；再如一个非常有名的成语叫"沐猴而冠"。"沐猴"是猴子，"冠"就是帽子，"沐猴而冠"的意思就是猴子戴帽。这是一句骂人的脏话，猴子戴帽的意思是表面上看起来像个人，实际上不是个人，这叫"沐猴而冠"。这个著名的成语也出自《史记·项羽本纪》。

这个成语是怎么来的呢？项羽分封了十八路诸侯王之后，自封为"西楚霸王"。然后项羽一连做了三件事：一是把投降的秦王子婴给杀了；二是放了一把火，把秦朝的咸阳宫烧了；三是将秦咸阳宫的珍宝、美女全部带走了。据史书记载，咸阳这一把火烧了三个多月，整个宫殿全烧了，然后项羽准备东归了。项羽西楚国的国都是在彭城，就是今天江苏的徐州；烧了秦王的咸阳宫后，要从陕西返回自己的都城了。

此时有一人来见项羽，此人史籍上没有留下名字，史书记载只有两个字，叫"说者"，就是游说他的人。此人给项羽提了一个建议，说关中这个地方太宝贵了，你不应该东归到彭城去，应当在关中建都。陕西这个地方有一个很大的特点，此地是一个大盆地。四面全是山，

项羽引兵西屠咸阳，杀秦降王子婴，烧秦宫室，火三月不灭；收其货宝妇女而东。

——《史记·项羽本纪》

有四个重要的关口，东边是和河南交界的函谷关，南边是靠近湖北的武关，西边是大散关，北边是萧关，四个关口环绕，其他地方都进不来。所以自古以来陕西就有一个别名叫"四塞"之地，"塞"就是瓶塞。这个地方可以建都。你在这儿建都，要称霸天下非常容易。项羽一听，非常有道理啊；但再一看，整个咸阳的宫殿已叫他烧光了，他又觉得没法待了，就把这个"说者"给打发走了。"说者"出来后，感觉很遗憾，脱口而出一句话：人们都说，"楚人沐猴而冠耳"，果然是这个样子。"说者"就是说说他自己心中的一点感慨，马上有人打了个小报告，告诉了项羽。项羽一听，骂他是"沐猴而冠"，就下令把这个"说者"抓起来，烹了。"烹"是一种很残酷的刑罚。准备一口大锅，把水烧开，把人扔在里面活活地煮死，这就是"烹"。

这件事有许多令人深思的地方。

第一，这个"说者"的建议对不对？很显然，这个"说者"的建议是非常高明的：建都关中，易守难攻。建都彭城，就是建都今天的徐州，东西南北都是平原，无险可守，但是，项羽没有听进去。

第二，这个"说者"既然历史上没有记载他的姓名，那么应当说他是一个名不见经传的小人物，小人物提条意见，你采纳也罢，不采纳也罢，哈哈一笑就完了。这是一种豁达的处世态度；即使骂个"沐猴而冠"，也不必计较；但是，项羽很计较。

我们不妨把刘、项两人做一个对比。刘邦手下有一个御史大夫叫周昌，御史大夫在汉代的职位相当于副总理的职位。有一天他向刘邦汇报工作，刘邦正拥抱着戚夫人在亲热（高帝方拥戚姬）。戚夫人是刘邦最宠爱的一个妃子，周昌一看这个场面，很不好意思，转脸就走。

此时刘邦也看见周昌进来了，他把戚夫人放下来，赶上去，按着周昌的脖子，往下一按——你想想，皇帝按着一个大臣的脖子，大臣总不能硬着脖子——周昌只好低下头弯下腰来，刘邦顺势一蹁腿，骑在了周昌的脖子上。刘邦这种做派很不成体统，一个国家最高领导人，一下子骑到一个副总理的脖子上去，很不像话！很不像话！但是对于刘邦来说，小菜一碟，刘邦这类事做得太多了。骑上去以后刘邦就得意扬扬地问周昌：我是一个什么样的君主呢？周昌回答了一句很重的话：你就是夏朝亡国之君夏桀，商朝的亡国之君商纣王那样的暴君。周昌这话很重，要是这话是对项羽说的，项羽恐怕又是一个字：烹。但是刘邦是怎么做的呢？刘邦一蹁腿下来，哈哈一笑，放周昌走了。刘邦豁达，项羽小气；刘邦可以和部下开玩笑，项羽太自尊，绝对不允许开玩笑。

高帝逐得，骑周昌项，问曰：「我何如主也？」昌仰曰：「陛下即桀纣之主也。」于是上笑之。——《史记·张丞相列传》

项羽非常自尊，你伤了他的自尊，他绝不会放过你。这个"说者"提了这么好的一个建议，背着项羽说了一个"沐猴而冠"，落了"烹"杀的下场，原因就在于他犯了项羽的大忌。项羽容不得别人跟他说"不"字，别人说一个"不"，他一定很难接受。这样一来，谁敢给项羽提意见啊？

我觉得诸如此类的事和项羽的性格有关，因为性格决定人。一个人的性格可以成就他的事业，一个人的性格也可以损伤他的事业。项羽的性格中有一个致命的弱点就是过于自信，刚愎自用。自信是人性的一个优点。一个人如果没有自信，他什么事情也完不成，因为有自信，你才能用百折不挠的勇气去克服在实现人生目标过程中的所有困难和障碍，所以，没有自信是不行的。但是，如果你的自信过了头，那就坏了，自信过了头就成了谬误了，就是刚愎自用。

项羽刚愎自用的失误就是失察，失人，失态，失信。

失察：韩信的寒心

项羽不是一般人物，他是"西楚霸王"，是一个军队的主帅。换句话说，他是西楚国的一把手。作为西楚国的国君，作为当时诸侯联军的盟主，有一项重大的任务，就是要善于观察和考察你手下的哪些人可堪重任。

比如韩信。韩信登上人生舞台时跟着项梁，项梁死后归了项羽，还提过不少建议。他对自己在项羽手下那段生活很伤心。后来韩信攻占了齐国，项羽派人去游说他，劝他叛汉，要么归楚，要么中立。韩信当时很伤心地说了这么几句话："臣事项王，官不过郎中，位不过执戟，言不听，画不用。"《史记·淮阴侯列传》这是他很伤心的一段话。我韩信在项羽的手下官位最高不超过"郎中"，爵位只是"执戟"(不少人误认为"执戟"是手拿兵器站岗)；言不为项王所听，计不为项王所用。我的价值得不到体现。所以，韩信跳槽了。韩信是一位军事天才，楚汉战争所有的军事将领，能称得上一流军事天才的只有韩信和项羽两个人。刘邦充其量只是个二流。

韩信向项羽提过什么建议我们今天已经不知道了，但是，据我们对韩信的基本判断，韩信给项羽的建议不会是毫无价值的拍脑瓜胡说。项羽为什么听不进去？项羽太自信了应当是一个原因。一个人只相信自己，一个侍从的建议能入他的耳朵吗？项羽因此失去了一位军事天才，而且是决定自己命运的军事天才。

这就是刚愎自用给项羽带来的第一个致命伤：失察。

一位领导者要具备"五会"：会听，会说，会发问，会应变，会掌控。

韩信从基层做起，要走出人生低谷，必须向自己的集团老总说出自己一鸣惊人的思考，让项羽耳目一新，从而获得重用的机会。如果项羽不那么自负，善听，善发问，详细了解韩信的谋略，一定会有收获，收获的大小，则需据执行的情况而定。历史没有可惜，但是，我们仍然为项羽感到可惜。

失人：范增的冷遇

如果你熟悉楚汉战争的历史的话，就会发现一个非常明显的现象，刘邦手下谋士特别多，张良、陈平、萧何，这是一流的，二流的如郦食其之类就不说了。还有那些草根，草民。反过来看项羽，项羽手下谋士有谁？大家只知道一个"年七十，好奇计"的范增。所以我们可以说，刘邦手下人才济济。我们且不说武将，单看文臣谋士，项羽手下基本无人。

为什么项羽手下没有谋士，只有一个范增？其实这和项羽的刚愎自用太有关系了。拿我们今天老百姓的话来说，就是项羽这个人的主意太大，主意太大就是他的主观意见太强烈了。他不需要谋士，什么事情都是自己做主。我们前面讲过鸿门宴，决定第二天消灭刘邦的是谁？项羽。决定撤销第二天军事行动的是谁？项羽。他和谁商量过？没有。他召集过会议吗？没有。他和他最信任的范增商量过吗？还是没有。所以项羽不要谋士。这样，他的刚愎自用使他失去了一大批出谋划策的人。这就是他刚愎自用第二方面的恶果：失人。

失态：项羽的大怒

失态就更明显了。我们翻翻《史记》，有关项羽的记载中用得最多的字是什么呢？"怒""大怒"。项羽动不动就是"怒"，一言不合就是"大怒"。我仔细翻检了《史记》，就找不到项羽的笑。找来找去，整个《项羽本纪》记载项羽的一生，他只有一次笑。什么时候笑的呢？乌江自刎。乌江亭长划着船叫他过江，说你将来还可以东山再起啊，这个时候他仰天大笑，这一笑之后，就自杀了。换句话说，在项羽的一生中，随处可见的就是项羽大怒，项王怒，项王大怒。我们不妨做个简单列举：

> 项羽大怒，使当阳君等击关。
>
> 项羽大怒，曰："旦日飨士卒，为击破沛公军！"
>
> 项王怒，烹周苛，并杀枞公。
>
> 项王怒，欲杀之。
>
> 项王怒，欲一战。汉王不听。
>
> 项王怒，悉令男子年十五已上诣城东，欲阬之。
>
> 项王大怒，乃自被甲持戟挑战。

如此多的"怒""大怒"，实际上大多是伤害了项羽的自尊。项羽是个极其自尊的人，一旦伤了他的自尊，马上勃然大怒。看看我们日常生活中那些最爱生气的人，气性大，最爱大怒的人，其实都是最自信的人。在某种程度上，多多少少都是刚愎自用之人。别人做得不顺心，别人说得不顺心，马上发火。

失信：钟离昧(mò)被疑

项羽的失信主要指项羽很难相信别人。任何一个群体之中，总有两类人，一类人是占大多数的芸芸众生，就是一般的人。另一类人就是才智之士，精英。这样一个结构划分，带来一种什么情况？有才之士很容易招嫉。这种招嫉来自两个方面，一个方面来自群体之内，比较有才干的人，他的机遇比较多，他可能得到的荣誉、升迁的机会也比较多。其他的人可能机会少，或者机会来了，没有抓住这个机会；所以，得到的也可能少。这是一种招嫉。

另外还有一种招嫉。如果两个敌对的群体，比如刘邦和项羽两大集团，某一个集团中的精英，最容易招致对方的嫉恨。范增在项羽集团中应当说是一位最有谋略的人；虽然此人的本事不是很大，但是他毕竟是项羽集团唯一的谋士，这就招嫉了。

陈平在荥阳对峙之时和刘邦分析过项羽的性格，说他"意忌信谗"，行反间计可以使项羽上下不和。所谓"意忌信谗"，就是指一个人疑心太重，容易受谗言蛊惑，这是项羽性格中非常重要的一个特点。

陈平之所以能献出此计，原因是陈平在项羽手下待过很长时间，比较了解项羽。

刘邦听了陈平的话，给了陈平四万金，让他放手实施反间计，而且不问他的支出状况。陈平利用这些钱，离间了项羽和范增、钟离眜的关系。

其实，前面我们讲述陈平利用一桌饭菜离间项羽和范增的关系，其计谋水平非常普通：

项羽选准了刘邦的软肋——粮道，集中兵力，断了刘邦军队的粮道。刘邦被困在荥阳城中，长期断了军粮，陷入困境，只好提议："请割荥阳以西以和"，荥阳以西是刘邦已经攻占的土地，而且，占了荥阳以西，就可进一步夺取关中，刘邦要不是陷入困境，绝对不会开出这样的条件。

项羽因为怀疑范增，竟然不听范增急攻荥阳的建议。范增勃然大怒，请求告老还乡。项羽竟然答应了，于是范增离开了项羽。说实话，陈平此计实在不高明，但是，对项羽竟能生效，不能不说项羽非常容易信谗。

每一个人都会听到谗言，但是，听到谗言后的态度大不相同。有人信谗，有人不信谗；有人能分辨出谗言，有人不能分辨出谗言。

为什么有些人信谗，有些人很难让他信谗？

这和人的判断力有密切关系。判断力强，不容易"意忌信谗"；判断力弱，很容易"意忌信谗"。

同时，它和过于自信也有关系。没有自信，容易信谗；过于自信，也非常容易信谗。没有自信，别人说什

楚急攻，绝汉甬道，围汉王于荥阳城。久之，汉王患之。——《史记·陈丞相世家》

么就是什么，当然容易信谗；过于自信，别人说什么也听不进，只听符合自己判断的话，自然也容易信谗。

项羽手下有一位大将钟离眜，其人非常善战，多次打得刘邦狼狈不堪。陈平以重金收买项羽手下的人，散布谣言，说钟离眜等项王手下的大将，功劳很大，始终不能裂土封王。因此，钟离眜等将领想和刘邦联手消灭项羽，然后分了项羽的地。结果，项羽果然上当，不相信钟离眜等忠心耿耿的将领。

其实，钟离眜最忠诚。汉四年（前203），项羽第二次东归打击断楚军粮道的彭越，派了两个庸才曹咎、司马欣守成皋，仅仅五天就丢城自杀。当项羽听说成皋丢失之后，立即回师，当项羽赶回成皋时，"汉军方围钟离眜于荥阳东，项王至，汉军畏楚，尽走险阻"《史记·项羽本纪》。楚军在成皋的军队几乎全部覆灭，唯有钟离眜指挥自己的军队在死守。如果钟离眜要背叛项羽，岂不早就归降刘邦了？如果钟离眜是庸才，他岂能独撑残局直到项羽杀回成皋？可以说，钟离眜是忠诚与才能兼备的将才。

项羽死后，钟离眜逃亡。钟离眜早年与韩信的私交极好，就逃到韩信之处。刘邦灭了项羽之后，非常恼恨钟离眜带给自己的灾难，当他得知钟离眜藏在楚王韩信之地，专门下诏书要韩信逮捕钟离眜。有人向韩信建议：杀了钟离眜，皇上一定很高兴，大王就能高枕无忧了。韩信于是亲自来见钟离眜，钟离眜知道韩

宣言诸将钟离眜等为项王将，功多矣，然而终不得裂地而王，欲与汉为一，以灭项氏而分王其地。项羽果意不信钟离眜等。——《史记·陈丞相世家》

信的意图后，对韩信说：汉王不敢攻打楚王只是因为我在这儿，如果大王想抓我向汉王献媚，我今天死，您很快就会被抓。于是，钟离昧痛骂韩信不是一个忠厚长者，钟离昧说完自杀而亡。韩信捧着钟离昧的首级晋见刘邦，刘邦喝令武士抓捕韩信。韩信本想卖友自保，结果，逼杀钟离昧后仍然不免被捕。

项羽死后刘邦仍然不愿宽恕钟离昧，可见，钟离昧当年打得刘邦有多惨。如此忠诚、善战的部下，项羽不信任、不使用，竟然相信陈平的反间计，疏远钟离昧，自毁长城，多么可悲。

项羽如此轻信，使他失去了一个非常重要的谋士范增。范增临走时说：大王好自为之，天下的大局已定了。范增已经知道，项羽没戏了。范增的离去，可以说是令人扼腕叹息的一件事情啊，太遗憾了。

项羽如此轻信，使他失去了重用钟离昧的良机，如果让钟离昧守成皋，还会失守吗？

项羽的幸与不幸

我们讲了项羽刚愎自用的四个"失"。但是，项羽是要打天下的，他也是要用人的，他为什么会如此刚愎自用呢？他为什么不能把握自信的度，

项王亡将钟离昧家在伊庐，素与信善。项王死后，亡归信。汉王怨昧，闻其在楚，诏楚捕昧。信初之国，行县邑，陈兵出入。汉六年，人有上书告楚王信反。高帝以陈平计，天子巡狩会诸侯，南方有云梦，发使告诸侯会陈：『吾将游云梦。』实欲袭信，信弗知。高祖且至楚，信欲发兵反，自度无罪，欲谒上，恐见禽。人或说信曰：『斩昧谒上，上必喜，无患。』信见昧计事。昧曰：『汉所以不击取楚，以昧在公所。若欲捕我以自媚于汉，吾今日死，公亦随手亡矣。』乃骂信曰：『公非长者！』卒自刭。——《史记·淮阴侯列传》

而自信得过了头？

原因大概有三点：

第一，能征惯战。项羽自身确实能干，他的才干我们概括成四个字：能征惯战。他自己说过："吾起兵至今八岁矣，身七十余战，所挡者破，所击者服，未尝败北，遂霸有天下。"他是非常能打仗的一位军事家。一个没有才干的人，一般不会刚愎自用；刚愎自用的人，往往是有才的人，项羽也不例外。

第二，少年得志。按我们今天的话来说，项羽的一生叫"不落空"，所有的好事都赶上了。二十四岁起兵反秦，项梁是主帅，他就是副统帅。二十七岁就做诸侯的总盟主，成为"西楚霸王"，主持国家大政。这叫少年得志。少年得志给项羽带来了一个很大的负面影响，什么好事都赶上了，什么机会他都没有失去，太顺利了。我们经常说，失败是成功之母，阅历跟经历的丰富是不可或缺的，项羽的人生中磨炼太少了，他太顺了。一个人的人生，特别是为官之人，他的人生太顺，就会太相信自己。

第三，内外失聪。项羽内无自知之明，外无逆耳之言。不善于自省，看不到自己的弱点。即使做了错事，他也不认为是自己错了。这叫内无自知之明。你看看项羽对说他是"沐猴而冠"的"说者"，稍微有一点逆耳之言，他就是一个字，烹！这样为人处世，谁敢给他进逆耳之言啊？忠言逆耳，不好听啊。就算我们普通人，听到不顺耳的话也总是心里不舒服，听到吹吹拍拍的话总是飘飘然，这是人性。

能征惯战，少年得志，内外失聪，导致项羽的过度自信。

刘邦的能与不能

和项羽对比，刘邦在整个楚汉战争中，没有出过一个金点子；刘邦的许多重大决策也并不都是张良、陈平这些重量级谋士提出来的。

新城三老董公建议刘邦为义帝发丧，举义旗伐楚；辕生提出调动项羽，使项羽的力量分散；郑忠建议增援彭越，加大对楚国后勤补给线的破坏；韩信提出开辟北方战场。

这些都是极有见地的意见。

辕生和郑忠的建议前面我们已经讲过。董公是谁？史无明载。但是，董公的建议让刘邦在政治上占了大便宜。

为什么刘邦能够听到新城董公、辕生、郑忠这些小人物献的奇策？为什么项羽很少听到这些小人物的奇谋？

韩信曾批评项羽吝啬，刻好官印，放在手里左右把玩，棱角都磨平了，还不愿封赏给他人。其实，韩信看到的吝啬只是表面现象，骨子里是项羽太自负，自负到只承认自己，不认可他人。项羽听说刘邦想做关中王就勃然大怒，骨子里也是认为刘邦不行，他那点本事还能做关中王？只有他自己是英雄，只有他自己行。这种自负使项羽很难和他人结为同盟。刘邦

至使人有功当封爵者，印刓敝，忍不能予，此所谓妇人之仁也。——《史记·淮阴侯列传》

善于在关键时刻封官许愿，大搞统一战线，拉拢韩信、彭越、黥布，为消灭主要对手项羽服务；当然，刘邦在当上皇帝后，又一一将韩信、彭越、黥布等人全部铲除。

天下的诸侯王本来都是项羽封的，本来他们和项羽就有天然的联系。但是，有几位诸侯王是项羽的铁杆盟友？有谁愿意在关键时刻帮助项羽？过于自负的人，往往都是孤家寡人。

我们再看军事才能。军事天才中有项羽在，有韩信在，刘邦在军事上撑破天只是个二流。

你说刘邦政治二流，军事二流，他凭什么自负？他没有自信的资本啊！但刘邦有个特点，就是从谏如流，很善于听取别人的意见。他善于听取别人的意见有一个很重要的原因，就是他自己不行。你说刘邦什么行？打仗他老打不过项羽，出谋划策，他周围比他高明的人比比皆是，且不说张良、韩信、萧何，包括董公、辕生、郑忠，比他高明的人都很多。

像刘邦这样的人，一不会打仗，二不会治国，三不会出谋，这样一个人为什么能够成为君主，能够作为一把手统领那么多人？

三国时期魏国有一个文人叫刘劭，刘劭写过一本很有名的书叫《人物志》。刘劭的《人物志》是中国历史上第一部专讲人才的书。刘劭在《人物志》中，把天下的人才分为两类，一类叫特殊人才，谁是特殊人才呢？帝王，帝王是特殊人才。第二类是普通人才，这个普通人才就是做臣子的人才。刘劭有一个观点：他认为所有的臣子，无论是将还是相，或者说无论是文臣还是武将，都叫作偏才，只有国君才叫作通才。

刘劭打了一个很生动的比喻，他说一个大厨师做菜，有很多佐料，其中最重要的就是酸甜苦辣咸，但这五味都是偏才，都不能放多了。盐放多了，叫打死卖盐的了。辣放多了，那是川菜，川菜辣得太狠了也不行。糖放多了也不行，什么都不能多。酸甜苦辣咸都不能作为烧菜的"主帅"。那么大厨师烧菜，什么是主帅呢？刘劭说了，这个大厨师做菜，作为主帅的就是那一瓢水。咸了，添上一瓢水，不咸了；辣了，添上一瓢水，不辣了；酸了，添上一瓢水，不酸了。刘劭讲得很有道理，我们想想刘邦，再想想刘劭的《人物志》。刘邦就是那个无色无味的一瓢水。啥也不是，你尝那一瓢水，啥味道也没有，那就是主帅。

项羽是什么呢？项羽是那个辣椒，项羽只能烧出一盘让四川人、湖南人、江西人都不能吃的辣得太狠的菜，太辣了；刘邦是那一瓢水。所以，我们要是看了刘劭的《人物志》就知道，主帅其实不需要有某种具体的才能。主帅需要的是协调能力！需要的是一瓢水中和五味的能力。

你手下的臣子，会领兵打仗，当上将军去吧；会治国理财，当相国去吧；会出谋划策，当谋士去吧。主帅干什么？主帅做三件事：善听，善用，善赏罚。

先说善听。

善听有四层意思，第一层意思是他人提了好的意见，立即付诸实行，这叫善听。第二层意思是别人不提意见，你要会向别人说几个字：这事怎么办（为之奈何）？这叫善听！第三层意思是他人的建议不全合乎自己的判断，但是有部分内容可以采纳，这也是善听。第四层意思是抛出重赏寻找能够执行自己意见之人。如彭城大败后，刘邦信誓旦旦要捐出函谷关以东的大片土地，寻找能和自己联手打败项羽之人。张良借此机会推荐了韩信、黥布、彭越三人，刘邦照单全收。

其次，善用。酸甜苦辣咸，该放多少？哪个人该放在哪个位置上，哪个人在什么时间、什么事件放在哪个位置上，这都叫善用。

最后一条，善赏罚，该赏的赏，该罚的罚。

做到这"三善"，你就能当那个无味之水，你就能统领天下。

我们再看看那个"沐猴而冠"的故事，"说者"的悲剧在什么地方呢？"说者"的悲剧在于他找了一个不善听的人去说话了。所以，提建议你还得看看你的领导是个什么样的人，如果你的领导只会说一个字——"烹"，那你可千万别提建议！一说准被"烹"！要找那个善听的人去提建议，这样才能够把你的建议变成实际的行动。

从另一个方面看，"说者"的建议很对，项羽没有听"说者"的建议，他也不会听其他人的建议，这是项羽的悲剧。

黥布叛楚

项羽对待黥布是一个痛失英才的例子。

黥布，姓英，又称英布。黥，是一种刑罚，也叫墨刑，即在犯人脸上刺字涂墨。英布，曾因触犯秦法被罚在脸上刺字，所以又称黥布。

九江王黥布是项羽手下第一骁将，能征惯战。而且，他和项羽一向配合默契，项羽的功过之中都有黥布的份儿。

率先渡河打响巨鹿之战的是他，率先打入函谷关的是他，坑秦降卒二十万的也是他。因此，黥布与项羽十分相似。

项羽在汉元年冬十二月入关。当时，秦国以十月为岁首，即十月是每年的第一个月，正月是第四个月。所以，十二月和正月是同一年！正月，封黥布为九江王，辖境为秦朝的九江郡，大体相当于今天安徽长江以北、淮水以南地区。都城是六县，位于今天安徽省的六安市东北。黥布所封的九江郡地理位置极为重要，它正好处在项羽西楚国都城彭城的南面。

但是，黥布在彭城大战之后竟然被刘邦策反了！和项羽关系如此亲密的黥布为什么能被刘邦策反呢？

汉二年，齐王田荣叛楚，项羽平齐，向九江王黥布征兵，九江王黥布以有病为由没有听从项羽的调遣，只派了手下的将军统兵四千人参加平齐。

彭城大战时，黥布又称病没有帮助项羽。

两次征兵，黥布缺席。项羽因此怨恨黥布，多次派使者责备黥布。黥布看见项羽责备他，内心恐慌，不敢去见项羽，致使两人的矛盾愈来愈深。

人与人之间是很容易产生误解的。而且，一旦误解产生，又非常难以消除。最好的方法是两个人坐下来畅谈一次，消除误解。

刘邦的使者利用项羽和黥布之间的误解和矛盾，夸大项羽和黥布的矛盾，鼓吹刘邦最终一定能够战胜项羽，导致黥布动摇而叛楚。

黥布的叛楚，使项羽失去了一员猛将，也使彭城失去了南面屏障，陷入孤立。

其实，项羽在军事上一直非常倚重黥布。如果项羽多一些宽容，多一些理解，少一些责难，黥布未必会叛楚。

刘邦待人同样也缺乏宽容。

刘邦平定陈豨之乱时，曾向天下诸侯征兵，梁王彭越没有亲自率兵参战，只派了手下一位将军带兵参战。刘邦对此十分不满，派使者严责彭越。彭越因此而内心恐慌，这成为彭越手下的战将扈辄规劝彭越谋反的重要诱因。虽然彭越没有听从扈辄谋反的劝说，但也没有处罚扈辄，这就为告密者提供了口实。尽管彭越并没有反叛，刘邦也没有放过彭越，只是刘邦处理功臣采用的是循序渐进的方法，所以，彭越并没有马上被处死，但是彭越最终是被醢（剁成肉酱），在汉初被杀的功臣中，彭越最冤枉，下场也最惨。

刘邦的不宽容是在他灭了项羽、当了皇帝之后，因此，刘邦不宽容异姓诸侯王，只是他剿灭异姓诸侯王的一种手段，没有影响大汉江山，反而清除了异姓诸侯王。

项羽的不宽容，发生在楚汉相争之际。同样是不宽容，项羽付出的代价比刘邦大得多。毕竟项羽的事业正处在爬坡之时，正处在需要大量人才为他打江山的时候。刘邦则不同，刘邦的不宽容是在他已经登上事业的最高峰之时。

项羽理应宽容地对待他所封的天下诸侯，尽量让天下诸侯站在自己一边。此时任何不宽容都可能为刘邦所利用，成为自己与刘邦争夺天下的阻力。

待人不够宽容，往往因为只看到他人的弱项，看不到自己的弱项，导致自己失去必要的支持，严重妨碍了自己事业的成功。

我们前面讲项羽军事如何如何，政治如何如何，其实都是表象，军事上的被动，政治上的幼稚，归根结底是他个人的性格所致，是性格导致项羽政治、军事上的失误。

除了项羽的性格因素，项羽身上还有哪些致命的因素呢？

请看：霸王别姬。

项羽的失败不是因为刘邦的强大，而是项羽自己打败了自己。刚愎自用是项羽自己打败自己的一个重要方面，待人不够宽容也是项羽自己打败自己的一个方面。除此以外，项羽还在哪些方面自己打败了自己呢？在历史的记载和常人的印象中项羽都是一个残暴的人，但是，人们大多忽略了项羽是一个非常重情的人。

霸王别姬

巾帼千秋

项羽的重情，莫过于对虞姬了。

项羽是一位叱咤疆场的猛将，但是，他又非常重视感情，"霸王别姬"的故事千古流传。

项羽的妻子是谁，史无明载。《史记·陈丞相世家》载，陈平曾对刘邦解释自己为什么弃项羽而归刘邦时说：项王不信任他人，他任用的不是项氏之人就是他妻子的兄弟。据"妻之昆弟"四字分析，项羽肯定有妻子。因此，虞姬只能是项羽的妾，但经常伴随在项羽身边的女人只有这位虞姬，史称虞美人。项羽垓下被围时，虞姬还在项羽身边。项羽决定突围时唱了一首著名的《垓下歌》：

> 力能拔山啊气可盖世，
>
> 形势不利啊战马也跑不快。
>
> 战马跑不快啊怎么办，
>
> 虞啊虞啊我对你怎么办？

（力拔山兮气盖世，时不利兮骓不逝。骓不逝兮可奈何，虞兮虞兮奈若何！）

据《楚汉春秋》所载，虞姬还和了一首歌：

> 汉兵已经攻占了楚地，
>
> 四面都是楚歌之声。

大王的意气已尽，

我还活着干吗？

（汉兵已略地，四面楚歌声。大王意气尽，贱妾何聊生！）

今天的文学研究者都认为虞姬这首和歌是伪作，因为楚汉战争时期不可能出现如此成熟的五言诗。但不论这首歌的真伪如何，项羽行军中一直带着美人虞姬，垓下之围时项羽也带着虞姬可以得到明证。

正因为如此，历史上留下了一段英雄美人的佳话。

自古英雄爱江山，自古英雄也爱美人。项羽是爱江山，还是爱美人？我看：项羽是既爱江山又爱美人。爱江山，他才南征北战，陶醉于西楚霸王的宝座；爱美人，他才随身不离虞姬。

这位虞美人对项羽的失败是否负有责任呢？

中国历史上历来有"女色亡国论"。夏朝的妹喜、商朝的妲己都成了夏桀、商纣亡国的祸首。实际上，妹喜、妲己只不过是夏桀、商纣亡国的替罪羊。一代王朝的覆亡历来原因颇多，无论如何不可能让一个女人去承担更多的责任。

虞姬并不是导致项羽败亡的主因。西楚霸王非常爱虞姬，这是事实。反过来，虞美人也很爱西楚霸王。项羽尚未自杀，虞姬已经自刎。

虞姬为什么自杀？从她自身来说，第一，无处可逃。项羽都不知道怎么突围，虞姬更不知逃往何处。第二，不落敌手。刘邦是有名的贪财贪色之人，虞姬当然不愿落于刘邦之手。第三，从虞姬对项羽的感情来说，她不愿意拖累项羽。虞姬的结局史书无载，但是，刘邦肯定没有得到虞姬，如果刘邦得到了虞姬，吕后还不闹翻天？既然项羽兵败自杀，虞姬又没有下文，可能性最大的就是虞姬自刎了。

霸王别姬

中国历史上的帝王美人，在帝王亡国之后，另嫁他人者不少，很少有美人为了帝王而殉情。项羽虽然在战场上失败了，但是，他在情场上还没有失败，至少他和虞姬的感情并未失败。

话说回来，虞姬对项羽的失败也不能说全无影响。

霸王别姬之时，正是楚霸王"四面楚歌"之时。本来，"四面楚歌"是刘邦瓦解项羽军心的一计。当时刘邦还没有完全占领楚地，为了瓦解项羽的军心，刘邦用张良之计让楚地士兵齐声大唱楚歌，以示刘邦已经完全占领了楚地，此举大大加速了项羽兵团的解体，项羽误以为汉兵已经攻占全部楚地。

在整个军团危机存亡之际，项羽至少应当召开一个会议商议军机大事，不知是此会未开，还是开了此会司马迁没有写，反正没有这方面的任何记载。不仅《史记》没有，《汉书》也没有。如果项羽此刻连会议都没有开，还要与虞姬儿女情长一番，那他确实是

项王军壁垓下，兵少食尽，汉军及诸侯兵围之数重。夜闻汉军四面皆楚歌，项王乃大惊曰："汉皆已得楚乎？是何楚人之多也！"——《史记·项羽本纪》

为情所累了。不过，话说过来，项羽在如此时刻还惦记着虞姬，也不枉虞姬为他殉情了。

人们在历数中国历史上的各个"红颜祸水"之时，从来没有人提到过虞姬，就是对虞姬与项羽关系的最好评价。

因为，在各种史书的记载中，项羽从未因为虞姬而荒废军国大事；虞姬也从未因自己得宠而要求项羽去为自己做某事。正是因为这个原因，霸王与虞姬的爱情故事才得以流传千古。

项羽重情莫过于对虞姬。"霸王别姬"还是"姬别霸王"长期以来为人们争论不休；但是，叱咤风云的项羽对虞美人这段绵绵情意却千古流传。

罪不容诛的项伯

如果说项羽钟爱虞姬是爱情，那么，项羽对项氏宗族的特殊感情就是一种亲情了。项氏作为世代楚将的名门望族，在反秦起义中不少同族人随同项羽一块儿奋战。其中，项羽最重视的就是项伯。

项伯是项羽的堂叔，鸿门宴时担任项羽的左尹。左尹是楚国官吏，"尹"在楚国官制中是丞相，"左尹"就是左丞相。这个职位是一个相当高的职位。对于西楚国来说，这实际已经是副国级待遇了。

但是，此人屡屡帮助刘邦，当在必诛之列。可是，项羽却始终没有诛除这个项氏败类。

看看项伯干了什么？

第一件事，鸿门宴前夜，项伯私访张良，泄露了重大军事机密，项羽竟然不予追查。

第二件事，鸿门宴上，项伯以剑护卫刘邦，使范增、项庄的刺杀刘邦计划未能实现。

这两件事前后关联，都有项羽政治幼稚的因素在内，而且分量很重。但是，顾念项伯是自己的堂叔应当是重要原因之一。如果换成他人，谁敢在大战前夜私见敌军？如果真有人为了私交夜入敌营、夜见敌将，谁能保证他不会受到项羽的严厉处罚？项伯之所以敢于在大战前夜私见张良，就是因为他知道项羽重情念旧。对他这个官居高位的堂叔不会给予什么严厉的惩罚。

我们可以拿项伯和范增做一个对比。范增是项羽手下唯一的谋士，项羽尊称他为"亚父"。从年龄上看，鸿门宴时项羽二十七岁，范增已经七十多岁。但是，荥阳会战中陈平一施反间计，项羽马上疏远范增，并逐步夺了他的权。范增其实并未通敌，真正通敌的是项羽的堂叔项伯。可是，通敌的项伯并未因私见张良而受到任何惩罚，没有通敌的范增却被项羽怀疑、猜忌，愤而出走。

如果范增是项羽的堂叔，项羽会这样做吗？为什么陈平频频使用反间计，却没有一个反间计针对项氏宗族呢？

有人说：在鸿门宴上刺杀刘邦显得项羽没有度量，没有胸怀。项伯的话显出了项羽的肚量！这纯粹是胡扯！

项羽与刘邦在秦亡之后是争夺天下的对手，刘、项两大集团的利害严重冲突。谁杀谁，怎么杀，都是枝节，关键是杀。

刘邦利用"鸿沟议和"从项羽手中骗回来了老爸和老婆，马上就翻脸，一路追杀项羽，必置项羽于死地而后快。这算什么？这讲信用吗？这不明明是骗人吗？要打就光明磊落地打，何必要以议和的名义将老爸和老婆骗回来再打？但是，人们从不指责刘邦毁约杀人，既然如此，又何必苛责项羽鸿门宴杀戮刘邦是没有肚量呢？

第三件事，代刘邦求封汉中，此事性质更加严重。

刘邦最初被项羽封到巴、蜀，后来张良行贿项伯，项伯为刘邦说情，加封刘邦汉中之地。

关中之地在整个楚汉战争中都是刘邦的根据地。刘邦得封汉中之地的好处是：一是领土扩张。领土的扩张就意味着人员的增多，资源的增多。二是便于出兵关中。关中自商鞅变法以来，非常富庶；又一直实行的是兵农合一的政策。因此，刘邦一有失利，萧何就从关中为他调集兵员、粮饷。特别是刘邦彭城大败，元气大伤，全靠萧何从关中补充兵员、粮饷，使刘邦迅速恢复元气，才有了与项羽继续周旋的资本。

荥阳之战是长达两年的消耗战，没有关中之地的后勤支援是不可想象的。

项羽除了败在战略的失误，还败在后勤补给线没有安全保障。刘邦就不同了，他夺取的关中成了他的黄金补给线，丝毫不用担心项羽会切断他的后勤补给线。

第四件事，代刘邦救父救妻。

刘邦和项羽在荥阳对阵，项羽打算处死刘邦之父刘太公及其妻子吕雉，项伯劝项羽不要这样做。项伯说：天下之事究竟如何我们不知道，何况志在天下的人都不会顾忌家庭，即使杀了他们，我们也得不到什么好处，只是增加了我们的灾难。这里最值得玩味的就是"天下事未可知"，所谓"天下事"就是刘、项两家之事；所谓"未可知"就是刘、项两家谁可以得到天下还很难讲。这种话出自项伯之口，联想到项伯所做的那么多事情，再想到这句话，就知道实际上这句话有很深的含义。这说明项伯已经在考虑一件事了：也就是"后项羽时代怎么办"。项羽听后，竟然就放了太公、吕后，实际上是项伯帮助刘邦救了其父、其妻两条命。

项伯从最初只是一个政治糊涂虫，私见张良，泄露重大军情，目的是报张良救命之恩。鸿门宴前刘邦允诺与他结为儿女亲家后，他已经不单单是个政治糊涂虫了，而是自觉地为"儿女亲家"刘邦集团服务了。

所以，鸿门宴前与鸿门宴中项伯其人的性质已经发生了很大变化，即由一个政治糊涂虫演变成带有浓厚内奸色彩的败类。

鸿门宴上项庄舞剑时项伯自觉拔剑对舞以救刘邦之命，说明他已经站在"亲家"刘邦的立场上主动帮助刘邦，这种举措已经大大超出了政治糊涂虫的范围。

当然，从项伯这方面看，私见张良还是为了报答张良的救命之恩，属于糊涂；项庄舞剑时出手相援已有通敌之嫌；私受张良贿赂，为刘邦争取汉中之地，已构成严重的通敌罪；荥阳对峙时以说辞救刘邦的父亲、妻子，已是自觉地为刘邦服务了。但是，项羽对他却一再宽容。

从项羽的角度来看，项伯只是糊涂；从项伯个人角度而言，是否有在项羽死后为自己找出路、找靠山的原因呢？我们说项伯糊涂，项伯本人估计还认为自己聪明呢。

项羽死后，项伯竟然接受刘邦的分封，做了射阳侯，并且被刘邦赐姓"刘"，成了刘姓皇族。真不知项伯拿项羽的生命换来了个射阳侯，心中是否知耻有愧？

如果说项羽在爱情的把握上，度掌握得不太好；那么，他在亲情这个度的把握上就差得更远了，而且给他带来了巨大的灾难。在对待虞姬和项伯的问题上，说明了项羽对爱情、亲情的处理欠妥当，那么，项羽如何处理恩情呢？

报恩用人：再失重镇

我们前面讲过，曹咎和司马欣是对项梁有大恩的人，他们曾经救过项梁的命，项梁因此躲过了一次血光之灾。所以，项梁对曹咎、司马欣一直非常感恩，项羽对曹咎、司马欣也非常信任。

汉三年（前204）六月项羽二夺成皋，刘邦狼狈逃窜。但刘邦夺了韩信手下的军队，重新振作起来，派两万士兵增援彭越，在项羽的软肋——后勤补给线上大搞破袭战。

汉三年八月，彭越完全切断了项羽的后勤补给线，项羽不得不再次回援以打通补给线。临行之前，项羽把成皋战区的指挥权交给了曹咎、司马欣。曹咎当时是楚国主管军事的最高长官大司马。项羽行前再三交代，我十五天必定扫平彭越。

项羽挥师东进不到五六天，曹咎受不了羞辱，震怒之下出兵作战，被刘邦打得大败，使项羽丢失了成皋。

项羽重用曹咎、司马欣是一项重大失策。

曹咎、司马欣不是帅才，根本没能力守住成皋。项羽出于对曹咎、司马欣的旧情重用他们两个人，导致辛辛苦苦才夺来的成皋第二次失守，使自己在局部战场上也没有获得应有的胜利，不能不说这是项羽自己打败自己的重大失误。

重用亲信是人类无法克服的一种天性。因为，亲信为人熟悉，熟悉带来信任。但是，为了所谓的信任而重用无能的亲信，特别是在关乎事业成败、个人生死的重大问题上重用无能的亲信，那可就是愚蠢至极！

对待亲信可以给钱，不可给权——这就是项羽重用曹咎、司马欣给我们的最重要的启示！

刘邦念旧：亲信变叛臣

刘邦和项羽一样，也搞重情念旧。但是，刘邦的重情念旧还没有闹到内无良臣、外无良将的地步。韩信、彭越等战将，张良、陈平等谋士，虽然不是刘邦的旧臣，但都受到刘邦特别的重视。

刘邦搞任人唯亲最典型的莫过于卢绾。卢绾与刘邦是同乡，二人的父辈是至交，二人又是同年同日出生。所以，刘邦从小就和卢绾非常要好。刘邦起兵反秦之前，曾因事被官府通缉，卢绾形影不离地跟着他，东躲西藏。刘邦在沛县起兵反秦，卢绾随侍左右。刘邦封汉王，卢绾随从到达汉中，受封将军，经常陪侍汉王。刘邦东击项羽，卢绾任太尉，常常出入刘邦的卧室。刘邦赏赐卢绾的衣被、饮食，群臣无法和卢绾相比。即使是萧何、曹参因为有功受到刘邦礼遇，说到亲近、信任，也都赶不上卢绾。刘邦一到关中，就封卢绾为长安侯。汉代的"长安"，即秦代的咸阳。

卢绾者，丰人也，与高祖同里。卢绾亲与高祖太上皇相爱，及生男，高祖、卢绾同日生，里中持羊酒贺两家。及高祖、卢绾壮，俱学书，又相爱也。里中嘉两家亲相爱，生子同日，壮又相爱，复贺两家羊酒。

——《史记·韩信卢绾列传》

汉五年（前202），刘邦消灭了项羽后，带卢绾征讨燕王臧荼。燕王投降后，刘邦想封卢绾，就下诏在群臣中选人封燕王。文武百官都知道刘邦想封卢绾为王，就一齐上书，说卢绾追随皇帝平定天下，功劳最大，可封燕王。

可见，刘邦重情念旧的那点小心思并没有瞒过文武大臣。这是一把手不能重情念旧的原因之一。

汉五年八月，在众臣的推举下，刘邦顺水推舟，封卢绾做了燕王。但是，到了高祖十一年（前196），卢绾公开造反，这件事对刘

高祖为布衣时，有吏事辟匿，卢绾常随出入上下。及高祖初起沛，卢绾以客从，入汉中为将军，常侍中。从东击项籍，以太尉常从，出入卧内，衣被饮食赏赐，群臣莫敢望，虽萧曹等，特以事见礼，至其亲幸，莫及卢绾。绾封为长安侯。长安，故咸阳也。

——《史记·韩信卢绾列传》

群臣知上欲王卢绾，皆言曰：「太尉长安侯卢绾常从平定天下，功最多，可王燕。」——《史记·韩信卢绾列传》

邦打击极大。

那么，卢绾为什么会造反呢？

汉高祖十一年秋天，陈豨在代地造反，刘邦到邯郸去攻打陈豨的部队，燕王卢绾派兵攻打陈豨的东北部。

此时，陈豨派人去向匈奴求救，卢绾也派部下张胜出使匈奴，想阻止匈奴帮助陈豨。张胜到匈奴以后，前燕王臧荼的儿子见到张胜就说：您之所以在燕国受重用，是因为您熟悉匈奴事务。同理，燕国之所以能长期存在，是因为诸侯多次反叛，战争连年不断。您想为燕国尽快消灭陈豨，但陈豨被消灭之后，接着就要轮到燕国了。您为什么不让燕国延缓攻打陈豨而与匈奴修好呢？战争延缓了，能使卢绾长期为燕王。

张胜认为他的话讲得有道理，就让匈奴帮助陈豨攻打燕国。燕王卢绾怀疑张胜和匈奴勾结，就上书刘邦请求把张胜满门抄斩。张胜回来之后，把自己这样做的原因全部告诉了卢绾。卢绾一听有道理，就找了替身，把张胜的家属换出来，使张胜成为匈奴的间谍，又暗中派人到陈豨的处所，想让他长期叛逃在外，使战争连年不断。

汉十一年秋，陈豨反代地，高祖如邯郸击豨兵，燕王绾亦击其东北。当是时，陈豨使王黄求救匈奴。燕王绾亦使其臣张胜于匈奴，言豨等军破。张胜至胡，故燕王臧荼子衍出亡在胡，见张胜曰：『公所以重于燕者，以习胡事也。燕所以久存者，以诸侯数反，兵连不决也。今公为燕欲急灭豨等，豨等已尽，次亦至燕，公等亦且为虏矣。公何不令燕且缓陈豨而与胡和？事宽，得长王燕；即有汉急，可以安国。』张胜以为然，乃阴令匈奴助豨等击燕。燕王绾疑张胜与胡反，上书请族张胜。胜还，具道所以为者。燕王绾乃诈论它人，脱胜家属，使得为匈奴间，而阴使范齐之陈豨所，欲令久亡，连兵勿决。

——《史记·韩信卢绾列传》

高祖十二年 (前195)，刘邦东征黥布，陈豨经常率军在代地驻扎，刘邦派樊哙攻打陈豨并将其斩杀。陈豨的一员副将投降后，说燕王卢绾派人到陈豨处互通情报。

刘邦派使臣召卢绾进京，卢绾称病不敢去。皇帝又派审食其、御史大夫赵尧前去迎接燕王，并顺便查问案件。卢绾更害怕，闭门不出，对自己宠信的臣子说：异姓封王的，只有我卢绾和长沙王吴芮了。去年春天，淮阴侯韩信满门被杀，夏天，又杀了彭越，这都是吕后干的。现在皇帝病重，国事全都由吕后负责。吕后总想找个借口杀掉异姓诸侯王和功臣。于是卢绾还是推托有病，拒绝进京。

审食其听到卢绾的话，便报告了刘邦，刘邦更加生气。后来，汉朝又抓到一些投降的匈奴人，说张胜逃到匈奴境内，是燕王的使者。

刘邦这才认定卢绾造反了，就派樊哙攻打燕国。燕王卢绾把自己所有的宫人、家属以及几千名骑兵安顿在长城下，希望等刘邦病好之后，亲自进京解释。高祖十二年 (前195) 四月，刘邦病逝，卢绾带领部下逃入匈奴，匈奴封他为东胡卢王。

刘邦重用卢绾给自己带来的是一场叛乱。

但是，比较项羽与刘邦的重情念旧，我认为有一点重要不同：

项羽是在战争的关键时刻搞重情念旧，重用曹咎、司马欣，结果丢失了费尽千辛万苦打下来的成皋。

刘邦是在统一全国之后才搞重情念旧，结果闹出了一场叛乱。

二者相比，项羽为重情念旧付出的代价远远大于刘邦重情念旧的代价。

项羽重用曹咎，二失成皋，造成极大的损失；刘邦重情念旧是在统一全国之后，虽然平定卢绾的叛乱历时数年，但是，重用卢绾并未对汉帝国造成太大的损失。

智者如刘邦，愚者如项羽，都重情念旧，可见，重情念旧是人类的共性。

重情本是人类的天性，也是人类的美好品德之一。但是，重情必须有一个恰当的度，超过了这个度，重情就会成为用人唯亲的代名词。项羽太重感情，对虞姬，对项氏宗族，对有恩于项氏之人，项羽都表现得太重感情。如此重情，导致项羽在军事斗争中付出了惨重的代价，无可挽回地走向失败。

那么项羽究竟是怎样败亡的呢？

请看：四面楚歌。

汉四年十月，项羽"兵罢食尽"，无力再与刘邦打下去，于是接受了刘邦"中分天下"的建议，"鸿沟以西者为汉，鸿沟而东者为楚"，放回了被扣两年四个月的刘邦的父亲和妻子，但是，刘邦在迎回被扣两年多的父亲、妻子后，立即撕毁协议，一路追杀项羽，直至固陵。此时，刘邦虽然已经在全国战场上形成对项羽的合围之态，但是，由于韩信、彭越没有按时出兵合围项羽，刘邦的战略优势并未得到充分发挥，刘邦实际上是孤军追击；所以，项羽十万军队一个反击战就把刘邦二十万军队打得困守固陵，不敢出战。刘邦在主战场上的被动局面至此仍然没有得到扭转。刘邦怎样才能改变主战场的被动局面呢？项羽最终能够逃脱失败的命运吗？人们常说项羽最后是被韩信用"十面埋伏"之计打败的，历史上真有这件事吗？

四面楚歌

共天下: 利益共同体

诸侯不从约，为之奈何？

——《史记·项羽本纪》

楚兵且破，信、越未有分地，其不至固宜。

——《史记·项羽本纪》

刘邦二十万军队打不过项羽十万军队的现实让刘邦很无奈，只好问计于张良，张良向刘邦提出了什么高明之见呢？

张良讲了两点：

第一，韩信、彭越为什么不来？

张良认为，西楚很快就要被打败了，但是，韩信、彭越两个人却没有封地，他们不来是有道理的。

韩信被封为齐王，并不是刘邦的本意，韩信自己也知道刘邦并不是真心实意地封他做齐王。

齐王信之立，非君王意，信亦不自坚。

——《资治通鉴》卷十一

彭越平定了整个梁地，功劳很大。当初，因为有**魏王**，所以，只封彭越做了魏国的相国。如今，**魏王**已经死了，彭越早就希望当梁王，但是，刘邦却不封他为梁王。

第二，刘邦应该怎么办？

彭越本定梁地，功多，始君王以魏豹故，拜彭越为魏相国。今豹死毋后，且越亦欲王，而君王不蚤定。

——《史记·魏豹彭越列传》

张良认为，如果刘邦能和韩信、彭越分享天下，可以立即使他们到来。他建议把睢阳以北直到谷城的地全封给彭越，让彭越当梁王；把陈（今河南周口市淮阳区）以东直到海边的地封给韩信——因为韩信是楚人，他希望得到楚地。

如果大王能捐出这两块地给他们两个人，那么，他们两个人就会各自为战，楚兵就容易被打败了。

刘邦一听，立即说：好。于是他立即派使者告诉韩信、彭越：我们合力打击楚军，打败楚军后，自陈以东到海封齐王韩信，睢阳以北到谷城全部封给彭相国。使者一到，韩信、彭越马上回报：立即出兵！韩信从齐地发兵，刘贾从寿春出发，攻下城父，会聚垓下。大司马周殷叛楚归汉，攻下六县，率领九江兵，跟随刘贾、彭越全部聚集垓下，围攻项王。

张良的回答主要有两个要点：一是当封未封，二是共享天下。

所谓"当封未封"是指韩信、彭越立有大功却没有得到应有的封赏；所谓"共享天下"是要求刘邦要能够与消灭项羽的功臣共享天下。

当君王的人要"三善"：善听、善用、善赏罚。刘邦非常善听，也善用人，赏罚也基本恰当。

君王能与共天下，可立致也……今能取睢阳以北至谷城皆以王彭越，从陈以东傅海与齐王信，信家在楚，其意欲复得故邑。

——《汉书·高帝纪》

能出捐此地以许两人，使各自为战，则楚易败也。

——《汉书·高帝纪》

汉王曰：『善。』于是乃发使者告韩信、彭越曰：『并力击楚。楚破，自陈以东傅海与齐王，睢阳以北至谷城与彭相国。』使者至，韩信、彭越皆报曰：『请今进兵。』韩信乃从齐往，刘贾军从寿春并行，屠城父，至垓下。大司马周殷叛楚，以舒屠六，举九江兵，随刘贾、彭越皆会垓下，诣项王。

——《史记·项羽本纪》

为什么一个善于封赏的刘邦此时却想不起来割地封王这一撒手锏呢?

关键在张良所说的"共天下"三个字上。"共天下"是要求刘邦与韩信、彭越这些大功臣共同享有天下,这对此时的刘邦来说实在很难接受。

刘邦在彭城之战大败而归的途中曾经主动提出过要将函谷关以东的地捐出来,以招纳贤士、共同破楚。张良马上向他推荐了黥布、彭越、韩信。

彭城大战彻底打破了刘邦迅速统一天下的美梦,对刘邦的刺激非常之大。迫于五十六万大军打不过项羽三万骑兵的残酷现实,刘邦不得不利用捐地封王作为破楚的工具。尽管刘邦没有明确说出"共天下"三字,但是,刘邦的"捐关以东"实际上就是要和破楚的功臣"共天下"。

但是,刘邦兵败固陵之时与他兵败彭城之时已经大不相同。兵败彭城,他第一次尝到了楚军的勇猛;兵败固陵,他已经完成了对项羽的战略包围。因此,兵败彭城,他主动提出捐关东之地寻找"共功者";兵败固陵,刘邦拥有的战略优势使他不愿重提捐关东之地寻找"共功者"的主张。

但是,张良比刘邦清醒。张良知道仅靠刘邦军团不可能最终战胜项羽;所以,他提出如果能够与韩信、彭越"共天下",就可以立即将他们招过来;否则会怎样,张良没有讲。但我们可以想象得到,如果不这样做,刘邦绝不可能单独消灭项羽。

听了张良一番话后,刘邦再一次发挥了他善听的特点,立即派人与韩信、彭越订立盟约。韩信、彭越得到刘邦如此明确的封赏，立即带兵与刘邦会合。

垓下自刎：无颜见江东父老

韩信的三十万大军到了，从北面合围项羽。

汉五年十一月，刘邦手下的刘贾策反了西楚主管军事的大司马周殷，周殷叛楚对项羽是致命的一击，联合九江王黥布，从南面合围项羽；刘邦、彭越从西面合围项羽。

汉五年十二月，各路联军合围垓下。

据《史记·高祖本纪》记载：

项羽被刘邦、韩信、彭越、刘贾等围于垓下，夜闻汉军四面都用楚声唱歌（四面皆楚歌），项羽心中大吃一惊。因为，四面楚歌说明汉军已经占领了西楚的大部分国土。于是，项羽起身，在帐中饮酒。

垓下之战是项羽和韩信的对决。韩信当时统率三十万大军，项羽只有十万军队。韩信首先进兵，然而打得不顺，向后退却。韩信的左、右军包抄上去，项羽抵挡不住，韩信又从正面杀了个回马枪，项羽大败。

关于韩信与项羽对决垓下，韩信先接战而后

淮阴侯将三十万自当之，孔将军居左，费将军居右，皇帝在后，绛侯、柴将军在皇帝后。项羽之卒可十万。淮阴先合，不利，却。孔将军、费将军纵，楚兵不利，淮阴侯复乘之，大败垓下。
——《史记·高祖本纪》

退兵，有人以为这是韩信惯用的示人以弱的谋略，有人以为项羽仍然是凶猛的困兽。但是，无论如何，韩信最终以优势兵力击败了项羽。

败在哪里

项羽垓下之战失败的原因，后人颇多议论，我认为，最重要的有三点：

一是军心涣散——四面楚歌。

战国的楚地主要是淮河流域和长江中下游地区。此时，黥布、刘贾，加上最终背叛项羽的大司马周殷，西楚国在南方的土地大多已被刘邦控制。刘邦利用汉军中的楚地士兵，大唱楚歌，给项羽军团造成了楚地尽归汉军所占的假象，这一场心理战大大动摇了楚军的军心。

二是军力悬殊——十万疲兵面对六十万诸侯合围。

当时双方兵力究竟如何呢？

汉军这面，韩信带了三十万大军；刘邦追赶项羽带有二十万大军；这两方面是五十万。

彭越军团有多少人呢？汉二年 (前205) 四月刘邦打进彭城的时候，彭越当时就有三万士兵了，经过两年多的发展，彭越军团至少应在三万之上。

南方战线有两股力量，一是黥布、刘贾的军团，二是刚刚被收编的楚大司马周殷的军团。

上述几股力量的总兵力至少应当在六十万以上。

此时项羽只有十万军队。

三是军粮匮乏——项羽因军粮匮乏而不得不同意中分鸿沟，此时，项羽军团的军粮供给更加困难。

决一死战

垓下兵败之后，项羽带领八百士兵向南突围。尽管汉兵有六十万之众，但是，项羽仍然带领八百骑兵，趁着汉军值夜，向南突出重围，一路奔走。而且未被汉军发现，这是一个奇迹。

直到天亮，汉军才发觉项羽已经逃亡，刘邦命他的骑兵司令灌婴率五千骑兵追赶。等到项羽渡过淮河，随从的八百骑兵仅有一百多人跟上来。

赶到阴陵（今安徽定远县西北），迷失了道路。项羽向田边的一位老农问路，这位老农骗他说：向左走。结果，左边是一片大沼泽地，战马陷入沼泽地跑不动，延误了行军时间。因此，汉军追了上来。

项羽忙带兵向东，跑到东城（今安徽定远县东南），此

麾下壮士骑从者八百余人，直夜溃围南出，驰走。
——《史记·项羽本纪》

项王至阴陵，迷失道，问一田父，田父绐曰『左』。左，乃陷大泽中。以故汉追及之。
——《史记·项羽本纪》

时身边只剩下二十八名骑从。可是，身后的汉军追兵有五千。

项羽知道已无法脱身。于是，他对身边的二十八名随从骑兵说：我起兵到今天已经八年，身经七十多战，抵抗我的人都被我打败了，我从来没有打过败仗，于是便称霸天下。然而我最终被困在这里，不是我不能打，是上天要亡我。今天我要决一死战，痛痛快快地打一仗，一定要冲破包围、斩杀汉将，砍倒汉军军旗。让你们知道：这是天要亡我，不是我不能打仗。

于是他将随从他的二十八位骑兵分为四队，从四个方向同时向山下冲，并且约定到山下后再会合为三队。无论是分为四队往下冲，还是会合为三队，项羽的目的都是不让汉军知道自己究竟在哪一队。项羽冲下山，随手斩杀一员汉将。汉军不知这三处哪一处有项羽，又分兵三处包围。项羽又冲了出去，再斩一员汉将，同时杀死汉兵几十人，再次聚集他的二十八骑，仅仅损失了两名骑兵。项羽问他的部下：怎么样？众骑兵都回答：果如大王所言。

这时，刘邦手下的一位骑兵将领杨喜追杀项羽，项羽瞪着眼冲杨喜大吼一声，杨喜连人带

谓其骑曰：『吾起兵至今八岁矣，身七十余战，所当者破，所击者服，未尝败北，遂霸有天下。然今卒困于此，此天之亡我，非战之罪也。今日固决死，愿为诸君快战，必三胜之，为诸君溃围，斩将，刈旗，令诸君知天亡我，非战之罪也。』——《史记·项羽本纪》

乃谓其骑曰：『何如？』骑皆伏曰：『如大王言。』——《史记·项羽本纪》

马都大吃一惊，一下子倒退了几里地。

韩信在历经磨难最终被刘邦拜为大将时，曾向刘邦谈到项羽时说：

项王喑噁叱咤 (yìn wù chì zhà)，千人皆废。《史记·淮阴侯列传》

"喑噁叱咤"是怒喝之声；"废"的含义是"瘫"。这是说项羽大吼一声，上千人都吓得瘫在地上。韩信在项羽手下当过郎中，因此，他很了解项羽的这一特点。杨喜连人带马被项羽大吼一声倒退几里地，自属当然。

东城之战，项羽以二十八位骑兵与刘邦的五千骑兵相周旋，充分表现了项羽的勇武过人。项羽为什么要以二十八骑与五千汉军打这一场不可能胜利的战斗呢？

项羽的目的是要证实自己的失败不是自己不能打（非战之罪），而是天之亡我。项羽直至此时仍满足于二十六位随从的"如大王言"。

乌江自刎

东城之战的"胜利"激发了项羽的勇气，原来"自度不得脱"的项羽又打算东渡乌江了。恰好，乌江亭长

是时，赤泉侯为骑将，追项王，项王瞋目而叱之，赤泉侯人马俱惊，辟易数里。——《史记·项羽本纪》

停船在岸，对项羽说：江东之地虽然不大，方圆有数千里，人口有几十万，足够称王了，希望大王赶快渡江。现在只有我有船，汉军即使追上来也没有船，无法渡江。

江东虽小，地方千里，众数十万人，亦足王也。愿大王急渡。今独臣有船，汉军至，无以渡。——《史记·项羽本纪》

项羽笑着说：上天要亡我，我还何必要渡江！何况我与八千江东子弟兵渡江西进，现在没有一个人活着回来。即使江东的父老乡亲拥戴我，让我为王，我有什么脸面见他们？即使他们不说，我难道心里没有愧疚吗？

项王笑曰：『天之亡我，我何渡为！且籍与江东子弟八千人渡江而西，今无一人还，纵江东父兄怜而王我，我何面目见之？』——《史记·项羽本纪》

项羽与一生爱笑的曹操相反，最爱发怒。但是，面对乌江亭长，项羽破例地笑了。但是，这悲凉的一笑之后，项羽就决定以死明志了。

于是，项羽对乌江亭长说：我知道您是一位长者。我骑这马五年了，所当无敌，曾经一天日行千里，我不忍杀了它，还是赠给您吧！跟随他的骑从都下马步行，拿着短兵器作战。项羽一个人又杀死汉兵上百人，自己也受了十几处伤。

吾骑此马五岁，所当无敌，尝一日行千里，不忍杀之，以赐公。——《史记·项羽本纪》

此时，项羽正好看见汉兵中的一员骑将吕马童，便问：你不是我的老朋友吗？吕马童原来是项羽的部下，后来投靠了刘邦；所以，项羽称他为"故人"。吕马童定睛一看，马上指给另一员骑将王翳说：这就是项王！

项羽说：我听说汉王用赏金千金、封邑万户

悬赏我的头，我为你做件好事吧。于是，自刎而死。

王翳砍下项羽的头，其余的人互相争夺项羽的身体，导致自相残杀，死了几十人。最后，杨喜、吕马童、吕胜、杨武四个人各得到项羽的一部分尸体。加上王翳，五人合起来，刚好是项羽完整的遗体。

于是，夺得项羽遗体的五人同一天都被刘邦封侯。据《史记·高祖功臣侯者年表》所载，王翳封杜衍侯，食邑一千七百户；杨喜封赤泉侯，食邑一千九百户；吕马童封中水侯，食邑一千五百户；吕胜封涅阳侯，食邑一千五百户；杨武封吴房侯，食邑七百户。五人实封七千三百户，并非项羽所说的"邑万户"。

据《史记·项羽本纪》的这段记载，项羽在乌江自刎而死。著名学者冯其庸先生认为：项羽不死于乌江，而死于东城。但是，《史记》研究界多不接受此说。司马迁写项羽乌江自刎自有其史源，本书从乌江自刎说。

耻于起兵

项羽兵败垓下之时是否有逃亡意识？

应当有。

他选择了只带八百随从突围的行动，说明项羽最初是打算摆脱被歼垓下的命运的。

项王乃曰：『吾闻汉购我头千金，邑万户，吾为若德。』乃自刎而死。——《史记·项羽本纪》

遭到"田父"欺骗后，项羽已经知道难以脱身了，因此，他要"快战"。"快战"的胜利使项羽重新产生了东渡乌江的念头，但是，面对乌江亭长的渡船他却选择了不渡江。项羽时而东时而西，前后矛盾，左右摇摆，到底是因为什么呢？

原因大概有三个方面：

第一，天之亡我。

项羽乌江自刎前对乌江亭长说的"天之亡我，我何渡为"是第一个原因。既然上天要我灭亡，我还东渡乌江干吗？

第二，耻于起兵。

唐人杜牧《题乌江亭》：胜败兵家事不期，包羞忍耻是男儿。江东子弟多才俊，卷土重来未可知。杜牧认为：项羽应当东渡乌江，卷土重来，再与刘邦争夺天下，而不应当自刎乌江。

宋人王安石针锋相对地也写了一首《乌江亭》诗：百战疲劳壮士哀，中原一败势难回。江东子弟今虽在，肯与君王卷土来？王安石认为：项羽兵败是大势已去，即使江东子弟还在，谁又愿意跟随项羽卷土重来呢？

唐人胡曾的《乌江》诗曰：争帝图王势已倾，八千兵散楚歌声。乌江不是无船渡，耻向东吴再起兵。

胡曾的"争帝"说对于项羽并不准确，项羽从未有过"争帝"的概念，项羽要的只是"霸王"的霸业，而不是帝王的帝业。但是，胡曾说项羽"耻向东吴再起兵"倒是独具只眼。项羽不愿东渡乌江的根本原因是他耻于再向东吴起兵。他自言"有何面目见江东父老"正是耻于起兵的明确表述。

汉四年（前203），项羽二失成皋后，与刘邦再次在荥阳对峙。项羽对刘邦说："天下匈匈数岁者，徒以吾两人耳，愿与汉王挑战决雌雄，毋徒苦天下之民父子为也。"

这说明项羽已经意识到"楚、汉久相持未决，丁壮苦军旅，老弱罢转漕"是由他和刘邦两人争战不休造成的，因此，他要单独和刘邦决斗。项羽要和刘邦决斗的想法太幼稚了，但是，项羽能够意识到自己为了当霸王而让天下百姓受苦太自私了。他的这种忏悔意识在刘邦身上是绝对看不到的。刘邦是不惜牺牲自己的父亲、妻子、儿子、女儿，一定要做帝王，成就帝业。项羽既有此忏悔之心，当然不愿再次兴兵与刘邦争夺天下，因为，这将会再次扰动江东父老。因此，忏悔意识是项羽不愿东渡乌江再次兴兵的第三个原因。

十面埋伏

在项羽的败亡说法中，"十面埋伏"之说相当流行。今天一些写汉代的书籍仍说韩信用"十面埋伏"打败了项羽。但是，这一说法并不见于《史记》《汉书》等正史的记载。

文献中有关"十面埋伏"的记载有两个：

一是《前汉书平话》："垓下聚兵百万，会天下诸侯，困羽九里山前，信定十面埋伏，逼羽乌江自刎。"

《前汉书平话》今已失传，作者当是元人。

二是琵琶大曲。十面埋伏作为琵琶曲，有些曲谱记载它的曲名为《淮阴平楚》《楚汉》。今传《十面埋伏》分为：列营、吹打、点将、排阵、走队、埋伏、鸡鸣山小战、九里山大战、项王败阵、乌江自刎十段。

明人王猷定（1598—1662）《四照堂集》卷八《汤琵琶传》中已经有了和"十面埋伏"相似的记载，可知十六世纪之前，此曲已经在民间流行。

因此，历史上并不存在韩信用"十面埋伏"打败项羽之事。

我们刚刚讲过，项羽半夜带了八百名随从顺利突围，直到天亮，才被刘邦军团发现。如果真有所谓"十面埋伏"，项羽八百人又怎能逃了出来？

项羽最终是败在刘邦的战略包围之中。项羽本人所说的"所当者破，所击者服，未尝败北"，确实是实话，但是，局部战场的胜利无法挽回整体战局的被动，项羽最终被军事上的被动局面所累，无可挽回地走向失败。

哭的学问

项羽自杀之后，刘邦因为项羽最初被封为鲁公，所以，以鲁公礼安葬了项羽，并在项羽墓前大哭了一场，亲自为项羽主持了葬礼。项伯等四人还被封了侯。

刘邦很会作秀。汉二年（前205）他一出关，就接受他人的建议，为被项羽杀死的义帝举行葬礼，并且大哭了一场。从此，刘邦就处处打着为义帝复仇的旗号，作为自己东伐项羽的原因。与自己为敌数年的项羽一死，他立即为项羽举行葬礼，还大哭了一场。

可是，《史记·汲郑列传》讲述了件很有意思的小事：郑当时是汉武帝朝的一位正直的大臣，他的父亲郑君曾经是项羽手下的将军。项羽死后，郑君归了汉朝。后来刘邦下令，要求原属项羽部下的人在奏章中提到项羽，一定要称他为"项籍"。既不许叫"项羽"，更不许称"项王"。汉代的习俗，直呼其名是非常不恭敬的。如果称其字"羽"，则要恭敬得多。如果称"项王"，那当然更尊敬了。可是，郑当时的父亲郑君提到项羽，从不称"项籍"。要么称"项王"，要么称"项羽"，郑君这样做显然是坚守自己作为西楚国臣子的礼节，以表示自己不忘昔日的君臣之礼。

郑当时者，字庄，陈人也。其先郑君尝为项籍将；籍死，已而属汉。高祖令诸故项籍臣名籍，郑君独不奉诏。诏尽拜名籍者为大夫，而逐郑君。——《史记·汲郑列传》

我们可以拿这件小事和刘邦在项羽死后为项羽举行隆重的葬礼一事相对比，从中可以看出刘邦哭祭项羽的虚伪，以及他内心对项羽的忌恨和心胸的狭隘。

项羽在现实的政治斗争中失败了，但是，人们并没有按照"成者王侯败者贼"的传统去看待项羽，人们仍然称他为英雄，或称他为悲剧英雄，或称他为失败了的英雄。南宋女词人李清照有一首名诗赞扬项羽：

生当作人杰，死亦为鬼雄。

至今思项羽，不肯过江东。

项羽是人臣之才，却错居人主之位；是可用之人，而不是用人之人。这是他的悲剧，也是历史的悲剧。

但是，项羽破釜沉舟的勇气，项羽无颜见江东父老的忏悔意识，项羽霸王别姬的悲凉，英雄末路时宝马赠亭长、头颅赠故人的豪爽，都使他成为不朽的艺术典型。项羽为反秦斗争所做的卓越贡献，值得高度肯定。项羽失败的诸多教训，也值得今人永远记取。

附录一

谁还该为项羽败亡负责

项羽集团败亡的主要责任在项羽。

前文我们已经从政治幼稚、军事被动、性格弱点三个方面详细分析了项羽败亡的主因。但是，项羽集团的败亡实际上是一个非常复杂的问题。除了项羽，还有一些人对项羽集团的失败负有重大责任，那么，谁还应当为项羽败亡负责任呢？

成事不如败事多的范增

范增是项羽唯一的谋士，项羽集团的失败，范增绝对脱不了干系。

作为项羽唯一的谋士，范增在项羽集团中被项羽尊称为"亚父"，其地位之高，不言而喻。居如此高位的范增究竟为项羽集团做了些什么呢？

第一，立楚王。

范增的出场是在陈胜败亡后项梁召集的一次重要军事会议上。这次会议的中心议题是讨论陈胜败亡后项羽集团的军事战略，因此这是项梁集团非常重要的一次会议。恰在此时，范增毛遂自荐，亲临会议。

范增是什么人？

范增七十岁，与二十四岁起兵反秦的项羽相比，可谓是祖父辈的人。范增从未做过官，但是，他特别擅长出奇谋。

年七十，素居家，好奇计。——《史记·项羽本纪》

这么一位好奇计的长者毛遂自荐出席这场重要的军事会议，究竟献出了什么锦囊妙计呢？

范增在这次重要的军事会议上提出了一个重大课题：立楚王之后为王才是长远之道。陈胜的失败是必然的。秦灭六国，楚国是最无辜的。从楚怀王进入秦国被扣未能返回，楚人一直怀念楚怀王。因此，楚南公说：楚国即使只留下屈、景、昭三大王族，灭亡秦国的一定也是楚人。如今陈胜率先起兵反秦，不立楚国王族之后而自立为陈王，必然长久不了。

范增总结陈胜失败的原因是没有立楚国王族为王，因此，最终不会长久。

秦末大起义的首事者是陈胜、吴广，他们是被征发戍边的戍卒，因为大雨误了军期，秦法严酷：失期当斩。所以，九百士卒陷入进退两难的境地，不得已而造反。这是秦法严酷造成的恶果。这支义军的性质应当是农民起义军。

项羽集团虽然成分复杂，但是，其领导人项梁、项羽却是楚国贵族后裔。就反秦武装而言，陈胜、吴广是农民起义军，项梁、项羽集团却是楚国贵族势力与农民起义军的混合，但是，二者亡秦的目标一致。

范增的建议，不是空穴来风。秦灭六国，六国王族后裔并未全部被杀。何况，从秦始皇统一天下的公元前221年到陈胜、吴广起义的公元前209年，前后不过十二年，因此，被秦始皇灭掉的六国王族后裔如果不被秦帝国所杀，完全有可能活到陈胜、吴广起义之时。这些六国王族的后裔在国破家亡之后无时无刻不在图谋复国。陈胜、吴广首倡义兵，天下云集响应，反秦浪潮汹涌澎湃，势不可挡。

这种天下大乱的局面，最适合六国王族后裔实现复国之梦。

陈胜败固当。夫秦灭六国，楚最无罪。自怀王入秦不反，楚人怜之至今，故楚南公曰『楚虽三户，亡秦必楚也』。今陈胜首事，不立楚后而自立，其势不长。——《史记·项羽本纪》

范增的意见其实就是这股强大的六国复国运动的反映。范增本人并非六国王族的后裔，但是，他的思想却代表了六国王族后裔的愿望，也代表了六国百姓对故国的怀念。

范增在这次会议上特别指出了楚国的灭亡最为冤枉。楚国是战国后期七雄之中与秦、齐一样有可能完成统一大业的诸侯国。但是，由于楚国国君一系列错误的内外政策，使得楚国走向衰落，完全失去了统一天下的机遇。

所以，"楚虽三户，亡秦必楚"之言，在楚地流传极广。

战国延续两百多年，秦始皇灭掉六国才十二年，六国立国的思想当然不可能随着秦帝国的建立即被清除。所以，范增的意见得到了项梁的青睐，也得到了当时参加这次会议的全体代表的拥护。其中，项梁的认同非常重要。项氏家族本来就是楚国贵族，接受六国复国的思想是理所应当的。

被项梁找回来的楚怀王的孙子熊心，此时已流落民间多年，他做梦也没有想到天底下真会有掉馅儿饼的好事：有人请自己称王。

秦代法律严酷，造反，特别是称王，一定是死罪。但是，这位"楚怀王心"却毫无顾虑，义无反顾地放下放羊的鞭子，当起了"楚怀王"。因为此时的他已经沦落在民间为人放羊了。一无所有，他还顾忌什么？

范增的建议之所以能得到那么多与会者的赞同，是大家都承认六国王族的巨大影响。在秦末大起义的初期，六国王族后裔的招牌仍然是一笔巨大的无形资产。有此招牌与无此招牌大不一样，这种招牌的影响力我们决不能忽视。从这个意义上来说，范增的意见在当时具有很强的说服力，否则，项梁何必在自己头上再立一个"王"？

但是，这种招牌的影响力仅仅限于反秦大起义的初期，也就是各国民众起来反秦之时，他们需要一种精神依靠。但是，范增提出这个建议时，只考虑到反秦初期的生存与发展问题，对它另一面的消极作用严重估计不足。因为，随着反秦斗争的深入发展，原来的六国王族后裔的负面影响越来越突出。

六国王族中像齐国田荣那样能干的人确实不多，但是，他们是一笔无形的资产，影响因子大，在各地民众中的影响力大。因此，在反秦初期，六国王族的参加是必然的，并由此发展成为一股强大的六国复国运动潮。

陈胜起义之后有意识地派人到全国各地进行复国运动，借以分散秦军对自己的军事压力。

由项氏集团扶植起来的楚王，实际上操纵于项氏集团手中。因此，楚怀王熊心不可能成为新兴楚国的主导力量。

项梁在世之时，楚怀王熊心的力量处于项梁的强势控制之下，但是，随着项梁的突然被杀，楚怀王熊心利用项梁战死，项羽羽翼未丰与项氏遭到重创的时机，立即打击项羽集团，为项羽的迅速崛起设置了障碍。他夺了项羽的军权，培植刘邦的势力，派刘邦西行入关，不许项羽西行入关，而要项羽以"次将"的身份北上救赵，提拔宋义为上将军，这一系列的举措，都潜藏着打击项羽的意图。

可见，楚怀王熊心虽然是项梁扶植起来的一个傀儡，但是，这位楚王的后裔绝不是一个甘心只充当傀儡的人。项梁在世之日，由于项梁太强势了，楚怀王熊心必须完全听命于项梁。项梁一死，楚怀王熊心就对项羽下手了。在项梁阵亡之后，由于楚怀王熊心的扶持，刘邦的势力渐渐做大；项羽的上升趋势受到一定程度的压制。

因此，范增力主立的楚怀王熊心在项梁战死之后立即成为抑制项羽的一股力量，此时的项羽成为楚怀王熊心与项氏集团权力之争的牺牲品。项羽虽然鲁莽，但是，此时的项羽却完全没有发作，而是忍了下来。

问题还不仅仅到此为止。接下来，楚怀王熊心还采取了另外一个重大举措，命刘邦集团向西攻击，命项羽作为副将北上救赵。

楚怀王熊心的这种安排是对项羽集团的又一重大打击。

西向入秦与北上救赵，看起来只是一个进军方向问题，实质上却影响极为深远。刘邦西向入秦，虽然要与秦军交锋，进军也不是一帆风顺，但是，西向入秦的刘邦集团却避开了与秦军两大主力——章邯军团和长城军团——决战的巨大风险。因此，入秦之路相对顺利得多。入秦之路的顺利又为刘邦以先入秦为关中王提供了法理依据。项羽与刘邦相比，惨多了。

一是失去了一把手的身份。项羽北上救赵只担任宋义的副将，而宋义又不是一个真正懂得军事的战

令沛公西略地入关。与诸将约，先入定关中者王之。——《史记·高祖本纪》

将。项羽屈居宋义之下，实在是委屈了这位天才军事家。

二是项羽北上救赵的任务非常艰巨。项羽北上救赵要遇到的是秦军的两大主力：章邯军团与长城军团。这两支力量都是秦军的精锐之师，而且人数众多，绝非项羽所率军队可比。因此，北上的项羽将要遇到的是一场恶战。由于战斗的惨烈，持续时间之长，使得项羽集团不可能像刘邦集团那样比较顺利地进入关中，因此，关中王的宝座已经与项羽擦肩而过了。

三是楚怀王熊心的这个决定是由一些元老们提出来的。楚怀王手下的老将们都说：项羽为人凶猛残忍。他曾攻打襄城，攻下来后把全城人都活埋了。他所经过的地方，无不加以毁灭。此前楚军多次进兵都没有获胜，连陈王、项梁都失败了。不如派一位宽厚长者，以仁义为号召，向西进发，向秦地父老乡亲讲清楚道理。秦地的父老兄弟苦于秦王朝的统治很长时间了，现在如果真的看到一位忠厚长者去关中，不欺凌暴虐百姓，应该能拿下关中。而今项羽凶猛残忍，不可派遣。只有沛公向来是宽大长者，可以派遣。楚怀王最终不准项羽入关而派刘邦西行入关。

表面上看起来项羽和刘邦的安排与楚怀王熊心

怀王乃以宋义为上将军，项羽为次将，范增为末将，北救赵。——《史记·高祖本纪》

怀王诸老将皆曰：『项羽为人僄悍猾贼。项羽尝攻襄城，襄城无遗类，皆阬之，诸所过无不残灭。且楚数进取，前陈王、项梁皆败。不如更遣长者扶义而西，告谕秦父兄。秦父兄苦其主久矣，今诚得长者往，毋侵暴，宜可下。今项羽僄悍，今不可遣。独沛公素宽大长者，可遣。』卒不许项羽，而遣沛公西略地。——《史记·高祖本纪》

无关，是他手下大臣的共识。但其实，这个决定是在他主持下做出来的，至少他没有反对。其实，楚怀王熊心深知自己是项氏所立的傀儡，在项梁战死后，他夺了项羽集团军权时就已经下了决心要削弱项羽权力，摆脱傀儡的身份，这并不奇怪。他身边的大臣们长期在楚怀王熊心的身边工作，楚怀王熊心在项梁死后，自己统率项梁余部，将项羽排除在外，大臣们能不明白楚怀王熊心的心思吗？所以，楚怀王熊心身边大臣的话其实就是楚怀王熊心的心里话！

如果范增没有建议立这位楚怀王熊心，项羽怎能吃这么个大亏呢？

项羽的军事天才在巨鹿之战中发挥得非常出色，但是，他进入关中的时间却比刘邦晚了两个月。项羽不同意刘邦做关中王，将刘邦封到巴郡、蜀郡、汉中郡，将刘邦的势力驱逐出关中，这是因为项羽拥有的实力决定了只有他能分封诸侯，刘邦不能分封诸侯。但是项羽却也因此在政治上减了分，因为大家都明白项羽这样做是违背"先入定关中者王之"的约定的。

楚怀王熊心如此分配任务公正吗？未必！

楚怀王熊心与他身边诸大臣的商议，其实对项羽并不公正。如果项梁活到此时，他们敢这样分配吗？绝对不敢！楚怀王熊心是项梁所立，楚怀王熊心身边的诸大臣大都也是项梁所任命的，他们与楚怀王熊心一样，对项氏集团怀有极深的戒备之心，不希望项梁死后再冒出来一个难以驾驭的项羽。为了削弱项氏集团，他们扶植了刘邦集团。当时，秦军强大，先后击杀了陈胜、项梁。除了项羽、刘邦二人，没有一位楚将愿意与秦军交战。在此二人之中，无论是楚怀王熊心，还是楚怀王熊心周围的诸大臣，自然都倾向于选择刘邦西进，而把北上救赵的艰巨任务交给项羽。换句话说，让刘邦吃肉，让项羽啃一块硬骨头。项梁兵败被杀，项氏集团实力大减，因此，项羽此时没有实力与楚怀王熊心叫板，只能屈从于这个对自己并非公正的决定。但是，楚怀王熊心此时并不知道，项羽的勇武决定了项羽即使北上救赵也一定能脱颖而出。时势需要项羽这样暗噁叱咤的英雄，项羽这样勇猛异常的英雄也一定能横空出世！任何人为的封杀都不可能阻挡项羽的胜出。

北上救赵虽然凶险异常，但是，正是在这场空前的大决战中，项羽胜出了。楚怀王熊心与诸大臣的"巧妙"安排，恰恰成全了项羽，使他成为灭秦的男一号，成为诸侯联军的总盟主，成为决定楚怀王熊心生死存亡的决策人，成为秦亡汉兴之际的主政人。这是楚怀王熊心与他身边的诸大臣始料不及的。常言说人算不如天算，信哉，此言！他们让一位书生宋义做主将，希望宋义能成为项羽主宰大局的羁绊，但是，他们没有想到项羽敢于杀宋义，夺军权，破釜沉舟，大败秦军。

可见，范增一个封楚王的决定给项羽带来了多么大的负面影响！楚怀王熊心的出现，对项羽集团而言，积极作用并未显现多少，消极作用却显现得非常明显。

再者，项羽打完巨鹿之战，完全消灭秦军主力，成为诸侯联军统帅之后，曾经寄希望于楚怀王熊心能够改变"先入定关中者王之"的约定，以便名正言顺地将刘邦逐出关中。但是，项羽给楚怀王熊心的报告，得到的却是楚怀王熊心"如约"两个字的批示。"如约"，就是照原先的约定办。

楚怀王熊心并未因项羽立下盖世之功而改变自己原来的约定，仍然坚持要先入关的刘邦做关中王，完全不顾及项羽的盖世之功。这再一次表明了楚怀王熊心这个放羊娃并不甘心做一个傀儡，他要行使他作为王的权力。"如约"二字让项羽感到了压力，也让项羽陷入进退两难的境地。执行这一决定，项羽不甘心，不执行这一决定，明摆着让自己背上抗旨的黑锅。

项羽自然不愿像项梁战死之后那样再受楚怀王熊心的摆布，公然走上了抗旨不遵之路，走上了与楚怀王熊心背道而驰之路。这条路是项羽必然的选择，项羽作为秦亡汉兴之际的实际主政者，不可能再听命于楚怀王熊心，但是，这条路也使项羽在政治上付出了极高的代价。

项羽的怨恨主要是两点：一是楚怀王熊心不让自己与刘邦一同向西进兵，却让自己北上救赵，导致自己入关时间晚于刘邦两个月；二是项羽在巨鹿之战立下盖世奇功之后，楚怀王熊心仍然坚持按原先的约定办，使项羽非常为难。

所以，项羽只好从实际出发，认为楚怀王熊心没有功劳，不能擅自约定。真正安定天下的是自己和与自己一块儿参加巨鹿之战的诸侯联军。因此，项羽把楚怀王熊心尊为"义帝"，自己开始主政。

作为首先倡议立楚怀王熊心的范增，在这一系列的活动中如何表现，史书完全没有记载。史载的缺失，使我们不知道范增干了点什么。但是，有一点是肯定的，那就是范增建议立的楚怀王熊心使自封为西楚霸王的项羽陷入政治上十分被动的地位。

巨鹿之战后项羽已经成为诸侯联军总盟主，拥有了分封天下诸侯的实力与权力；但是，此时的项羽却处于范增当年给他带来的一大被动之中：在项羽的头上还有一个名义上的领导楚怀王熊心。

这种局面的出现就是范增这位高参当年立楚王之后的恶果，这个恶果现在轮到项羽来吞食了。项羽最初的决定尚较稳妥，即封楚怀王熊心为"义帝"。这个"义"即是"义父""义子"之"义"。

项羽此时已经无法容忍楚怀王熊心主政，所以，他认为：义帝是"天下初发难"时的产物，真正灭秦定天下的不是义帝。因此，应当将义帝之地分封给灭秦诸将。这个决定，满足了灭秦各路诸侯的愿望，而不尊义帝的责任又由项羽一人来承担，所以，大家一致同意。

应当说，项羽的这个决定得到了诸将的拥护，说明分封是大趋势。至此为止，项羽在处理义帝问题上尚无大过失。范增当年这条建议也没有给项羽带来大麻烦。

项羽清醒地认识到，立楚怀王熊心是权宜之计，是秦末大乱初起时的不得已之举。真正打败秦军的灭秦者是参加巨鹿之战的诸将。因此，义帝既然无功，那么可以分其地封诸将。

项羽最大的失误就在于他下面的两条后续措施上：

项王出之国，使人徙义帝，曰："古之帝者地方千里，必居上游。"

乃使使徙义帝长沙郴县。趣义帝行，其群臣稍稍背叛之，乃阴令衡山、临江王击杀之江中。《史记·项羽本纪》

将义帝迁到长沙，逐出中原，已经有些过分；更为遗憾的是项羽派人刺杀了义帝。

项羽封楚怀王熊心为义帝，分其地以大封诸侯，甚至将其迁往长沙，这种做法尚不足以铸成大错。项羽真正的失误在于他迁义帝之后又派人刺杀了义帝。这是项羽政治上最大的失误之一。刘邦利用项羽刺杀义帝一事，大做文章，白衣白裤，为义帝发丧，打出了为义帝复仇的旗号，赢得了政治上的主动权。

"年七十，好奇计"的范增，在楚怀王熊心的问题上给项羽带来了大麻烦，造成了项羽政治上的大被动。

范增的初衷是为项梁争取民心，但是，客观上为项羽制造了麻烦。这件事我们不能全怪范增，建议是他提的，但是，最终是项梁同意的。如果项梁不同意，范增的建议也就不可能得到执行。

宋人张耒写过一首题为《范增》的诗：

> 君王不解据南阳，亚父徒夸计策长。
> 毕竟亡秦安用楚，区区犹劝立怀王。

此诗批评范增建议立楚怀王熊心，给项羽带来极大的政治被动。

再比如，彭城之战后，刘邦派人说服黥布叛楚归汉，使者对黥布说：楚兵虽然强于天下所有的军队，但是，楚兵背着不义的恶名，因为他违背盟约而杀了义帝。一个杀义帝，竟被看作是"负之以不义之名"的主要理由。

第二，政治幼稚。

范增虽然年七十，号亚父，但其实，他在政治上也非常幼稚。以项羽入关为例，项羽两次"大怒"，做出了第二天一早让将士们吃饱饭一举打败刘邦的决定。

对于项羽这一决定，范增给予了全力支持；但是，依我看来，范增的支持远远不够。范增赞同项羽决定的理由是两点：

一是刘邦有大志。他在未入关前，贪财好色；现在入了关，不夺取财宝，不贪恋女色，由此可以看出刘邦心存有大志。

二是我派人看了他头上的"气"，呈现五彩，这就是天子之气。

看看这两条，真让人啼笑皆非！

项羽此时二十七岁，看不清他与刘邦的关系已经走到历史的拐点，可以用年轻解释；但是，范增不年轻了。如果范增参加项梁集团时已经七十岁了（年七十）了，那么，在项羽入关之时，范增至少已经七十多岁了。

如此年纪，如此阅历，至少不应该再幼稚了吧，其实非也。范增力主军事消灭刘邦的这两点理由实在没有谈到点子上，最关键的一点是刘、项二人的关系已经走到历史的拐点了。范增也并未看清这一点，所以，他无法用这一点启发项羽。项羽因此在入关后长达半年的时间内不知道刘邦是他最大的政治对手！误了项羽的大事。

范增这位项羽唯一的谋士，在这个关键问题上未能帮助项羽认清秦亡之后的天下大势，实在令人遗憾。

鸿门宴上，项羽对范增的暗示屡屡不应，范增应当懂得项羽此时已经为刘邦所惑，自己最该做的事是启发项羽，而不是私下动手，派刺客舞剑，既不能成事，又暴露了项羽集团内部的不和。特别是张良辞行之事，项羽已经收下了张良的礼物，范增却将张良的礼物当场击碎，并借口骂项庄"竖子不足与谋"，怒斥项羽。这些都不是一位谋士所为，好像是一位初出江湖、任性而为的少年侠士。

项羽做过许多傻事，但是，我们在项羽办这些傻事之时，看不到范增的影子，这太令人费解。

比如说，项羽坑杀二十万秦军降卒，范增没了影子，好像上天烧香未归。比如说，项羽要杀秦王子婴，范增也没了影子，一句话也没有，又上天了？比如说，项羽分封天下十八路诸侯王，范增是预其事者，但是，项羽的分封犯了两大错误：失封与错封。该封的未封，不该封的封了。项羽的这一错误直接导致分封后田荣率先在齐地反叛。范增看不出项羽在分封诸侯问题上的错误吗？如果他看出来了，为什么不置一词？比如说，项羽得知刘邦杀回关中，却偏偏要去齐地平定田荣之乱，放过刘邦，让刘邦在关中成了气候，使关中成为刘邦与项羽争夺天下的大本营、根据地，此时又不见范增的踪影了。比如说，刘邦策反黥布，使项羽损失一员虎将，范增呢？他在干什么？为什么每逢项羽犯错误之时都看不见范增的影子？究竟是谋士还是吃客？是司马迁埋没了范增的功劳，未能写入《史记》之中，还是范增所有这些都看不出来？如果这些问题都看不出来，要这种谋士有什么用？

最要命的是刘邦派韩信经营河北诸地，项羽几乎没有什么反制措施。此事关系甚大！它是影响楚汉战争全局的重大问题。项羽最终的失败，就败在军事上陷于刘邦的战略包围之中。项羽没有任何反制举措，范增干什么去了？他也不了解此事的重大吗？为什么他一言不发呢？

第三，范增之死。

范增并非一无良策。汉三年，刘、项在荥阳对峙，刘邦因断粮而求和，要求以荥阳划界，以西归汉，以东归楚。刘邦此计当然是权宜之计，是为了短期躲过项羽军事压力，一旦缓过气来，刘邦肯定还要挥师东进，与项羽争夺天下，项羽竟然愿意照此议和。此时的范增确实表现得是个谋士，力主趁机消灭刘邦，否则，今后没有机会消灭刘邦了。项羽听从了范增的意见，没有接受刘邦的议和，反而加紧进攻。可见，项羽并非不可教之孺子。关键是范增要适时提出正确意见，并从最能打动项羽的角度加以申述。

范增之死恰恰是因为范增献了此计，帮助项羽下了坚决消灭刘邦的决心。但是，就是这一计，刘邦感到了范增的威胁，决心除掉范增。所用是陈平献的离间计，而且这一离间计非常拙劣，一点新奇都没有。项羽就误认为范增暗通款曲，开始夺范增的权。范增大怒，要求退休回家，项羽竟然批准了范增的请求。范增要求退休其实是以退为进，项羽却来了个以假为真。范增这还不气死啊？果然，范增从荥阳还未走到彭城，就暴病而卒。

项羽是一个糊涂人，尤其是在政治上非常糊涂。该他多疑之时他偏偏没有一点点多疑。比如说鸿门宴的前夜，项伯夜见张良，私自泄露重大军情，理应处斩。至少，在他向项羽汇报夜见张良时，项羽应当像刘邦问张良一样，多问一句：君安与张良有故？但是，在他最该问的时候他偏偏没问。反过来，在他最不该多疑的时候，他却多疑了。范增跟随项羽多年，一向忠心耿耿。虽然范增并没有多少奇谋绝计，但是范增的忠诚应是无可置疑的。可是听了使者的这番话，项羽却对范增产生了疑问，怀疑范增与刘邦私通。项羽得知此事后，并没有调查取证，就认定范增不可靠。这也太轻率了啊！

范增呢，当然知道自己对项羽的忠心苍天可鉴，其实，在他发现项羽不信任自己时，应当了解情况，针对有关情况采取对应的措施。但是，七十多岁的范增，却像孩子一样赌气，以退休为名提出归隐。离开了项羽，离开了他晚年为之献身的事业。这种心境的悲凉、气愤是可想而知的，也是可以理解的；结果，范增却因为气愤过甚，导致暴病而卒。

范增的一生是悲剧的一生。他七十岁才得到施展政治才华的机会，但是，他却因才力不足，性格急躁，并未能成功辅佐项羽，自己也因为未能处理好与项羽的关系而郁郁寡欢暴卒。身为谋士，却不知反间计，也不会化解反间计。悲乎！

刘邦在战胜项羽夺得天下后，曾经讲过一段非常有名的话：帷帐中运筹划策，决胜于千里之外，我不如张良。镇守国家，安抚百姓，保证粮道畅通，我不如萧何。连兵百万，战必胜，攻必克，我不如韩信。这三位都是人中豪杰，我能任用他们，这是我所以取得天下的原因。项羽有一位范增而不能重用，这是他所以被我打败的原因。

刘邦此言亦对亦不对。项羽的谋臣本来就不多，最后连一个范增也中了陈平的反间计被项羽怀疑、逼退。这确实是项羽用人上的一大失败！但是，即使项羽、范增识破刘邦的反间计，范增一直留在项羽身边，项羽最终也难逃失败的结局；因为范增的才干实在有限，远不如刘邦手下的张良，因此范增不可能辅佐项羽获得成功。

范增有忠心而少谋略，他不可能正确辅佐项羽成功；但范增只是一位文臣，项羽手下的武将怎么样？他们能在关键时刻助项羽一臂之力吗？

关键时刻掉链子的龙且

龙且是项羽集团的重要军事将领，但是，很多读者并不熟悉此人。其实，龙且对项羽集团最后的战败负有重

夫运筹策帷帐之中，决胜于千里之外，吾不如子房。镇国家，抚百姓，给馈饷，不绝粮道，吾不如萧何。连百万之军，战必胜，攻必取，吾不如韩信。此三者，皆人杰也，吾能用之，此吾所以取天下也。项羽有一范增而不能用，此其所以为我擒也。——《史记·高祖本纪》

要责任。讨论项羽的失败，必须讨论龙且。

《史记·陈丞相世家》记述了陈平劝刘邦施行反间计以击败项羽时曾经说过一段非常重要的话：项王手下的忠诚之士只有范增、钟离眜、龙且、周殷等，不过就是几个人。

陈平曾经在项羽手下做过官，后来因畏罪投靠刘邦，因此，陈平非常熟悉项羽最重要的武将谋臣。在陈平开列的项羽手下的四位骨鲠之臣中就有龙且，由此可见，龙且在项羽集团中举足轻重的地位。

当年项梁起兵之时，龙且就是项梁手下的大将，曾经和齐地田荣一块儿援救东阿，大破秦军；项梁死后每到关键时刻项羽都会起用龙且。

刘邦、项羽的第一次正面交手是彭城大战。此时是汉二年（前205）。其时项羽正在齐地平定田荣的叛乱。田荣是齐国王族后裔，他与田儋最早在齐地起兵反秦，恢复齐国。在秦末各国的复国运动中，田氏是有功之臣。但是，田荣因为与项梁的恩怨，未参加巨鹿之战，也未随项羽入关。因此，项羽在大封天下十八路诸侯王时，没有封田荣。其实，田荣当封，因为他确实为推翻暴秦做出了贡献，只是因为他未追随项羽而被项羽排除在分封之外。

田荣是一个有本事的人。他不满项羽的分封，率先起兵杀死了项羽分封的三位齐地诸侯王，引发了项羽

彼项王骨鲠之臣亚父、钟离眜、龙且、周殷之属，不过数人耳。
——《史记·陈丞相世家》

项梁自号为武信君。居数月，引兵攻亢父，与齐田荣、司马龙且军救东阿，大破秦军于东阿。
——《史记·项羽本纪》

分封之后的天下大乱。应当说项羽的分封确有失误之处，田荣的反叛也有他的道理。关键是田荣的叛乱给了刘邦杀回关中的一个好时机。刘邦利用田荣的叛乱，吸引项羽的注意力，趁机杀回关中，夺取了整个关中，恢复了关中王的地位。

对项羽来说，刘邦才是真正的敌人。刘邦利用田荣的叛乱，搅乱了项羽的视线，造成了项羽判断的失误，这是田荣对项羽最大的伤害。但是，刘邦在彭城之战中也没有占到什么便宜，他的五十六万大军丧命不少。

彭城之战失败而归的刘邦，并未就此罢手，而是缜密策划，图谋灭项大计。刘邦此时还做着他的速胜梦，他问张良：我愿意捐出函谷关以东的土地，与人共分天下，谁是可以承担此重任的人？张良回答：只有三个人，一个是你手下的韩信，一个是三不管的彭越，一个是项羽手下的勇将黥布。

刘邦立即派人策反了黥布。黥布是项羽手下的悍将，为项羽多次立过大功。黥布叛变使项羽非常恼火，项羽派出去平定黥布叛乱的大将就是龙且。

黥布是著名悍将，高祖十一年（前196），刘邦抱病平黥布叛乱，其时项羽已死七年，但是，刘邦看见黥布的军阵如同项羽的军阵还非常胆怯。此仗虽然刘邦取得了胜利，可是黥布的军威仍然为刘邦所重。刘邦尽管病得非常重，还不得不抱病出征，派谁去平黥布之乱他都不放心。为什么呢？黥布太有才了！可是，当年黥布背叛项羽之时，项羽派去平定黥布之乱的却是龙且。龙且在项羽心中的地位由此可见一斑。

龙且去平定黥布之乱的结果如何呢？《史记·黥布列传》有一段非常翔实的记载：黥布按照刘邦使者的要求，杀了项羽的使者，起兵攻打楚军。项羽派项声、龙且攻打淮南，只用几个月，龙且大败黥布。

龙且仅仅用了几个月的时间就平定了黥布之乱！黥布是悍将，连刘邦都怵他三分，可是龙且竟然打败了黥布。这说明龙且深得项羽信任，说明龙且比黥布更高明、更凶悍。龙且的军事才能由此可见。

在长达四年之久的楚汉战争之中，龙且被《史记》记载下来的事迹并不多，其中，最为翔实的只有一次：韩信攻占齐地之后，项羽派龙且率兵救齐。

刘邦最后在军事上打败项羽的最大优势就是他手下的韩信攻占了黄河以北的全部地盘，灭掉了魏国、代国、赵国、燕国、齐国。特别是韩信破齐，对项羽的震撼最大！

项羽一向非常重视齐地（今山东一带），当年齐地田氏与关中刘邦几乎同时造反，但是，项羽弃刘邦而攻田氏即是一例明证。因为齐地接靠彭城，齐地对西楚国的威胁比起关中的刘邦要大得多。所以，韩信拿下魏、代、赵、燕诸国时项羽都未及时应对。韩信拿下了齐地，立即引起项羽的高度重视。

项羽的第一个反应就是派龙且率兵救齐。龙且临危受命，说明了他在项羽心中的地位仍然是男一号。

布曰：『如使者教，因起兵而击之耳。』于是杀使者，因起兵而攻楚。楚使项声、龙且攻淮南，项王留而攻下邑。数月，龙且击淮南，破布军。——《史记·黥布列传》

但是，这一次龙且救齐，面对的对手是韩信。韩信、彭越、黥布是帮助刘邦最终打败项羽的三大将，但是，黥布的军事才能远不能与韩信相比，龙且可以打败黥布，龙且能够打败韩信吗？

龙且到达齐地之后，与齐王田广合军一处。龙且带了多少军队，史书记载是"号称二十万"。据我估计，龙且所带军队应当是十万，而且是项羽从荥阳战场上抽调的十万精兵。项羽与刘邦在荥阳对峙的二十八个月里，始终占有上风，其中一个重要原因是项羽的兵力从未少于刘邦。但是，汉四年刘邦最后追杀向今安徽撤退的项羽军队时，刘邦是二十万军队，项羽只有十万军队。项羽的军队为什么越打越少，其中一个重要原因应当是龙且带走了项羽的十万精兵。这可是项羽的看家资本啊！连这种资本项羽都舍得投资，可见，项羽对收复齐地何等重视。

龙且是西楚国的悍将，十分善战。龙且到了齐地，有人向他建议：韩信的军队是远道而来的胜利之师，军锋正盛；我们是本土作战，应当深壁坚守，然后让齐王田广到各地宣传齐王尚在，这样，各地被韩信征服的齐城就会倒戈反汉。韩信远道而来，如果齐地都倒戈反汉，韩信的军粮问题都很难解决。到了汉兵断粮之日，岂不是不战而降吗？

应当说，这是一个非常有见识的计划，但是，龙且

人或说龙且曰："汉兵远斗穷战，其锋不可当。齐、楚自居其地战，兵易败散。不如深壁，令齐王使其信臣招所亡城，亡城闻其王在，楚来救，必反汉。汉兵二千里客居，齐城皆反之，其势无所得食，可无战而降也。"——《史记·淮阴侯列传》

听不进去。龙且是项羽手下第一悍将，他击败过悍将黥布，从未打过败仗，并且他的胜仗都不是靠智谋，龙且从来都是在进攻战、遭遇战中打败对手的。因此，龙且认为如果这样不战而胜韩信，我也没有一点功劳了。更要命的是，龙且认为韩信非常容易被打败，这一仗如果打胜，整个齐地可得其半。于是，决定迎战韩信。

我真不知道龙且的这种盲目乐观的底气是从何而来？韩信此前已经打败魏豹，灭了魏国；顺手又灭了代国。井陉之战，大败赵军，以少胜多，名震天下。一封书信使燕国不战而降。如此了得之人，为什么龙且如此轻视他？真是匪夷所思。

项羽重用如此狂妄无知之辈，焉能不败？

结果，韩信巧妙地利用了龙且的骄傲自大，在龙且率军半渡潍水时，假装力怯而退。龙且不知是计，遂带领少数军队渡潍水追杀。其实，韩信前一天晚上已经派人在潍水上游用上万沙袋堵塞潍水。龙且不知深浅，自以为韩信怯懦，潍水水浅。等龙且渡过潍水，韩信立即派人将上游的万余沙袋全部撤掉。汹涌澎湃的潍水滔滔而下，将龙且的军队切为两半，龙且的大部队渡不了河。渡过河的龙且只带有少量军队，韩信率大军急围龙且，龙且最终战败被杀。龙且之死在情理之中。龙且只不过用自己的生命再次验证了

龙且曰：『吾平生知韩信为人，易与耳。且夫救齐不战而降之，吾何功？今战而胜之，齐之半可得，何为止！』遂战。——《史记·淮阴侯列传》

韩信乃夜令人为万余囊，满盛沙，壅水上流，引军半渡，击龙且，详不胜，还走。龙且果喜曰：『固知信怯也。』遂追信渡水。信使人决壅囊，水大至。龙且军大半不得渡，即急击，杀龙且。龙且水东军散走。——《史记·淮阴侯列传》

兵法中最普通的一条真理：骄兵必败。

龙且之死给项羽带来了致命一击：彻底失去了齐地，不仅使西楚国的国都彭城完全暴露在汉兵的威胁之下，而且使项羽二十八个月的荥阳对峙立即变得毫无意义了。荥阳对峙的前提是西楚国的后方彭城是安全的，项羽军粮军需的保障地是安全的。齐地被韩信占领，项羽的大后方立即变得岌岌可危，再在荥阳对峙下去可能面临被包围的险境与断粮的危险。所以，龙且的大意轻敌，不仅使自己失去了生命，也最终断送了项羽的霸业。龙且兵败被杀之日，也就是项羽大势已去之日。

所以，我们讲项羽的失败，岂能不讲龙且？岂能不讲龙且兵败齐地？

龙且兵败之后，项羽第一次感到了恐惧。司马迁同情项羽、厌恶刘邦，因此写作："楚已亡龙且，项王恐。"《史记·淮阴侯列传》司马光的《资治通鉴》则写为"项王闻龙且死，大惧"。司马光将"恐"改为"大惧"是有道理的，项羽一向都是以军事手段解决问题，但是，龙且兵败被杀之后，项羽感到惊恐是事件的发展已大大超出他的预料，他不仅已无兵可用，而且韩信杀龙且，占齐地，已经严重威胁到西楚国的存亡。对于齐地的韩信，既然无兵可用，项羽只有一条办法：政治手段。这位只凭武力征服天下的军事天才，破天荒第一次派说客武涉去游说韩信叛汉自立。一个最不善、最不屑用政治手段解决问题的人，如今被逼得只能采用政治手段去解决问题，实属不得已啊！龙且啊，龙且啊，不知你在九泉之下如何面对对你寄予厚望的项羽？

龙且兵败之后，齐王田广只能怪自己命苦，落荒而逃。韩信乘胜追击，俘虏了龙且的副将，抓捕了大量楚兵，完成了对项羽集团的战略包围。

文臣不行，武将也不行，草民呢？项羽手下有没有像辕生之流建立奇功的草民呢？

未能完成使命的武涉

项羽是一个最不屑于用政治手段解决问题的人。

黥布叛变是一个可以用政治手段解决的问题，但是，项羽派去解决问题的人不得力，最后使者被杀，黥布叛变。

刘、项之争的四年之中，史料几乎从来没有记载项羽用政治手段（含外交手段）解决任何问题。唯一例外的一次是韩信击杀龙且占领整个齐地之后，项羽非常例外地派了一位使者武涉去游说韩信。

一向不用政治手段的项羽何以在此时派武涉游说韩信呢？

龙且败亡后，项羽手下只剩十万军队，荥阳战场都难以支撑，更遑论派兵征伐韩信！项羽无兵可用，第一次在楚汉战争中感到了恐惧。一向迷信武力的项羽第一次感到了恐惧，这是他人生中的第一次，也是唯一的一次。

正是在这一背景之下，项羽破天荒派出了使者武涉游说韩信。

武涉其人，史载不多，但是，他游说韩信的说辞非常得体，证明了武涉是一位出色的外交家。

武涉游说韩信主要讲了三点：

第一，秦亡之后，项王按照功劳分割领土，大家各自为王。只有汉王刘邦灭了三秦王，又兵出函谷关，攻打楚国。汉王不吞并掉整个天下，是决不会罢休的，汉王的贪心到如此地步，实在太过分了。汉王的欲望何时有满足的时候？

这是告诫韩信，汉王要的是整个天下，绝不是手下再封几个诸侯王！你韩信想当诸侯王，只是梦想！

第二，汉王不可信，汉王多次落到项王手中，项羽出于怜悯而手下留情，放过汉王，但是，汉王一旦躲过，马上就违背盟约，再次攻击项王，此人不讲信用到如此程度。你虽然现在受到汉王的重用，为他尽心尽力地带兵，但是，你早晚有一天会被汉王擒拿。你之所以有今天短暂的高位，全在于项王尚在；如果项王战败，你马上就会完蛋。

这是告诫韩信，刘邦绝对不是可信之人，他怎么对待项羽，就会怎么对待你！

第三，如今天下的形势取决于你韩信。你帮汉王，项王就失败了；你帮项王，汉王就完蛋了；你保持中立，汉王、项王与你韩信三分天下。如果你不能把握好这个

且汉王不可必，身居项王掌握中数矣，项王怜而活之，然得脱，辄倍约，复击项王，其不可亲信如此。今足下虽自以与汉王为厚交，为之尽力用兵，终为之所禽矣。足下所以得须臾至今者，以项王尚存也。——《史记·淮阴侯列传》

关乎你个人命运的关键机会，项王今天败亡，明天就是你的末日。你与项王有旧交，为什么不能叛汉与楚联合？然后三分天下。如果你失去了这一次机会，一定要帮汉王攻打项王，你算是个聪明人吗？

这是告诫韩信，韩信与项羽是唇齿相依的关系；一旦项羽被灭，下一个被灭的就是韩信。

武涉的这一段游说之辞，非常得体。真不知项羽手下还有多少像武涉这样的人才。为什么这些优秀人才平时都不显山不露水？为什么这些人才都得不到项羽的重视？依我个人之见，武涉的才干绝对不在范增之下。看看他劝韩信的话，句句在理；虽然他是项羽的说客，但是，他却处处站在韩信的立场上谋划。天下说客，能达此水准者，莫过于此！

最终武涉没有说服韩信，但是，历史证实了武涉的话是真理。项羽自杀的第二天，刘邦就夺了韩信齐王的兵权，改封楚王，再之后就是伪游楚地，抓捕韩信，贬为淮阴侯，困在京城。真不知被夺兵权的韩信是否觉得武涉的话言犹在耳？

我的重点不在讨论武涉其人，也不在讨论韩信为何不听武涉的忠言，我最关心的是项羽为什么直到此时才会打出政治牌，实在是太晚了啊！

项羽失败的原因，我讲的第一点就是政治幼稚，政治幼稚的表现之一就是不懂得用政治手段去战胜

当今二王之事，权在足下。足下右投则汉王胜，左投则项王胜。项王今日亡，则次取足下。足下与项王有故，何不反汉与楚连和，三分天下王之？今释此时，而自必于汉以击楚，且为智者固若此乎！——《史记·淮阴侯列传》

对手。项羽在楚汉相争的四年中，仅仅在最后无兵可用的情况下才派出了一位杰出的说客武涉游说韩信。虽然武涉没有成功，但是，武涉的预言却一步步实现，证明了韩信也和项羽一样，是军事上的巨人，政治上的侏儒。

补充这一史料，无非想说明项羽的失败是必然的。军事斗争就是政治斗争的一种延续，怎么能在军事斗争中完全放弃政治手段呢？

项羽的败亡在很大程度上是败于韩信之手，韩信原来是项羽的部下，后来转到刘邦俱乐部。如果韩信保持中立，项羽就不会迅速败亡，韩信为什么一定要帮助刘邦呢？

完全不懂政治的韩信

韩信军团是刘邦灭掉项羽的主要军事力量。楚汉战争发展到最后阶段时，全国的兵力是刘邦二十万，项羽十万，韩信三十万。其余还有彭越、黥布诸将，这些将领率兵至多十万。但是不能不讲，最终在垓下打败项羽的是韩信。所以，对于项羽的败亡，韩信的作用举足轻重。

韩信占领齐地之后，拥有三十万精兵。在当时的全国战场上，韩信的地位十分重要。因此，项羽派武涉游说韩信，蒯通也游说韩信。但是，韩信都没有听。

武涉对韩信的游说，可以说讲得十分到位。韩信怎么看待武涉的游说呢？

韩信听了武涉的一番话，完全从个人恩怨的角度来理解他与刘邦、项羽的关系。这个立场首先就错了。政治上没有永远的朋友，也没有永远的敌人，有的只是永远的利益。

韩信完全不懂刘邦、项羽之争，并没有正义与非正义的区分，有的只是实力强弱的比拼。刘邦当皇帝与项羽当霸王，都是实力较量的结果。

对他自己而言，没有谁好谁不好，只有怎样保护自己的利益最为重要。但是，韩信却不懂得这个道理。

他这样对武涉说：我当初侍奉项王时，不过就是一个小小的侍从，我的爵位是一个低下的"执戟"，进言不能听从，计策不被采纳，我这才背楚归汉。汉王授予我上将军的大印，给我数万兵马，脱下他的衣服给我穿，把他吃的食物让给我吃，对我言听计用，所以我才得以混到今天的位置。人家对我这么亲近、信任，我背叛汉王不会有什么好果子吃，即使死也不能背叛汉王，请您替我辞谢项王的盛情！

韩信的话有没有道理？

有。

韩信在项羽手下确实未得到赏识与重用，但是，刘邦重用韩信也不是一件简单的事。中间历经曲折，经夏侯婴、萧何大力举荐，韩信都得不到刘邦重用；最后刘邦与韩信充分沟通之后，刘邦才发现韩信的军事天才，韩

韩信谢曰：『臣事项王，官不过郎中，位不过执戟，言不听，画不用，故倍楚而归汉。汉王授我上将军印，予我数万众，解衣衣我，推食食我，言听计用，故吾得以至于此。夫人深亲信我，我倍之不祥，虽死不易。幸为信谢项王！』——《史记·淮阴侯列传》

信才得以登坛拜将。更重要的是刘邦对韩信是只用其才，不用其人。

何以言之？

其人与其才难道能够分离？

能！

刘邦认为韩信的军事才能确实值得一用；但是，刘邦对韩信其人却深怀戒备。尤其是韩信以一人之力夺得整个黄河以北的广袤之地，灭了魏、代、赵、燕、齐诸国，军事力量比自己都强，刘邦岂能不用心戒备！所谓"解衣衣我，推食食我"，完全是刘邦笼络韩信的一种手段而已。韩信看不透刘邦，还以为刘邦是自己的刎颈之交，实在是大错特错。

武涉无功而返，另一个说客不期而至。

此人是谁？

鼎鼎大名的蒯通。

蒯通不像武涉一样默默无闻，秦末大起义一开始他就是游走于天下的著名谋士。陈胜在世之时，曾派武臣攻取河北赵地，武臣得了赵地之后，自号武信君。他虽然攻下赵地十几座城，但是，其余赵地诸城皆坚守不投降，武臣将下一个进攻的目标锁定在范阳。此时，蒯通出场了。这是蒯通在秦汉之际的第一次出场，他进入范阳城，对范阳城的县令讲了一番话：我听说你快死了，所以，我来慰问你；然而，我祝贺你因为我而能保全性命。范阳县令大惑不解地说：凭什么说我将要死了？蒯通回答说：秦朝的法令十分严苛，你当了十年县令了。杀人之父，断人之足，黥人之面，造成了无数冤家。他们都想宰了你而不敢，因为他们都畏惧秦法严酷。如今天下大乱，秦范阳令乃使蒯通见武信君曰：『足下必将战胜然后略地，攻得然后下城，臣窃以为过矣。诚听臣之计，可不攻而降城，不战而略地，传檄而千里定，可乎？』——《史记·张耳陈馀列传》

蒯通曰：『今范阳令宜整顿其士卒以守战者也，怯而畏死，贪而重富贵，故欲先天下降，畏君以为秦所置吏，诛杀如前十城也。』——《史记·张耳陈馀列传》

法已经失去了对人的束缚，所以，目前是这些人杀你的最佳时刻，这就是我为什么来为你吊丧了。眼下，武臣的大军马上就到，而你还想坚守城池，范阳县的年轻人都想杀了你去投奔武臣。如果你立即派人去见武臣，那么，也许可以转祸为福。

范阳县令听了蒯通的话，感到非常有道理，便派蒯通作为使者去见武臣。

蒯通见到武臣之后，便对武臣说：你现在在赵地是每座城必须经过死战才能拿下来，我认为你这种做法不妥。如果你能听我的话，我可以让你不战而让守城的秦朝县令全部投降，不战而占领整个赵地。整个赵地可以发一声号令而得以平定。

为什么范阳县令正在做死战的准备？就是害怕你一进城就会杀他，因为他贪恋富贵，贪生恶死。其实范阳县令已经准备投降，但是，害怕你把他当作秦政府任命的官员而杀了他，就像你前面攻下来十座城池就杀死秦朝县令一样。

如今连范阳县的年轻人也想杀了范阳县令，自己掌握自己的命运。所以，也在积极守城拒绝将军。你何不让我带回一方侯

范阳人蒯通说范阳令曰：『窃闻公之将死，故吊。虽然，贺公得通而生。』范阳令曰：『何以吊之？』对曰：『秦法重，足下为范阳令十年矣，杀人之父，孤人之子，断人之足，黥人之首，不可胜数。然而慈父孝子莫敢倳刃公之腹中者，畏秦法耳。今天下大乱，秦法不施，然则慈父孝子且倳刃公之腹中以成其名，此臣之所以吊公也。今诸侯畔秦矣，武信君兵且至，而君坚守范阳，少年皆争杀君，下武信君，君急遣臣见武信君，可转祸为福，在今矣。』——《史记·张耳陈馀列传》

印，拜他为侯，封他为范阳县令？那么范阳县令就会率领整个城归降，当地的年轻人也不敢杀县令。然后，你让范阳县令坐着车，到各地县城去做一番宣传。各地县令一看范阳县令投降将军还能保全富贵，整个燕赵之地就会望风而降，将军不战就可拿下整个燕赵之地。

　　武臣觉得蒯通说的办法可行，于是就派蒯通赐给范阳县令一方侯印，结果整个赵地闻风而降的有三十多座城池。

武信君从其计，因使蒯通赐范阳令侯印。赵地闻之，不战以城下者三十余城。——《史记·张耳陈馀列传》

　　这就是《史记》记载蒯通初出道时的第一华章，此计对赵地迅速脱离秦朝统治，成为秦末大起义中赵国复国运动中非常精彩的一章。我们通过此事也可以知道蒯通是受战国时代策士之风影响甚大的一位著名辩士。他对形势的把握，他对人性的把握，都非常到位。

　　就是这位蒯通，对项羽的败亡也有非常出色的表现。

　　楚汉战争后期，刘邦一方面对荥阳相持非常重视，另一方面，也关注着齐地的状况。他接受了郦食其的建议，派郦食其亲自出使齐地，游说齐王田广，齐王田广接受了刘邦的招降。

　　此时，韩信的军队已经攻下除齐地之外的整个黄河以北的诸侯国，韩信已经准备进军齐地了。就在这个节骨眼上，刘邦派郦食其和平解决了齐地问题。

　　刘邦为什么在韩信节节胜利的重要关头，让郦食其出使齐国和平解决齐国问题，可能有两个方面的考虑：一是用和平解决的方式解决齐国问题省时省力，二是让郦食其和平解决齐地也可以遏制韩信，不使他的功劳过大，将来难于驾驭。

接受了和平改编方案的齐王田广以为刘邦在自己投降之后不会再用兵齐地，因此，便放松了对大军压境的韩信的戒备。

就在这一关键时刻，蒯通出现了。他告诫韩信：您作为大将军受汉王的诏令攻击齐国，而汉王又派使者平定了齐地。将军得到了停止进军的诏书了吗？何况郦食其一介书生，单车独骑，仅凭一张利嘴，拿下了齐国七十多座城池，将军带了几万士兵，转战一年多，只拿下了赵国五十多座城池。两下比较，您这几年浴血奋战反不如一介儒生吗？蒯通的话有两点很能打动韩信：一是汉王刘邦并没有给韩信停止进军的诏书，二是郦食其凭三寸不烂之舌拿下齐地七十多座城池，韩信率几万士兵，历经一年多，才拿下赵国五十多座城池。

前者是韩信可以进军齐地的法理依据，后者激发了韩信的争功好名之心。韩信是一位颇为自负的将军，他经营北方战场以来，从未吃过败仗。蒯通的话让他感到自己非常没面子，立即采纳了蒯通的意见。

于是韩信不顾郦食其已经说服齐王田广投降汉王的

范阳辩士蒯通说信曰：『将军受诏击齐，而汉独发间使下齐，宁有诏止将军乎？何以得毋行也！且郦生一士，伏轼掉三寸之舌，下齐七十余城，将军将数万众，岁余乃下赵五十余城，为将数岁，反不如一竖儒之功乎？』——《史记·淮阴侯列传》

于是信然之，从其计，遂渡河。——《史记·淮阴侯列传》

事实，突然进攻毫无戒备的齐军，迅速打败了齐王田广，占领了齐国都城。郦食其被齐王当作奸细烹杀。

正是在这样一个背景之下，齐王田广才向项羽求救，项羽派出了大将龙且。可是，龙且又战败被杀。

蒯通是一位非常有才华的人才，但是，劝韩信攻齐却是蒯通一生的一大败笔。蒯通不知道，不让韩信攻齐是刘邦控制韩信的重要一步。韩信偏偏置刘邦发出的信号于不顾，岂不是陷韩信于不忠之地？郦食其是刘邦的钦差大臣，奉刘邦之命完成齐国受降，你韩信不听指挥，致使郦食其被杀，刘邦即使不心疼郦食其，但是，刘邦也会对韩信的拥兵自重、独断专行大为光火，这也是日后刘邦抓捕、软禁韩信的重要原因之一。

武涉游说韩信失败之后，蒯通知道天下之事现在已经完全取决于韩信了，于是蒯通开始为韩信精心谋划，希望能保证韩信的长期安全。

蒯通为了说服韩信，故意说自己早年曾学过相命之术。韩信问：先生相人之面的本事怎么样？蒯通说：一个人的贵贱在于骨相，喜忧在于面容，成败在于决断。如果以此三者相互参照，万无一失。

韩信一听，这么灵验，来了劲儿了。马上问：先生相相我怎么样？韩信此时功震天下，拥兵自重，早已不

齐已听郦生，即留纵酒，罢备汉守御。信因袭齐历下军，遂至临菑。齐王田广以郦生卖己，乃亨之，而走高密，使使之楚请救。——《史记·淮阴侯列传》

仆尝受相人之术。韩信曰：「先生相人何如？」对曰：「贵贱在于骨法，忧喜在于容色，成败在于决断，以此参之，万不失一。」——《史记·淮阴侯列传》

是当年求赏无门之时了。因此，对于韩信来说，他占领齐地之后，已经对自己的前程有了很多想法。听说蒯通能够相面，他自然不会放过这一机会。

蒯通说：我希望只对你一个人讲。

于是，韩信挥了挥手，让手下的人都退出去。蒯通看看韩信左右的人都退出去了，于是对韩信说：相君之面，不过封侯，而且还有危险；相君之背，贵不可言。

蒯通这话说得玄玄乎乎的，韩信听得迷迷糊糊的，于是，韩信再问：此话怎么讲呢？

蒯通回答：天下刚刚大乱的时候，风起云涌，当时的关键是怎么样灭秦。现今，楚汉相争，让天下无罪之人都卷入了这场内乱。项羽起彭城，追杀到荥阳，威震天下，然而却受困于荥阳。进不得，退不能，已经三年了。汉王率数十万军队，以黄河、洛阳为险，有时一天能打几仗。结果没有尺寸之功，败荥阳，逃成皋，南窜宛地，这就是人们常说的智勇双困。

当前不是天下的圣贤就不能平息天下的灾难。而刘、项二主之命实际上悬于将军之手。你帮汉，汉胜；你帮楚，楚胜。我披肝沥胆为您献上一条奇计，但是，最担心您不能采用。如果您听我的话，不如对两家方便，让他们都存在下去。这样，三分天下，鼎足而立，

楚人起彭城，转斗逐北，至于荥阳，乘利席卷，威震天下。然兵困于京、索之间，迫西山而不能进者，三年于此矣。汉王将数十万之众，距巩、雒，阻山河之险，一日数战，无尺寸之功，折北不救，败荥阳，伤成皋，遂走宛、叶之间，此所谓智勇俱困者也。——《史记·淮阴侯列传》

您又占据重要位置，谁都不敢先动手。

蒯通认为：韩信应当趁着自己拥有重兵之际，占据齐地，让燕、赵胁从，称雄天下，不必再听从汉王之命。而且，韩信还要顺应历史潮流，"割大弱强，以立诸侯"。当时谁大谁强？刘邦啊。蒯通要韩信"割大弱强"，分封诸侯，为民请命。这样，天下的诸侯都会服从韩信。

韩信能否做到天下的君王接二连三地朝奉齐国，令人难以置信，但是，蒯通的建议对韩信来说是一个巨大的诱惑。韩信拒绝项羽派来的武涉，在情理之中。韩信对此也没有太多的犹豫。可是，蒯通就不同了。他建议韩信袭齐，造成了韩信独霸齐地的现实。事实证明蒯通是真心为韩信设谋之人，韩信对蒯通的诚意不会有任何怀疑。

蒯通作为此时期最为活跃的辩士，他还向韩信讲明了一个道理："盖闻天与弗取，反受其咎；时至不行，反受其殃。愿足下孰虑之。"

蒯通确比韩信有政治头脑，但是，韩信回答蒯通的理由与回答武涉的理由一样：个人恩怨！

汉王待我太好了。让我坐他的车，穿他的衣服，吃他的饭。我听说：坐他人车的人，要负责替恩人消灾；穿他人衣服的人，要解除恩人的忧虑；吃他人饭的人，要为恩人献身。我怎么可能为了

当今两主之命悬于足下。足下为汉则汉胜，与楚则楚胜。臣愿披腹心，输肝胆，效愚计，恐足下不能用也。诚能听臣之计，莫若两利而俱存之，三分天下，鼎足而居，其势莫敢先动。

——《史记·淮阴侯列传》

则天下之君王相率而朝于齐矣。

——《史记·淮阴侯列传》

利益而背弃忠义呢？

从韩信回答武涉与蒯通两人的对话可知：

第一，韩信绝无谋反之意。后来刘邦以谋反罪夺韩信之王位，吕后以谋反罪杀韩信，均属冤假错案。

第二，韩信确无政治意识。韩信看问题，处理问题，唯一的标准是个人恩怨。一位天才的军事家却完全不具备政治头脑。政治从来只讲利害与实力，不讲恩怨义气。所以，对于韩信的这种政治糊涂，蒯通讲了两条历史教训：

第一，张耳与陈馀。与韩信同一时代的张耳、陈馀曾经是"刎颈之交"。巨鹿之战，张耳困守孤城，陈馀兵少，不敢闯阵救赵。张耳派两位部将闯出城催逼陈馀进军，陈馀认为：寡不敌众，进军徒劳。张耳的两位部将坚持要陈馀进兵，陈馀只好给了他们五千士兵。结果，张耳手下的两员大将与陈馀的五千士兵全部阵亡。项羽在巨鹿之战中打败秦军之后，张耳与陈馀相见。张耳问及他手下的两员大将，陈馀如实禀告，张耳却认为是陈馀杀了他俩。于是，张耳与陈馀反目为仇。此后，张耳投奔刘邦，陈馀辅佐赵王。井陉之战中，韩信大败赵兵，陈馀被杀。

蒯通以此例告诫韩信："患生于多欲而人心难测也。"

蒯通认为：韩信与刘邦的关系比张耳、陈馀的关系

汉王遇我甚厚，载我以其车，衣我以其衣，食我以其食。吾闻之，乘人之车者载人之患，衣人之衣者怀人之忧，食人之食者死人之事，吾岂可以乡利倍义乎！——《史记·淮阴侯列传》

更复杂。

第二，范蠡、文种与越王勾践。

范蠡与文种协助越王勾践复国，立下盖世之功。结果，范蠡功成身退，得以全身；文种恃功协助勾践，最终为勾践所杀。

蒯通以为："野兽已尽而猎狗亨（烹）。……勇略震主者身危，而功盖天下者不赏。"

蒯通这两句话就是千古传诵的"高鸟尽，良弓藏；狡兔死，走狗烹"。

蒯通分析韩信所面临的形势是："今足下戴震主之威，挟不赏之功，归楚，楚人不信；归汉，汉人震恐：足下欲持是安归乎？夫势在人臣之位而有震主之威，名高天下，窃为足下危之。"

蒯通认为韩信立下不世之功，其实，韩信最大的功劳是攻占全齐七十余城。而这个主意正是蒯通教给韩信的。但是，韩信在战场上是用兵高手，但在政坛上却优柔寡断，举棋不定。一方面，他认为蒯通的话有道理；另一方面，他却为刘邦之"情"所困，不愿叛汉。

像韩信这种军事天才，最能打动他的是晓以大义。蒯通游说韩信之所以失败，就在于他始终未说到要害之处。最能打动韩信的要害是什么？是韩信与刘邦的关系及其变化。

项羽与刘邦在反秦斗争中曾经并肩作战，但是，秦朝一亡，刘、项关系立即由并肩作战的友军转化为争夺天下的敌军。原因就在于集团与集团之间的关系都有一个历史拐点，这个拐点就是共同目标消失之时。项羽当年吃亏在没有弄懂他与刘邦的关系存在着一个历史的转折点，韩信也吃了这个认识上的大亏。韩信也不知道，刘邦集团与韩信集团也存在一个历史的拐点，这个拐点就是项羽的败亡之时。项羽未亡之前，刘邦要利用韩信打天下，他们有共同的目标——灭项，有共同的利益——分享天下。韩信与项羽都是此时期杰出的军事家，分属于两大集团，但是，这两位杰出的军事家却犯有同一个毛病——政治幼稚。

蒯通作为此时期第一流的谋士，他隐隐约约地感受到了这一点，却始终未能彻底弄明白这一点。因此，他无论怎么劝说韩信，都不能打动韩信，根本问题在于武涉、蒯通都没有从这一根本问题上说服韩信。

所以，韩信的回答是：你不要再说了，我会好好考虑考虑。

韩信谢曰：『先生且休矣，吾将念之。』——《史记·淮阴侯列传》

蒯通太关爱韩信了，也太自负了，他总觉得自己可以说服韩信。因此，在这次游说失败之后，蒯通又对韩信进行了第二次洗脑：老虎如果犹犹豫豫，还不如蜂的果敢；骐骥如果犹犹豫豫，还不如劣马踏踏实实；勇士如果犹犹豫豫，还不如庸人的坚持。

蒯通最后告诫韩信的话是：成功难，失败易，时机难得而失去容易！时机，永远不会再来。

猛虎之犹豫，不若蜂虿之致螫；骐骥之蹋躅，不如驽马之安步；孟贲之狐疑，不如庸夫之必至也。——《史记·淮阴侯列传》

夫功者难成而易败，时者难得而易失也。时平时，不再来。——《史记·淮阴侯列传》

韩信最终也没有听从蒯通的意见。蒯通引史为证，详剖现实，披肝沥胆，冒着极大的风险，韩信为什么还听不进去呢？

一是不忍心背叛刘邦，二是自恃功高。其实，韩信所仰仗的功高恰恰是他的致命伤。正因为韩信功高盖主，所以，韩信必然为刘邦所忌，刘邦一旦解决了项羽，下一个要解决的就是韩信。

蒯通是何等聪明之人，他见自己如此劝说韩信，韩信都不听；因此，蒯通料定韩信绝无好下场。于是，蒯通毅然决然地离开了韩信。而且，蒯通还为了自保而装疯卖傻。

韩信犹豫不忍倍汉，又自以为功多，汉终不夺我齐，遂谢蒯通。蒯通说不听，已详狂为巫。
——《史记·淮阴侯列传》

即使如此，蒯通还是未能免祸。吕后残杀韩信之时，韩信才悟出蒯通之言是至理名言，临终前他悔恨地说：我真后悔当初没有听蒯通的话，才被你们这些女人所算计。

信方斩，曰：『吾悔不用蒯通之计，乃为儿女子所诈。』
——《史记·淮阴侯列传》

刘邦回师京城后，方知韩信被杀，刘邦是又高兴又怜悯，只问了一句话：韩信临死时说了什么？吕后说：韩信说恨自己不用蒯通之计。刘邦立即下令在齐地逮捕蒯通，蒯通被押解到京城，刘邦问他：是你教韩信谋反的吧？蒯通回答：我确实教他造反，但是，这个小子不用我的计，所以才被杀。如果他用了我的计，陛下怎么能够杀掉韩信呢？刘邦一听，一股火蹿上脑门儿，大吼一声：烹了蒯通！蒯通大喊冤枉。刘邦说：你教唆韩信谋反，杀你有什么冤枉？

蒯通说：秦末天下大乱，各地英雄纷纷起兵，当时，我只知道韩信，不知道陛下。天下那么多人才，想为陛下效力而不可能，你能把这些人全杀了吗？刘邦一听，蒯通说得很有道理，立即放了蒯通，免了他的罪。

蒯通抓住了刘邦的一个要害：提倡忠诚。刘邦当了皇帝后，为了保证天下的臣民忠于自己，必须提倡一种主流舆论：忠诚。蒯通为韩信谋划造反之时，只知忠于韩信，这并无错。刘邦如果杀了蒯通，那等于让天下之人不敢再忠于自己的主人，这就和刘邦当皇帝之后提倡的主流意识形态相背离。这是刘邦所不愿看到的，也是他最终释放蒯通的根本原因。

蒯通作为一个谋士，以自己的智慧保全了性命，可是韩信却躺在自己的功劳簿上做着美梦，最终灭了项羽，也断送了自己。

刘邦与项羽在反秦斗争中，并肩作战，一旦灭秦，刘邦就一门心思要灭项羽；此时，刘邦的同盟者是韩信。一旦项羽灭了，韩信又成为刘邦眼中第二个项羽，刘邦一门心思要灭韩信，结果，韩信也被刘邦夫妻所残杀。项羽、韩信明面上是敌人，其实，都是刘邦的战友。刘邦利用项羽灭秦，灭秦之后就灭项；又利用韩信灭项，灭项之后就灭韩。从这个意义上看，两个军事天才其实都是政治庸才，真正在政治上精明老到的是刘邦。

项羽败亡之时，西楚国的都城彭城已岌岌可危，但

对曰：「……当是时，臣唯独知韩信，非知陛下也。且天下锐精持锋欲为陛下所为者甚众，顾力不能耳。又可尽亨之邪？」高帝曰：『置之。』乃释通之罪。——《史记·淮阴侯列传》

是，项羽后期任命的大司马周殷还镇守在安徽中南部，这是项羽借以依赖的根据地；这块根据地能给项羽带来什么呢？

关键时刻给项羽致命一击的周殷

周殷这个人，很少有人知道他是谁。但是，他却是最后给项羽致命一击的人！

周殷其人，史书记载得非常少，现有的几条记载主要谈了两点：

第一，他是项羽最信任的骨鲠之臣之一。

陈平曾经对刘邦分析项羽最亲近的人时谈到过四个人："彼项王骨鲠之臣亚父、钟离昧、龙且、周殷之属，不过数人耳。"这里的"亚夫"，即是范增。钟离昧、龙且前文均已谈过。周殷能够列在陈平开出的"骨鲠之臣"名单之中，足以说明周殷是项羽最为信任的人。范增、钟离昧、龙且在忠诚于项羽的问题上都没有问题，区别只是才能的大小而已。唯独周殷，在关键时刻竟然出了问题。

第二，他是项羽最信任的骨鲠之臣中唯一背叛项羽的高级将领。

汉五年冬，刘邦以封王收买了韩信、彭越，合围项羽。此时，项羽的北面、东面、西面，是刘邦集团、韩信集团、彭越集团，唯独南面尚有项羽的地盘。

周殷作为项羽集团的大司马，驻军于淮南一带。此地是西楚国国都的南面屏障，也是项羽的根据地。项羽委派了他最信任的周殷为大司马，驻军于此。但是，在项羽一生最为困难的时候，"大司马周殷叛楚"，带领九江郡的军队，迎接早已叛楚归汉的黥布与刘邦的属下刘贾，齐聚垓下，合围项羽。

周殷的背叛，使项羽淮南根据地彻底失守。项羽从鸿沟退兵之后，一路向今安徽奔去。因为此时的彭城已经不能再去了，他只有向安徽撤退，才能保证不被刘邦围歼。但是，周殷在项羽最需要他支持之时却背叛了项羽。因此，包围项羽的包围圈完全形成。

司马迁在《史记·太史公自序》中说："以淮南叛楚归汉，汉用得大司马殷，卒破子羽于垓下。作黥布列传第三十一。"从司马迁这段话可知，黥布在垓下之战中的最大贡献是诱降了项羽的大司马周殷，形成了对项羽的合围；所以，刘邦最后击败项羽的关键因素之一是周殷背叛项羽。

项羽一生只拜过两位大司马，一位是对项梁有大恩的曹咎，另一位就是周殷。曹咎虽然无能，丢了成皋，但在兵败之后，与司马欣同时自刎。只有周殷是叛变。汉武帝当了皇帝之后，封卫青、霍去病二人为大司马。可见，大司马是不轻易授人的高官。

影响项羽败亡的因素还有哪些

在"附录一"里，我补充介绍了几个对项羽败亡影响极大的人物；但是，影响项羽败亡的不仅是几个重要人物，还有一些重要因素。其中，也包括先贤、时贤论及项羽败亡时一些影响很大的观点。这些观点，我并不能苟同，所以，放在全书之末，谈点自己的看法。

第一个问题是：项羽的败亡是偶然还是必然？

别忘了偶然性对历史发展的影响

项羽的失败是必然的，也是偶然的。应当说，项羽政治上幼稚，军事上被动，性格上刚愎自用，他的失败是必然的。但是，我们在看到历史的必然性时，也不能忘掉历史的偶然性。一个偶然性的细节都可能使成功者功败垂成，使失败者死里逃生。

刘邦与项羽之争中，最富有戏剧性的是彭城之战。刘邦占领了彭城之后，每天饮酒高会，自以为胜券在握，万万没想到项羽突然从刘邦未设防的彭城之西的萧县进攻彭城，刘邦措手不及，五十六万大军半天被项羽三万骑兵击溃。狼狈不堪的刘邦慌不择路，匆忙逃生。被楚军杀死的汉军有几十万。其中，被杀的、坠入泗水中死亡的有十八万。在灵璧东睢水上战损的有十余万，竟然导致睢水堵塞不流。如果《史记·项羽本纪》的这些记载可以相信的话，刘邦在彭城之战中损失的兵力当有几十万人。

战况如此凶险，刘邦如何脱险的呢？

偶然，纯属偶然！

项王乃西从萧，晨击汉军而东，至彭城，日中，大破汉军。汉军皆走，相随入谷、泗水，杀汉卒十余万人。汉卒皆南走山，楚又追击至灵璧东睢水上。汉军却，为楚所挤，多杀，汉卒十余万人皆入睢水，睢水为之不流。——《史记·项羽本纪》

被重重包围的刘邦正处在危难关头，突然来了一场沙尘暴，而且是正冲着楚军刮过来，楚军阵营立即大乱，刘邦趁此机会带了十几位贴身骑兵突围而去。

这场沙尘暴来得太巧：一是正在刘邦危难之时刮来了，二是直冲着楚军刮而不刮汉军。结果，楚军被刮得乱了阵脚，刘邦自然溜之大吉。

每读《史记》至此，都不禁暗想，天下真有这么巧的事吗？司马迁的《史记》就是这样记载的，又无其他史书可以参考，我们只能相信这是真的。

历史发展的总趋势是必然的，但是，历史发展的进程又往往充满了偶然性。刘邦此次彭城之战，已经是兵败被围，无以解脱，偏偏来了场沙尘暴，刘邦得以幸免于难。这种历史的偶然性真是让人费解。

但是，我们不得不承认历史确实存在着某种不可知的偶然性。

刘邦虽然被一场沙尘暴救了下来，逃出了重围，可是他却无法摆脱后面的追兵，最终被项羽的追兵追了上来。刘邦之所以逃出重围，又被楚兵追上，主要是两个原因。一是刘邦逃亡途中，巧遇其子——后来的汉惠帝刘盈与女儿——后来的鲁元公主；二是项羽剽悍的骑兵到底比刘邦的"板的"跑得快。刘邦路遇其亲生儿子、女儿，自然不得不收留

围汉王三匝。于是大风从西北而起，折木发屋，扬沙石，窈冥昼晦，逢迎楚军。楚军大乱，坏散，而汉王乃得与数十骑遁去。——《史记·项羽本纪》

在车上，但是，这样一来，车速肯定降低了。刘邦为了活命，三番五次将儿子、女儿踹下车来。虽然刘邦如此"果敢"，但是，赶车的夏侯婴还是坚持把刘邦的儿子、女儿救了回来，同时，项羽的追兵也追上了刘邦。

被追上的刘邦是怎么逃出来的呢？《史记·高祖本纪》没有写，但是，《史记·季布栾布列传》记述了这一过程。原来，楚将丁公带兵在彭城之西追上刘邦之后，两军已经短兵相接了，刘邦急得回过头来对丁公说：咱们两个英雄还要相互为难吗？丁公听后，放了刘邦，带兵回去，刘邦因此得以逃脱。

季布母弟丁公，为楚将。丁公为项羽逐窘高祖彭城西，短兵接，高祖急，顾丁公曰："两贤岂相厄哉！"于是丁公引兵而还，汉王遂解去。——《史记·季布栾布列传》

丁公是季布的舅舅，季布是楚汉战争时期最守信用的人，人们常说："得黄金百斤，不如得季布一诺。"季布也是项羽手下的名将，曾多次打得刘邦非常狼狈，但是，季布始终忠于项羽。丁公作为季布的舅舅，私下放了刘邦，实属大错。但是，刘邦也真是命大，一次彭城之战，先遇上一场沙尘暴，又遇上一个敢于徇私情放他一条生路的丁公。

这两场偶然性事件确实出乎意料，让人大跌眼镜。

等到刘邦灭了项羽，季布逃亡为奴，丁公却自以为有恩于刘邦，竟然去面见刘邦。刘邦见到丁公，立即将丁公抓起来，在军中游行示众，并告诫军中：丁公为项羽之臣，却对项羽不忠，使项羽失去天下的正是丁公。最终杀了丁公，让人们永远记着不要做丁公那样的人臣。

正如前文所言，此一时彼一时也。当年彭城之战丁公私放刘邦，刘邦是感激不尽。但是，刘邦做了皇帝，他要提倡的主流舆论是忠诚。丁公正是因为不忠诚才使刘邦得以逃命，才使项羽又一次失去除掉刘邦的机会。

第二个问题是：项羽的败亡是因为他的残暴吗？

残暴导致项羽败亡吗

项羽为人残暴是定论，没有谁否认项羽为人的残暴；为什么还要再谈项羽的残暴？主要是出于一点考虑：项羽的残暴与项羽的败亡有无关系？

项羽为人残暴最突出也最为人诟病的是他屠杀秦降卒二十万，尽失秦民之心，终于导致项羽功败垂成。

在现实中国这个大地上，人们都认同这么一个真理：得民心者得天下，失民心者失天下。项羽坑杀秦降卒二十万，如此残暴，怎么可能得到天下的民心呢？如果一个人失去了民心，他怎么可能成功呢？

如此层层推理，人们大多认为：项羽的残暴是他

及项王灭，丁公谒见高祖。高祖以丁公徇军中，曰：『丁公为项王臣不忠，使项王失天下者，乃丁公也。』遂斩丁公，曰：『使后世为人臣者无效丁公！』——《史记·季布栾布列传》

失败的重要原因之一，甚至是他失败的唯一原因。所以，讲项羽失败的原因如果不讲他的残暴，那就是放过了最重要的原因。

我不认同这种推理！

如果历史研究真的如此简单，那么历史研究也就失去了它自身的价值和魅力。

得民心者得天下，失民心者失天下。这两句话并不错，这是历史的经验。我们可以找出许许多多的史实证明这是一个颠扑不破的真理。

问题在于历史还有反证：项羽比秦始皇还残暴吗？

秦始皇以武力并吞六国，杀人无数，终成帝业；但是，从来没有人认为秦始皇杀人无数导致秦始皇败亡。我们至多能说，秦始皇的成功中已经蕴含着二世亡国的因素，但是，这类话太具有普遍性。哪个开国皇帝不是在建国的成功中包蕴着日后数世、数十世败亡的因素呢？如果以此作为普遍真理，那么真理也太普遍了。

秦始皇并未因生前的残暴导致秦朝在秦始皇统治之时崩溃，所以，我们不能以此作为论定秦朝二世而亡的真正原因。贾谊《过秦论》中篇专论"二世之过"，贾谊认为，秦二世如果能够改变秦始皇的暴政，施仁政，完全可以挽狂澜于既倒，不至于迅速致亡。可见，秦始皇的残暴如果能在其继任人的手上加以变革，也可挽救秦朝的败亡。

项羽与秦始皇的最大不同，在于他在四年之中就由人生的巅峰跌至人生的谷底，因此，将残暴列为项羽失败的重要原因值得玩味。

历史不能假设！但是，如果我们做一点假设，探讨一下项羽失败的原因，就会发现，政治幼稚、军事被动对项羽的失败造成的影响比项羽的残暴更为重要。

如果项羽政治上成熟一些，当然，一个政治成熟的人不会像项羽一样残暴，他至少有三次可以消灭刘邦的机会：

第一，项羽入关。

项羽率领四十万大军，挟巨鹿之战胜利之威，兵进函谷关，却遭到刘邦兵团的阻击——不准入关。如果此时项羽认识到秦朝的灭亡是刘邦、项羽相互关系的历史拐点，那么，不准入关就是项羽消灭刘邦集团的一个最佳借口。以项羽此时的军力和威望，可一鼓作气彻底解决刘邦集团。

第二，鸿门宴上。

刘邦必须来鸿门赴宴，以便给项羽一个说法、解释，否则他就会面临毁灭性的军事打击。不来解释，会招致军事打击；来解释，有可能遇害：二害相衡取其轻，刘邦必来！

刘邦带领一百多个随从来鸿门赴宴，岂不是除掉刘邦的最佳时机？但是，一番鸿门说辞竟让项羽自感惭愧，自然就不会在宴会上杀死刘邦。

第三，出兵关中。

汉元年 (前206) 八月，刘邦在接受项羽分封后回到汉中仅仅三个月，就出兵关中，三秦王中除了雍王章邯还坚守在废丘外，司马欣、董翳都投降刘邦。章邯坚守废丘，整整坚持了十个月。章邯这十个月在等什么？他时时刻刻在等项羽！如果此时项羽出兵关中，与章邯里应外合，趁刘邦在关中立足未稳，至少可以将刘邦逐出关，赶回汉中，甚至有可能一举消灭刘邦集团。但是，项羽此时仍然没有认清刘邦是他称霸天下的最大敌手，却置刘邦于不顾，出兵齐地，深陷齐地不可自拔，给刘邦以可乘之机，巩固了关中之地，举兵东进，占领彭城，引发了彭城之战。

这三次机会，项羽如果能把握住其中的任何一次，刘邦、项羽的历史都可以重写。

项羽是楚汉战争时期最出色的两大军事家（项羽、韩信）之一。项羽的军事生涯伴随其一生；但是，项羽在楚汉战争中最大的败笔恰恰是军事上太缺乏战略眼光。如果项羽在刘邦派韩信经营北方战线之前及早开辟北方战场，如果项羽在韩信开辟北方战场之初就精心应对北方战场，那么，刘邦就不可能最终在战略上形成对项羽的包围，项羽最终也不会因为战略上的重大失误而陷入四面楚歌的困境之中。

项羽在军事上缺乏战略眼光对项羽最终的失败起到了决定性的作用。

如果我们把项羽的政治失误和军事失误与项羽的残暴相比较，那么，我们应当承认，项羽的失败最重要的原因恰恰不是残暴。

我们在理论上都承认这样一个真理：得人心者得天下，失人心者失天下。但是，我们在楚汉战争的现实中却看到了另一个"真理"：残暴并非项羽失败最重要的原因，至少与政治幼稚、军事被动二者相比是如此。

为什么我们承认的真理在楚汉战争中就不灵了呢？

第一，残暴的滞后作用。

得民心者得天下，失民心者失天下，的确是放之四海而皆准的真理。但是，我们也要明白，要民心发挥作用得有一个过程。换句话说，一个统治者的残暴为天下苍生所认识需要有一个较长的历史过程。项羽的残暴表现得最集中的是两种情况，一是坑灭秦朝降军，二是对久攻不克之地的屠城。前者虽然引发了关中父老的仇恨，但是，对于天下苍生来说，屠杀秦军毕竟是让他们感到快慰的事；后者虽然令人发指，但是，这并不是项羽的常态。毕竟激怒项羽要他以屠城的方式来发泄他内心怨恨的时刻并不是那么常见，因此，要天下苍生都认知到项羽的残暴必须有一个过程。所以，像残暴一类丧失民心的因素发挥决定性作用是要有一个过程的，它不可能那么快地发挥作用。

秦始皇的残暴统治影响到秦朝的灭亡，中间经历了十五年的时间；而且，在秦始皇死后，秦二世仍然继续施行暴政。这样，民心的向背才起了作用。

第二，政治、军事的直接作用。

和民心的滞后作用不同，政治、军事上的举措往往在极短时间就能呈现出巨大的影响力。如果项羽入关以后就集中力量以军事手段解决刘邦集团，如果项羽在鸿门宴上立斩刘邦，那么，这种举措片刻之间就发挥出巨大的作用。

所以，我在《百家讲坛》"汉代风云人物之项羽"的系列讲座中并没有把项羽的残暴作为项羽败亡的一个重要因素，而是把项羽的政治幼稚和军事被动作为项羽失败的两大主要因素进行了重点分析。

既然如此，为什么人们提到项羽的失败总会让人想到项羽的残暴呢？

我们太喜欢重复我们已知的真理（包括民心得失与天下得失的关系），我们太喜欢以我们知道的真理来解释历史现象；既然项羽已经失败了，既然他为人非常残暴，那么，残暴就自然而然地成为我们首选的项羽败亡之因。

历史并没有我们想象的那么简单！真理并不是万能的，真理都有一定的适用范围。解读历史现象的最好方法是具体分析。

项羽嗜杀，为人残暴，尤其是屠城一事，最为后人诟病。但是，人们只记住了项羽屠城，似乎忘记了刘邦也有屠城的记录。《史记·项羽本纪》记载：项梁派沛公、项羽联手攻打城阳，攻下城阳后，二人屠城。这条历史文献明确无误地告诉我们：刘邦和项羽曾经联手屠城。对于这条文献记载，人们好像得了集体失忆症一样，都淡忘了。

屠城是一种发泄，更是一种威慑；但是，屠城的残酷历来受到人们的严厉抨击。

刘邦不仅在反秦之战中有屠城的记录，而且在诛杀项羽之后也曾经想屠城以泄愤。

项羽自杀之后，西楚诸地都向刘邦投降了，只有

项梁使沛公及项羽别攻城阳，屠之。——《史记·项羽本纪》

鲁地不降。刘邦闻讯，最初想率天下大军屠灭鲁地，但是，刘邦后来改变了态度。

刘邦对项羽从来都是一路追杀，绝不留情；即使鸿沟议和项羽释放了太公与吕雉等人质，刘邦也不顾信义，撕毁协议，追杀项羽，为什么鲁地为项羽坚守，刘邦却放弃屠灭鲁地的初衷呢？

原因非常简单：刘邦灭项之后，清醒地知道自己已经大功告成，就要成为大汉王朝的开国皇帝了，此时的刘邦已经在考虑"后项羽时代"的舆论主旋律了。

项羽的败亡宣告了刘邦称帝的开始，面对这么一个新时代，在舆论宣传上提倡什么，是刘邦必须考虑的问题。刘邦经过慎重思考，深知自己必须提倡忠诚；只有忠诚才能使刚刚建立的大汉王朝不再遭遇诸侯割据、天下分崩的惨祸。要提倡忠诚，必须从我做起，从现在做起。项羽最初被"义帝"封为鲁公，鲁地百姓为项羽坚守城池，正是忠诚于鲁公的表现，因此，刘邦不能让自己一时的冲动破坏了即将到来的新时代的主流舆论。所以，楚地皆降，唯鲁不降引发的怒气不能不服从于倡导忠诚的主流舆论。

正是基于这种深谋远虑，刘邦放弃屠城泄愤的想法，以项羽的人头昭示鲁城父兄，鲁地百姓确信项羽已经死亡，才放弃抵抗，投降刘邦。

刘邦也是一个普通人，他也有自己的七情六欲；因

汉乃引天下兵欲屠之。
——《史记·项羽本纪》

此，他愤怒之时也想屠城。刘邦的高明在于他懂得用理智约束感情。相比之下，项羽就显得非常不理智了。项羽只图一时之快，一泄了之。

"匹夫之勇"

自韩信说项羽是"匹夫之勇"后，以此评价项羽者代不乏人，项羽真是因为"匹夫之勇"而败亡吗？

"匹夫之勇"一词出自《孟子·梁惠王下》："夫抚剑疾视曰：彼恶敢当我哉？此匹夫之勇，敌一人者也。"

孟子认为：手握利剑，口中大喊着"谁敢挡我"，这就是"匹夫之勇"。"匹夫之勇"的特点是"敌一人"，就是一个人与敌方决斗。

楚汉战争中的名将韩信曾以此语批评项羽：

项羽怒吼一声，上千人都会吓得瘫倒在地上，但是，他不会任用属下的将领，这只是"匹夫之勇"啊。

韩信的这番话只是他一个人对项羽的评价，至多是一家之言，但是，韩信对项羽的评价却成了今人批评项羽的一个重要理由。

这似乎不太合适！

第一，韩信一家之言，未必合乎事实，岂能成为千古定案？

第二，韩信之言虽然有一定的道理，但是，今人岂

项王喑噁叱咤，千人皆废，然不能任属贤将，此特匹夫之勇耳。——《史记·淮阴侯列传》

能躺在韩信的评价上不再做出今人的评价？如果我们对历史人物的评价都只停留在古人的结论之上，还要今人干什么？重复古人的话不就行了吗？

因此，韩信对项羽的评价切切不可作为今人评价项羽的定论。

"匹夫之勇"的最大特点是凭一人之力，逞一人之强，《孟子》对"匹夫之勇"所下的定义即是此义。

项羽的行事与"匹夫之勇"有着较大的距离。

第一，《史记·项羽本纪》中记述项羽微时之事，其中非常重要的一件就是他要学"万人敌"，而不愿学一对一的击剑。不学一对一的单打独斗，说明项羽自年轻时就不喜欢凭一人之力，而要学习指挥千军万马的"万人敌"。"万人敌"就是统率千军万马，凭借全军的力量打败敌人，不能单凭一人之力打败敌人。

第二，项羽一生领导的最著名的巨鹿之战、彭城之战、荥阳会战三大战役，都没有逞一人之勇。

先看巨鹿之战。这场战役是反秦武装和秦朝主力的生死决战，也是项羽登上政治舞台的关键一步。这场战役，项羽在杀宋义、夺军权之后，先派勇将黥布率两万军队渡黄河，取得小胜，然后，沉了船，砸了釜甑，烧了庐舍，每人只带三天的粮食，以表示此次出战必死的决心。这就是鼎鼎大名的"破釜沉舟"。

而且，项羽率先攻击的是章邯带领的二十万秦军主力军团，经过艰苦卓绝的战斗，终于打败了章邯军团，断了长城军团的粮道。然后，集中力量围攻巨鹿的长城军团，并彻底消灭了长城军团。

消灭了长城军团之后，项羽率军与被击溃而尚未被消灭的章邯军团相持了半年之久；采用政治攻势，瓦解章邯的军心。

经过半年休整的项羽派蒲将军率领部分楚军渡过漳水，日夜兼行，截断秦军的归路。自己亲率大军北渡漳水，再次大败秦军。

此时章邯对外面临项羽军团的巨大军事压力，对内备受赵高的猜忌，内外交困的章邯请降。

这场著名的巨鹿之战，项羽指挥若定，以少胜多，以弱胜强，表现了一位军事家的天才。在现存的文献记载上，我们丝毫看不到项羽仅凭一人之力的匹夫之勇。相反，我们看到的是一位天才军事家的指挥艺术。

这里哪有"匹夫之勇"呢？

如果项羽凭借的是"匹夫之勇"，那么，他需要"破釜沉舟"调动全军将士的积极性吗？

再看彭城之战。这场大仗是刘邦和项羽的第一次正面对决，因此，这次对决对双方都具有决定性意义。刘邦这次是下决心要一举灭项，项羽是自分封天下诸侯以来第一次认识到刘邦是他称霸天下的最大敌手。

这场大战兵力非常悬殊，刘邦是五十六万大军，项羽只带了三万骑兵。但是，项羽的决策非常正确。项羽避开了刘邦正面布防的彭城之东和彭城之北，将兵力布置在彭城之西的萧县，战斗也是从彭城西面的萧县打响的。由于攻其不备，加上骑兵打步兵的优势。所以，项羽只用了半天时间就将刘邦五十六万大军的建制完全打乱，刘邦几十万大军溃不成军，兵败如山倒，损耗严重。

刘邦狼狈到身边只有一个夏侯婴为他赶车，一路狂奔，后面是几千名楚兵在追击。

项羽这场大战打得非常精彩,丝毫没有一点点匹夫之勇的味道!由于史书记载的缺失,我们不知道项羽是如何指挥这场战斗的。但是,有一点可以肯定:彭城大战是项羽天才军事指挥艺术的显现。这种军事指挥艺术,一是表现在攻击方向的选择,选择了刘邦意想不到的西方;二是表现在战争的突发性;三是表现在充分发挥骑兵作战的优势。

这里哪里有一点"匹夫之勇"呢?明摆着是项羽指挥他的三万骑兵,摧枯拉朽般地收拾了刘邦,彻底打破了刘邦的迅速灭项之梦,也使刘邦第一次领略到项羽的军事才干。不仅刘邦对此战印象极深,刘邦的士兵也领教了楚军的剽悍,后来汉军一见楚军,特别是一见项羽率领的楚军就心怯胆战,不能说和彭城之战没有关系。

刘邦原来是速胜论者,想的是一举灭项,统一中国;彭城之战使他清醒了。可见,彭城之战多么重要!项羽彭城之战的军事指挥艺术成为中国军事史上以少胜多的一个著名战例。

最后,我们看看荥阳会战。这场持续两年多的楚汉之战,是刘、项两人成败的关键。而在荥阳会战中,荥阳、成皋一直是双方争夺的重中之重。项羽虽然是一位战神,但是,打成皋项羽这位战神的神勇并没有发挥出来。一夺成皋打了整整一年,项羽一直找不到突破口。最后,项羽抓住刘邦的软肋,集中攻打刘邦的粮草线,这才打得刘邦喘不过气来,仓皇出逃。无论项羽打得顺手还是不顺手,项羽都没有逞匹夫之勇。最终一夺成皋也是点准了刘邦的死穴——后勤生命线，而不是项羽手持利刃突入刘邦大营，杀得刘邦溃不成军。如果项羽真是逞一人之勇，一人冲入刘邦大营，大展拳脚，那我们倒真要对项羽刮目相看了。断了军粮的刘邦最后让纪信装扮成自己，吸引楚军的注意力，自己则从另一城门逃了出来。

二夺成皋是项羽强攻荥阳，刘邦军团不敌项羽军团的勇猛；刘邦只好与夏侯婴两个人逃出了荥阳。二夺成皋靠的也不是项羽的匹夫之勇，靠的是整个项羽军团强大的战斗力。

如果非要找项羽的匹夫之勇，那么，下面这段文字或许可以做个例子：

项王谓汉王曰："天下匈匈数岁者，徒以吾两人耳，愿与汉王挑战决雌雄，毋徒苦天下之民父子为也。"汉王笑谢曰："吾宁斗智，不能斗力。"项王令壮士出挑战。汉有善骑射者楼烦，楚挑战三合，楼烦辄射杀之。项王大怒，乃自被甲持戟挑战。楼烦欲射之，项王瞋目叱之，楼烦目不敢视，手不敢发，遂走还入壁，不敢复出。汉王使人间问之，乃项王也。汉王大惊。《史记·项羽本纪》

这是史书记载中可以称之为"匹夫之勇"的一段文字。细读此段文字，人们仍然可以发现，项羽要和刘邦决斗，亲自披甲上阵，瞋眼大吼，主要是政治幼稚，其次是急躁易怒。项羽并没有因此独闯汉军大营，也没有不顾个人安危，瞎闯一阵。

既然如此，韩信为什么说项羽是匹夫之勇呢？

要回答这个问题，我们不妨重温韩信批评项羽的一段名言："项王喑噁叱咤，千人皆废，然不能任属贤将，此特匹夫之勇耳。"

在这段名言中，支持韩信评价项羽"匹夫之勇"的有两个理由：一是项羽夺人心魄的吼声；二是不能任用贤将。

项羽叱咤疆场的勇气无人可比，但是，这并不能说明项羽就是"匹夫之勇"。细读这段名言，其实，韩信主要是认为项羽"不能任属贤将"。

这番话是韩信从项羽手下跳槽到刘邦帐下后所说的。韩信提出的"不能任属贤将"应当主要指他本人。项羽不能慧眼识英雄，特别是不能识别韩信是这一时期一流的军事家，的确是项羽的一大失误；但是，我们不能忘了，刘邦也没有看出韩信是人杰啊！韩信在刘邦手下先是差一点儿被杀，后经夏侯婴救下，并推荐给刘邦，刘邦也没有重用他。即使萧何推荐了韩信，刘邦也只是看着萧何的面子打算给韩信升升官。但是，这种升官并不是刘邦重用韩信，而是为了不驳萧何的面子，以免萧何走人。

据此而言，项羽不识韩信，刘邦也不识韩信。韩信大概推销自己的工作做得不好，否则，项羽、刘邦都不能认识韩信的真正价值。其实，夏侯婴、萧何也只是在和韩信交谈后才认识韩信的价值的。为什么项羽、刘邦不能和这位军事奇才谈上一番话呢？

因此，韩信以项羽"不能任属贤将"为由，指责项羽是"匹夫之勇"，已经偏离了《孟子》中有关"匹夫之勇"的原始意义，也和今人理解的"匹夫之勇"有区别。因此，韩信批评项羽"匹夫之勇"有两个问题：

第一，韩信所说的"匹夫之勇"已不是孟子所说的"匹夫之勇"。

第二，韩信批评项羽"匹夫之勇"主要指项羽不能重用自己。

如果韩信批评项羽的"匹夫之勇"主要是指责项羽不能重用自己，那么，韩信有关项羽"匹夫之勇"的评价就要大打折扣了。

既然如此，今人为什么还要反复引用韩信这一并不十分准确的评价呢？

韩信当年向刘邦提出对项羽的评价，意在说明自己为什么要抛弃项羽而投奔刘邦。今人引用韩信对项羽的评价意在说明项羽的为人，特别是说明项羽为什么会失败。

如果从探讨项羽失败的原因角度引用韩信当年的评价，那么，这种不合理就更明显了。

因为，即使我们承认项羽有"匹夫之勇"的一面，也不能将这一点作为项羽失败的一个主因。项羽的失败是政治原因、军事原因和性格原因三个方面导致的，所谓的"匹夫之勇"不在这三大原因之中。

附录二

咏项羽

项羽是一个不朽的艺术典型。在中国传统诗歌、绘画、戏剧、散文等领域中，这位失败的西楚霸王一直是人们关注的焦点之一。所以，在中国古代咏史诗中，咏叹项羽成为一个引人注目的系列，产生了杜牧、王安石、李清照等诗人的咏史诗名作。诗人或悲叹，或批评，或赞美，或感喟，在一篇篇诗歌中寄托着诗人的沉思，它们是一笔宝贵的文学遗产。

项羽虽然在与刘邦的现实斗争中失败了，但是，项羽宁死不愿东渡乌江以图东山再起的精神感动了无数后人。如果说刘邦是时势英雄，项羽则是本色英雄，是豪气干云的英雄，是表里如一的英雄。

在一个盛行"胜者王侯败者贼"的国度里，竟然还有一个失败的项羽受到后人如此礼赞，反复地评述。他让人叹息，让人感慨，让人伤感，让人敬佩。他的血性，他的柔情，让人挥之不去，咏之不足。他虽然像一颗流星，在历史的长河中一闪而过，但他却成了一个文化符号，被人们无数次地评论着。这真是中国历史上一个奇特的文化现象。

造成这一现象的根本原因之一是项羽的人格魅力。项羽乌江自刎之前，曾经讲过一段非常令人深思的话：我和江东子弟八千人渡江西行，如今无一人生还，即使江东父老爱我，仍然让我称王，我有什么脸面见他们？即使他们不说，难道我心里不感到惭愧吗？

这段话表明项羽以一人独生为耻，以众人皆生为荣的荣辱观，这是他与刘邦的重大区别。当年项羽与刘邦在荥阳对峙之时，项羽之所以提出与刘邦单挑独斗，目的也是不要因为你、我争夺天下而让百姓受苦。这说明项羽以让百姓受苦为耻。刘邦为了得到皇帝之位，全然不顾百姓死活。二人相比较，

且籍与江东子弟八千人渡江而西，今无一人还，纵江东父兄怜而王我，我何面目见之？纵彼不言，籍独不愧于心乎？——《史记·项羽本纪》

项羽更具有以百姓受苦为耻的荣辱观。这就是项羽在成皋对峙时对刘邦说的一段名言：楚汉长期相持不能解决，青年壮丁苦于从军，老弱之人苦于运粮。天下闹腾几年，只是因为你、我二人争夺天下。我愿意向汉王挑战，一决雌雄，不要再让天下的父老乡亲因为我们受苦受累。

即使在乌江自刎之前，项羽的那种宝马赠亭长、头颅送故人的悲壮也让后人唏嘘感叹。正因为如此，项羽在身后成了一个不朽的艺术典型。

造成这一现象的另一原因是：他既叱咤风云又柔情百转，既神勇无比又重情重义。

本书选取了部分歌咏项羽的诗篇，加以简注、述评，作为全书的第三个附录。

英雄常使泪满襟

武功盖世，风云际会，一举成名，慑服天下，主宰苍生，英雄莫敢仰视。大起过后即大落，大喜过后即大悲。笑傲天下，睥睨诸侯，短短四年，自刎乌江，项羽是少见的悲情英雄。

项羽是少见的英豪与柔情、勇猛与重情水乳交融的英雄。项羽与虞姬，让人赞叹与羡慕；一曲《垓下歌》，唱断多少柔情与愁肠。

楚汉久相持未决，丁壮苦军旅，老弱罢转漕。项王谓汉王曰："天下匈匈数岁者，徒以吾两人耳，愿与汉王挑战决雌雄，毋徒苦天下之民父子为也。"——《史记·项羽本纪》

项羽的盖世豪情、盖世功业，项羽大起大落的悲情人生，项羽的重情重义，千载之下，使人敬仰、惋惜与同情。

咏项羽

[唐]于季子

北伐虽全赵，
东归不王秦。
空歌拔山力，
羞作渡江人。

于季子，唐代诗人。咸亨中 (672年左右) 登进士第。《全唐诗》存其诗七首。

首句的"北伐"，指项羽北上救赵的巨鹿之战。"全赵"，保全赵国。项羽的巨鹿之战是其一生的高光时刻。但是，作者在"北伐""全赵"二词之间加一"虽"字，表现了作者对项羽巨鹿之战持保留态度。作者为什么持此态度呢？下句做了回答。

次句"东归"，指项羽分封十八路诸侯王后，没有在关中建都，而是选择了东归，以彭城为西楚国的国都。"王秦"，即秦地称王，此句是对上句"虽"字的呼应。

作者认为：项羽虽然在巨鹿之战中立下了不世之功，却在建都关中与否的问题上犯了大错，导致日后的覆亡。

这种意见，在讨论项羽成败之中是一种非常有代表性的意见。虽然项羽失败最重要的原因是他政治的幼稚、军事的被动与性格的各种缺陷，但是，看到了项羽是否建都关中是其失败的原因之一，仍不失为一种眼光独到的见解。毕竟，建都关中其实就是将防范汉王返回关中置于大分封后的第一要务。

第三句，"空歌"，即白白唱。"拔山力"，指项羽的《垓下歌》中"力拔山兮气盖世"一句，评价项羽空有拔山之力，却最终兵败垓下。

第四句，"羞作渡江人"，指项羽不肯过江东。着一"羞"字，将项羽的荣辱观全盘写出。"渡江人"，指项羽一人渡江。

此诗说项羽北伐，历经巨鹿之战，保全了赵国，但在入关主持天下分封之时却放弃了关中，未在关中称王。所以，垓下兵败时，项羽尽管唱着悲凉的《垓下歌》，但是，他已经无力回天，又不愿东渡乌江，东山再起，只能自刎而死。

全诗充分肯定了项羽的巨大历史功绩，对项羽未能建都关中非常惋惜，对项羽不愿东渡乌江又给予了高度评价。

一赞一叹，一唱一泣，催人泪下。

张志和，祖籍婺州金华（今浙江金华市）。唐代诗人，十六岁明经及第，曾任翰林待诏。后有感宦海无常，在其母、妻相继下世后，弃官弃家，浪迹江湖。后应湖州刺史颜真卿之邀，游历时，不慎落水身亡。

读项羽传

[唐]张志和

逐鹿中原志未酬，
息兵暂拟割鸿沟。
重瞳似舜终何益，
三户亡嬴谶亦休。
江左岂无秦父老，
关中已属汉诸侯。
万人一剑都无用，
怕见虞姬地下羞。

首联"逐鹿中原志未酬，息兵暂拟割鸿沟"，写项羽逐鹿中原未得成功，希望划鸿沟为界，相安无事。

"逐鹿中原"，写楚汉战争。"志未酬"，写项羽壮志未酬，最终失败。"息兵"，即议和。"割鸿沟"，指刘邦、项羽以鸿沟为界。

首联对句中的"暂"字颇值得玩味。谁认为鸿沟议和是"暂"，应当不是项羽，天真的项羽认为自己释放了刘太公、吕雉等汉王刘邦的至亲，并且同意以鸿沟为界，分地而治，应该是"永久"和平了。谁会认为这只是项羽一厢情愿的"暂"时的和平呢？一是当事人之一的汉王刘邦，二是写此诗的张志和。据《史记·高祖本纪》所载，鸿沟议和后汉王刘邦主张遵守协议，张良等谋士主张趁此良机追杀项羽，刘邦遂同意而毁约追杀项羽。其实，这种写法是为刘邦开脱，不杀项羽岂是刘邦的初衷？刘邦的目标是当皇帝，项羽的存在就是他称帝的最大障碍！他岂能放过项羽？张志和作为唐代诗人，距鸿沟议和已一千年了，他站在历史的角度写作此诗时，当然洞若观火，因此才有"息兵暂拟割鸿沟"的感慨。由此可知，当代人对当代事件的认知是有限度的。只有拉开一段距离，从时间的长河中回顾过往时，才会对"历史"有清楚的认知。从这个角度看，"历史"是要有时间距离的。

颔联"重瞳似舜终何益，三户亡嬴谶亦休"。"重瞳"，指项羽。《史记·项羽本纪》记载项羽是"重瞳"，即眼中有两个瞳仁。因为舜是重瞳，所以古人认为"重瞳"是贵人之相。"终何益"，最终有什么用。"三户亡秦"为时人俗语，范增第一次面见项梁时就曾说此言。诗中明用此典。"谶"，谶言，一种带有预见性的语言。这两句写项羽生有"重瞳"，与舜一样生有异相，而且，楚地普遍流传着"楚虽三户，亡秦必楚"的谶言，但是，项羽的"重瞳"最终有何用？"三户亡秦"这种带有预见性的谶言又有何用？

颈联"江左岂无秦父老，关中已属汉诸侯"。"江左"，指江西、江北。"秦父老"，指秦地百姓。此二句说，项羽起兵的"江左"虽有"秦父老"，但是，"关中"早已成为"汉诸侯"，指刘邦，项羽分封十八路诸侯王时刘邦受封汉王。这两句说，江左之地并非没有秦国百姓，但是，关中之地早已被汉王刘邦占有。暗指刘邦早已一统天下，即使是"秦父老"，也不得不奉汉王为帝。

尾联"万人一剑都无用，怕见虞姬地下羞"。"万人一剑"，指项羽自小不愿识字，也不愿学一对一的剑法，要学"万人敌"的兵法。但是，学会了"万人敌"的兵法还是败给了刘邦，所以诗中称"都无用"。"虞姬"，是追随项羽多年的宠姬，垓下之围时被迫与项羽分别。因此，诗人认为：项羽恐怕羞于地下见到虞姬。虞姬跟随项羽多年，但是，在大难来临之际，项羽还是自己逃命，将虞姬一人扔下。地下如果见到虞姬，项羽又该说什么呢？

　　本诗结尾构思奇特，以项羽羞见虞姬结尾，出人意表。

　　陈洎 (? —1049)，字亚之，徐州彭城 (今江苏徐州市) 人。进士及第，历任怀州知州等职，入为屯田员外郎、御史中丞，出为京西、淮南、京东转运使。庆历六年 (1046)，入为度支副使、盐铁副使。皇祐元年下世。

过项羽庙

[宋]陈洎

八千子弟已投戈，
夜帐犹闻怨楚歌。
学敌万人成底事，
不思一个范增多。

　　首句"八千子弟已投戈"。"八千子弟"指的是项羽过江灭秦时所率领的八千子弟兵，这里代指整个楚军。"投戈"，指放下兵器。此句说，楚兵中最忠于项羽的八千子弟兵已无心再战，这意味着整个项羽兵团已经失去了斗志。

　　次句"夜帐犹闻怨楚歌"。"夜帐犹闻怨楚歌"，指项羽听见了四面楚歌。"怨"，指歌声的悲凉，项羽手下士兵听到楚歌声而心生悲情。此句交代为什么项羽最精锐的八千子弟兵"投戈"而不想再打仗了。原来是楚兵夜晚听见四面楚歌之声，误以为汉兵已占领了整个楚地，所以军心涣散。

第三句"学敌万人成底事"，指项羽少时，不愿学习读书识字，也不愿学习一对一的剑法，只喜欢学习"万人敌"的行军布阵。如今兵法学到手了，又怎么样了呢？不还是落了个兵败乌江的下场吗？"成底事"，成了什么事呢？"万人敌"学会了只能打赢局部战争，战略对峙却输得无话可说。

第四句"不思一个范增多"。难道不想想，自己手下只有一个谋士范增够不够呢？其实，此句是叹息项羽连自己手下一个谋士也未留住，中了陈平的反间计，失去了唯一的谋士。

英雄失路时，丈夫亦悲歌。全诗在感慨、惋惜之中评论了项羽的失败。

贺铸（1052—1125），字方回，人称贺梅子，自号庆湖遗老，是宋代著名的词人。宋太祖贺皇后族孙，其妻亦宗室之女。元祐中，曾任泗州、太平州通判。晚年退居苏州，闭门校书。能诗文，尤工于词。其词兼有豪放、婉约二派之长。南宋辛弃疾等均对贺铸之词有续作。所作《青玉案》（凌波不过横塘路）最为有名，"一川烟草，满城风絮，梅子黄时雨"广为传诵，"贺梅子"即因此词得名。

题项羽庙三首

[宋]贺铸

分张天下付群雄,
回首咸阳卷地空。
六国三秦随扰攘,
锦衣何暇到江东。

楚都陈迹久灰埃,
一曲虞兮尚寄哀。
不作偷生渡江计,
可须千里更西来。

三户睢盱竟破秦,
君王武略世称神。
途穷一夜无遗恨,
挈首殷勤予故人。

他的《题项羽庙三首》虽为诗作,但写得亦颇具特色。

第一首前两句写项羽在灭秦之后大封诸侯与火焚秦宫。

首句"分张天下"即分封天下,"付群雄",指项羽封天下十八位诸侯王。此句写项羽大封诸侯。次句"卷地空",指一片空。该句写项羽一把火烧了咸阳秦宫。

三、四两句,"六国"指被秦灭掉的齐、楚、燕、韩、赵、魏六国,"三秦"指关中,项羽曾在大分封时将关中封给章邯等三位秦军降将,让他们据守关中,后人遂将关中称为"三秦"之地。"六国三秦"合起来,指整个天下。"随扰攘",随之变得纷纷攘攘,战乱不休。"锦衣",指项羽原打算衣锦还乡。典出《史记·项羽本纪》:"富贵不归故乡,如衣绣夜行,谁知之者。"项羽原打算衣锦还乡,但是,天下随之而来的纷纷扰扰打乱了他的如意之梦,使他无法衣锦还乡。"何暇",哪里有空闲;"到江东",指还乡。

第二首首句"楚都",指西楚国的国都彭城 (今江苏徐州市),"陈迹",陈年旧迹,"久灰埃",早已长满了尘埃,暗指西楚国亡国已久。第二句"一曲虞兮",指项羽的《垓下歌》,歌中有"虞兮虞兮奈若何"之句,故称。这两句说,当年西楚国国都的旧迹早已布满尘埃,只有流传的《垓下歌》还寄托着淡淡的哀思。

第三句"不作偷生渡江计",指听从当年乌江亭长的话,一人渡江,卷土重来。"不作",不考虑。第四句"西来",指项羽当年随从项梁带吴中八千子弟兵渡江而西。

第三、四两句说,既然不打算失败之后再渡江重振旗鼓,又何必当年千里迢迢渡江向西呢?

第三首首句"三户睢盱竟破秦"的"三户",典出"楚虽三户,亡秦必楚"。"睢盱",张目仰视,意谓地位低下。"竟破秦",用"楚虽三户,亡秦必楚"之意。全句说:在秦二世眼中地位低下的楚人项羽竟然打败了强大的秦军。一个"竟"字凸显了籍籍无名的项羽竟然打败了强大的秦军主力兵团,为灭秦奠定了军事上的胜利。

第二句"君王武略世称神"。"君王",指项羽;"武略",指武功。一、二两句说由于项羽武功超神,楚军最终灭掉了强秦。历史上是刘邦入关灭秦,但是,诗人赞美灭秦的是打败秦军王离兵团和章邯兵团的项羽,强调项羽是灭秦的主要人物。

第三句"途穷一夜无遗恨"。"途穷",指项羽兵败垓下,无路可逃。"无遗恨",没有遗憾。此句写诗人心中的项羽在面临失败之时的旷达。

垓下

[宋]李纲

读《项羽传》垓下事，
三复而悲之，
因作歌以附。

鸿沟已画天下分，
汉王未肯空回军。
诸侯大会壁垓下，
戈甲耀日如屯云。
夜闻四面楚歌起，
天命人心知去已。
拔山盖世霸图空，
却叹当时骓不逝。
帐中美人身姓虞，
悲歌起饮聊踟蹰。
数行泪下竟别去，
仓皇不得同驰驱。
明眸皓齿为黄土，
草木含愁照今古。
依然听曲自低昂，
岂忆平生离别苦。

第四句"挈首殷勤予故人"，指项羽最终将自己的头颅送给吕马童。吕马童曾经是项羽的部下，后投奔刘邦，追杀项羽之时，项羽认出了吕马童，说了一句"若非吾故人乎"，便作了人情，在吕马童面前自刎而死，让吕马童立功封侯。这两句说，当项羽无路可走之时，他并没有多少遗憾，反而将自己的头颅送给了"故人"吕马童。

本诗以组诗的形式咏叹，融评论、惋惜、颂扬等各种复杂感情于一体，在历代咏项羽诗作中别具一格。贺铸的词长于抒情，此诗虽为题咏项羽庙之作，但仍以抒情见长。

作者李纲（1083—1140）是两宋之交的抗金名臣，曾主持了第一次汴京保卫战。北宋灭亡后，继续坚持武装抗金，他是两宋之交始终主张抗金的重臣，直至身殁人亡，矢志不渝。

他的这首《垓下》，是宋人以歌行体咏叹项羽垓下之战的咏古诗。

首两句"鸿沟已画天下分，汉王未肯空回军"，叙鸿沟议和之事。汉五年，项羽因为军粮短缺，不得不与刘邦议和，这是项羽和刘邦四年争战的重大转折点，也是项羽承认刘邦政权的重大转机，项羽认为此举可以让自己全身而退。刘邦利用项羽求和的机会，派侯公说服项羽，放回被扣二十八个月的刘太公、吕雉等亲属。项羽之所以放回被扣二十八个月的刘邦的父亲、妻子、儿子、女儿，是释放一种善意。双方约定：鸿沟以西归汉，鸿沟以东归楚。在项羽放回刘邦的父亲、妻子之后，刘邦却突然撕毁协议，追杀项羽。"鸿沟已画天下分，汉王未肯空回军"两句即指此事。"已画"写项羽释放最大的善意，"未肯"写刘邦不会轻纵项羽败逃。

三、四两句"诸侯大会壁垓下，戈甲耀日如屯云"，写垓下之战。"诸侯大会壁垓下"，指韩信、彭越、黥布等诸侯在刘邦封王的诱惑下，与刘邦合围项羽于垓下，写刘邦运用一切手段全歼项羽的决心。"戈甲耀日如屯云"写诸侯军兵阵之盛，预示着项羽的败亡。"大会"与"耀日"，一写诸侯四面围堵，一写军阵强大。

五、六两句"夜闻四面楚歌起，天命人心知去已"，写项羽败亡前的窘迫。诸侯合围项羽于垓下后，刘邦听张良之计，让楚地士兵以楚地方言、曲调夜半高唱楚歌，以此扰乱项羽的军心。项羽本人听到四面楚歌，发出"汉皆以得楚乎，是何楚人之多也"的惊讶。"夜闻四面楚歌起"，即指此。"天命人心知去已"，指项羽部下的军心因四面楚歌而涣散。误以为"天命人心"都在汉军，从而得出大势已去的结论，项羽遂夜半突围。

　　七、八两句"拔山盖世霸图空，却叹当时骓不逝"，写项羽霸业失败却未能反思自己的过失。"拔山盖世"，用项羽《垓下歌》中"力拔山兮气盖世"之句意，称颂项羽的盖世武功。"霸图空"，写项羽称霸天下的美好愿景最终成空。项羽《垓下歌》有"时不利兮骓不逝"之句，故此诗说项羽只知道感叹"骓不逝"，却不知道反省自己为何失败。

　　九、十两句"帐中美人身姓虞，悲歌起饮聊踟蹰"，写虞美人与项羽的生离死别。项羽《垓下歌》有"骓不逝兮可奈何，虞兮虞兮奈若何"之句，所以，作者写虞美人和项羽生离死别之际的悲凉。但是，此二句从虞姬入笔，写她"起饮""踟蹰"。"起饮"，夜不能寐，起身饮酒。"踟蹰"，徘徊不定。从虞姬的悲伤写出项羽的悲剧。

　　十一、十二两句"数行泪下竟别去，仓皇不得同驰驱"，写西楚霸王与虞姬洒泪而别，仓皇出逃。据《史记·项羽本纪》记载：项羽与虞姬告别之时，先"悲歌慷慨"地唱了《垓下歌》，歌毕，"项王泣数行下，左右皆泣，莫能仰视"。第十一句的"数行泪下"即源于此。"别去"，即是永别。"仓皇"，形容项羽败逃时的狼狈之状。所谓"不得同驰驱"，写项羽只身逃亡，爱妾虞姬竟未能同行，此皆缘于"仓皇"。

　　十三、十四两句"明眸皓齿为黄土，草木含愁照今古"，写虞姬的命运凄婉。"明眸皓齿"，写虞姬之美。但是，如此美丽的虞姬，最终却成为一抔黄土，令人惋惜不已。"草木含愁"，以悲景写悲情，衬托虞姬命运之悲苦。"照今古"，自古至今。

最后两句"依然听曲自低昂，岂忆平生离别苦"，写作者自己的感受。"依然听曲自低昂"，写自己听音乐高高低低，错落有致，但是，谁还能记得霸王与虞姬当年的离别之苦？

以组诗咏叹西楚霸王项羽与虞姬，本诗是首创。作者在诗前的小序中特意提及："读《项羽传》垓下事，三复而悲之，因作歌以附。"可见，此诗是李纲在垓下之地读《项羽本纪》，格外有感。全诗以悲情为主，自项羽入笔，引出虞姬，再以虞姬为主，写其生离死别的万绪悲凉，一唱三叹，令人唏嘘。

如此英雄，如此美人，如此结局！岂不令人痛惜！

作者是两宋之交反对议和、坚持抗金的重臣。这首诗从鸿沟议和的失败开篇，反对议和的意见如草蛇灰线，虽隐约而清晰。

李清照是宋代婉约派词人的代表作家，但是，李清照的诗却一扫婉约之风，充满了巾帼不让须眉的英风豪气。她的《夏日绝句》是历代咏叹项羽诗中极为有名的一首。

夏日绝句

[宋]李清照

生当作人杰,
死亦为鬼雄。
至今思项羽,
不肯过江东。

首句中的"人杰",人中的豪杰。汉高祖曾称赞开国功臣张良、萧何、韩信是"人杰"。

(此三者,皆人杰也,吾能用之,此吾所以取天下也。)

此句说,人的一生,活着就应当像项羽一样做人中豪杰。

次句的"鬼雄",鬼中的英雄。屈原《国殇》言:"身既死兮神以灵,魂魄毅兮为鬼雄。"此句讲,人死也要死得如鬼雄一样,豪气冲天。

第三、四两句说,人们之所以至今思念项羽,就是因为他不愿一人东渡乌江,而是力战而死。

李清照此诗热烈歌颂项羽宁可自刎而死,也不愿一人东渡乌江的豪情,批评南宋统治者只顾自己苟安,完全不顾及北方百姓,抛弃中原河山,偏安一隅,苟且偷生。其爱国激情,溢于言表。

此诗起调高亢,鲜明地提出了人生的价值取向:活着要做人中豪杰,为国建功立业;死了也要为国捐躯,成为鬼中英雄。

借古讽今,正气凛然。二十个字中连用三个典故,却无堆砌之弊,因为诗人豪情贯穿其中,化解了连用三个典故造成的板滞,使此诗成为中国诗歌史上最为优秀的咏项羽之诗。

刘克庄（1187—1269）是宋代著名诗人，字潜夫，号后村居士。南宋豪放派词人，江湖派诗人。

刘克庄这首诗并非全面评价项羽，而是紧紧抓住项羽乌江自刎这一细节展开议论，抒发感情。

第一句，"顿无"，立即就没有了。"英霸气"，即霸气。此句是说项羽在乌江自刎之前，一生充溢的英霸之气，顿时消失得无影无踪。

第二句，"妇儿仁"，即"妇人之仁"。《史记·淮阴侯列传》中韩信为刘邦分析项羽时曾批评项羽有"妇人之仁"，于是，这一说法不胫而走，成为"定评"，直至今日，人们仍然将项羽看作有"妇人之仁"的人。这一说法的本身尚值得商榷，前文已有专论；但与本诗关联不大，姑且置而不论。

第三、四两句点出，听说汉王刘邦悬赏万金求购我的人头，我就赏给你这位故人吧。这两句诗源自《史记·项羽本纪》：项羽

项羽

[宋]刘克庄

顿无英霸气，
尚有妇儿仁。
闻汉购吾首，
持将赠故人。

将宝马赠予乌江亭长后，步行与汉军交战，他一个人杀了上百汉兵，自己也身受了十几处伤。一回头，他看见了刘邦手下的骑司马吕马童，于是项羽说：你不是我的老朋友吗？我听说汉王刘邦悬赏千金、封邑十万要我的人头，我做个人情给你吧！项羽遂自刎而死。

项羽这种宝马赠亭长，头颅送故人的做法得到了无数后人的激赏；如果放到今日，肯定上头条、热搜。此时，项羽身受十几处伤，寡不敌众，必死无疑；但是，他将头颅赠予自己的老部下的做法仍然需要非凡的勇气，绝不是一般人做得到的。吕马童对项羽来说是旧臣，是叛将，也是仇敌；但是，项羽面对追杀自己的旧日部下，毫无怨恨，反而赠以头颅，以德报怨。这岂是小肚鸡肠之人所能做到的？这就叫人格魅力！所以，刘克庄用表面平静的语言叙述了这个悲壮的故事，但是，表面的平静之下充满了诗人对项羽的敬仰！这首先是项羽具有这种人格魅力，其次才是诗人深入挖掘了这一深刻的人性之美。

李俊民，金末元初诗人，泽州晋城人，字用章，号鹤鸣道人。金章宗承安五年 (1200) 进士第一，授应奉翰林文字，未几，弃官教授乡里。金宣宗南迁，隐嵩州鸣皋山，后徙西山。卒年八十，有《庄靖集》。

全诗以定都彭城和鸿沟议和为着墨点，抒发个人对刘、项争霸的思考。

首句"鸿沟时暂割山河",指刘、项鸿沟议和，项羽放回被扣二十八个月的太公、吕雉等人，天真地以为这样就可以摆脱此时的战略劣势。

第二句"楚国山河一半多"，指鸿沟议和的代价巨大，一大半楚国山河落入汉王刘邦的手中。

第三句"欲去故乡夸富贵"出自《史记·项羽本纪》："富贵不归故乡，如衣绣夜行，谁知之者。"项羽分封十八路诸侯王后，弃关中而都彭城，为的是回乡建都，炫耀成功，它反映了项羽人生规划没有大格局，只想着回乡炫耀自己的人生成功。其实，项羽分封十八路诸侯王只是他人生的一个阶段成就，下面的路还长得很，绝不会永远处在高光时刻。分封之后没有危机了吗？如果有危机将会在哪儿爆发？如何应对？谁是大分封后自己最大的对手？怎么应对？

第四句"不知沛有《大风歌》"，点明曾以《大风歌》闻名于世的沛人刘邦，正好以项羽弃而不建都的关中为政治中心，建立了汉家江山的都城，显示了刘邦的政治视域比项羽宏大。"沛有《大风歌》"五字暗指刘邦，

读项羽传

[金]李俊民

鸿沟时暂割山河，
楚国山河一半多。
欲去故乡夸富贵，
不知沛有《大风歌》。

"不知"二字点明项羽不知刘邦是项羽称霸天下的最大敌手。

全诗至此戛然而止，不再评论。因为世人皆知，"鸿沟议和"只是落败的项羽一厢情愿的幻想，刘邦绝不会放过彻底消灭项羽集团的良机。最终以刘邦撕毁鸿沟议和协议，率兵追杀楚军，逼杀项羽而结束楚汉之争。

全诗的结尾貌似突兀，实则留不尽之意于诗外，令人回味无穷。

在咏史诗中，本诗的写法别具一格。全诗抓住定都彭城和鸿沟议和两个事件，写出项羽的作为和适得其反的效果。

项羽庙

[元]施钧

当日荥阳可灭刘，
却缘不听范增谋。
徒劳百战争秦鹿，
赢得千年笑楚猴。
父老江东能王我，
故人垓下忍为侯。
雅兮不逝虞兮别，
泪洒西风一剑愁。

施钧，元代诗人，字则夫，一字子博，会稽（今浙江绍兴市）人。一生隐居不仕，博学能文。

咏史诗的高下在于诗人自己的史识，本诗即以史识见长。

诗题为《项羽庙》，实际上是评价项羽的败亡。

首二句"当日荥阳可灭刘，却缘不听范增谋"。作者认为：当年项羽在荥阳之战中就可以灭掉刘邦，只是因为没有听范增的话，才导致失败。荥阳争夺战的二十八个月中，项羽在韩信攻下齐地之前，一直占据着上风。刘邦不得已采用陈平的离间计，疏远了项羽和范增的关系，导致范增怒辞项羽而归乡，死于归途之中。这对项羽的最终败亡肯定有重大影响，毕竟范增是项羽集团唯一的谋士。虽然听了范增的话，能否"灭刘"还要打一个大大的疑问，但是，赶走范增，让项羽成为孤家寡人，肯定对"灭刘"极为不利。

第三、四句"徒劳百战争秦鹿，赢得千年笑楚猴"。此二句说：项羽分封完十八路诸侯后，打算带兵回家乡彭城建立西楚国的国都。有一位"说客"劝项羽建都关中，项羽被说动了，可是，关中的秦宫已经被自己烧掉了，于是，没有采纳这位"说客"的意见。这位"说客"出来之后，说了一句话："人言楚人沐猴而冠耳，果然。"意思是说，人家都说楚人是猴子戴帽像个人，其实并没有人的智慧。项羽听说后，杀了这位"说客"。此诗以"笑楚猴"讲项羽白打了那么多仗，逐鹿中原争天下，最终落得让人耻笑的悲催境地。

"徒劳"，是白白辛苦。"百战"，形容战争之多，并非实指。"争秦鹿"，即秦失天下，刘、项争夺天下，故称之为"争秦鹿"。"秦鹿"，典出《史记·淮阴侯列传》："秦失其鹿，天下共逐之，于是高材疾足者先得焉。"

第五、六句"父老江东能王我，故人垓下忍为侯"。第五句写即使江东父老愿意让项羽在东渡乌江后继续为王，项羽也不愿东渡乌江，再让江东父老为自己称王做出牺牲。"父老江东"，即江东父老。"王我"，立我为王，源于项羽对乌江亭长之言："纵江东父兄怜而王我，我何面目见之？纵彼不言，籍独不愧于心乎？"第六句写项羽看到自己原来的老部下吕马童后，为了成全"故人"，刎颈自杀，将自己的头颅送给吕马童，促使吕马童被刘邦封侯。所以，诗人通过"父老江东"与"故人"吕马童的对比，讥讽吕马童怎么忍心拿项羽的头颅作为自己封侯的台阶呢？鄙视之情溢于言表。

这两句，一句写江东父老能够帮我重整江河，一句写吕马童以项羽之头封侯。一褒一贬，对比极为鲜明，成为本诗中最为出色的一联。

最后两句"骓兮不逝虞兮别，泪洒西风一剑愁"，用项羽《垓下歌》中"时不利兮骓不逝"，"虞兮虞兮奈若何"的句意，写霸王别姬之痛苦。末尾用"泪洒西风一剑愁"作结，慨叹项羽、虞姬成千古之恨。"一剑"，指项羽以剑自杀。

此诗乍一看，作者对项羽似有讥讽之意；但是，细细品味，此诗实对项羽的败亡怀有深深的同情。

明贬实褒成为此诗一大特色。

曾棨 (1372—1432)，字子棨，号西墅，江西永丰人。明永乐二年 (1404) 状元，因写作文如泉涌，时称"江西才子"。曾任《永乐大典》编纂。曾棨草书雄放，有晋人风度。

这首七律的首联"百战休论盖世功，鸿门终宴伯图空"，此二句说：项羽不要夸自己身经七十余战，战必胜，攻必克，立下了盖世之功，其实鸿门宴一结束，项羽的霸业就已经决定了最终必然失败。

作者看到了鸿门宴是项羽一生的转折点，是项羽由胜至败，由强至弱的分水岭，这一观点非常有见地，因为鸿门宴充分表现了项羽的政治幼稚。"百战"，代指项羽自言的"身七十余战"。"休论"，不要说。"盖世功"，指项羽打败秦军主力所立下的盖世之功。次句的"霸"，即称霸天下。"空"，最终成空。

颔联两句"虞歌慷慨孤灯下，楚业销沈一炬中"。此二句说，项羽在垓下之围时，面对虞姬与孤灯，唱出了英雄末路的哀歌，令人不忍卒读；但是，西楚霸王的霸业，其实在项羽火烧秦宫的一把火中已经被焚毁了。

此联同样极有见地。项羽火烧秦宫，实在不高明。项羽这样做，一因泄愤，二因自己不在关中立国，也不愿他人居住秦宫，三因对秦国的深仇大恨。但是，火烧秦宫只增

项羽庙

[明]曾棨

百战休论盖世功，
鸿门终宴伯图空。
虞歌慷慨孤灯下，
楚业销沈一炬中。
露湿古墙秋藓碧，
霜含老树夕阳红。
英魂若到彭城路，
忍听高台唱《大风》。

加了关中百姓的不满，完全无补于西楚霸王的霸业；也阻挡不了汉王刘邦进入关中，建都关中，成就汉朝江山的一统。"楚业"即西楚霸王项羽的霸业。"销沈"，即毁掉。"一炬"，指楚人一炬。项羽一把火烧掉了咸阳秦宫，也烧掉了自己称霸天下的美梦。

"虞歌"，指《垓下歌》，因为《垓下歌》有"虞兮虞兮奈若何"之句。"慷慨"，指项羽悲歌慷慨。"孤灯"，表明此时二人相别的内心、环境的孤独，预示了二人的悲剧结局。

颈联"露湿古墙秋藓碧，霜含老树夕阳红"说，古墙被夜露打湿，长满了深绿的秋藓，夕阳下的老树蒙上了寒霜，一幅深秋凄凉的晚秋图。

作者在通篇议论之中，插入两句写景之笔，增强了全诗的抒情性，萧瑟悲凉的秋景，更增添了全诗的凄美之情。

"藓碧""霜含"，写出了日暮人非的沧桑之感。

尾联二句"英魂若到彭城路，忍听高台唱《大风》"。这两句说，如果项羽的英魂还能重游彭城，怎么忍听对手刘邦在胜利之后唱的《大风歌》呢？

"英魂"，指项羽之魂，用一"英"字，表达了作者深深的惋惜之情。"彭城"是西楚国的国都，即故国重游之意。"忍听"，怎么忍心听。《大风》，指刘邦的《大风歌》。《大风歌》是刘邦平定黥布之乱的高祖十二年 (前195) 时所作。此时，项羽已死八年。

这首诗，题为《项羽庙》，实为感慨项羽一生犯的错误，一是未在鸿门宴上除掉刘邦，二是不应当一把火烧掉秦朝宫殿。作者认为：这些错误，导致项羽最终的失败。今天看来，作者所论有道理，但并非项羽失败的主因。鸿门宴不杀刘邦确实是错过了一次除掉刘邦的机会，即使如此，项羽如果能够在齐地、关中重燃战火的情况下，第一时间重返关中，和章邯联手，完全可以阻止刘邦独占关中。即使先发齐地，如果军事、政治双管齐下，迅速平定齐地再挥师关中，也不失为一种正确方法。项羽应对失策的做法非常多，错过了狙杀刘邦的种种机会，鸿门宴上杀掉刘邦并非唯一能战胜刘邦的方法。

本诗前四句亦叙亦论，后四句全在抒情，用凄美之景写惋惜之情，情景相融，亦景亦论。

特别是末尾二句，作者假想，如果项羽的英魂听到刘邦的《大风歌》会是一种什么感受，这种假想特别令人不忍卒读。

这首诗是明代诗人朱诚泳为《项王泣别图》所作的一首题画诗。朱诚泳是明代第七

项羽泣别图

[明]朱诚泳

手拂千金剑，
灯前慷慨歌。
虞兮雅不逝，
泣下复如何。

代秦藩王，成化二十三年 (1487) 袭封。他是明代藩王中少有的喜爱文学、遵礼守法的藩王。

项羽泣别虞姬，在明代已经成为画家的题材，本诗即是咏叹《项羽泣别图》之作。

首句"手拂千金剑"，写项羽告别虞姬时的雄姿。次句"灯前慷慨歌"，写项羽面对虞姬的慷慨悲歌。第三句"虞兮骓不逝"，化用项羽《垓下歌》的"骓不逝兮可奈何，虞兮虞兮奈若何"两句，写此时项羽英雄末路的悲凉心境。第四句"泣下复如何"，是作者对霸王别姬的评价：泪下又该如何呢？

诗人认为：项羽与虞姬的慷慨悲歌并不能挽回二人生离死别的悲剧，也不能挽回项羽的败局。"泣下"又该如何，即是此意。

这首题画诗前三句咏画面所画，末尾一句表明作者的态度：明褒实贬。

千古漫漫说得失

大起大落，从政治权力的巅峰迅速跌入人生的最低谷，最后不得不自刎乌江。项羽的悲剧命运令人喟叹，其政治转折令人惋惜。项羽怎么了？是人们问得最多的问题，探寻其政治失误的诗歌占了咏项羽诗歌的很大部分。历来追究历史得失的诗歌在中国古代多如牛毛，但多针对一朝一代，集中探讨一人之政治得失的诗歌，当以项羽为多。

张耒 (1054—1114)，字文潜，号柯山，楚州淮阴 (今江苏淮安市淮阴区) 人。张耒生活在北宋末年，一生仕途坎坷，屡遭不幸。酷爱诗文，其作传世有诗二千三百首，散文、史论、议论近三百篇，为北宋著名文学家。《宋史》《东都事略》有传。

项羽

[宋]张耒

沛公百万保咸阳，
自古柔仁伏暴强。
慷慨悲歌君勿恨，
拔山盖世故应亡。

首句"沛公百万保咸阳"的"沛公"，指刘邦。"百万"，极写刘邦的兵力之多，实指刘邦的政策抵得上"百万"大军，刘邦入关时仅有十万军队。"保咸阳"，指刘邦入关之后，在张良、樊哙的劝导下，对咸阳采取了保护性措施，没有实施报复性的屠杀、摧残，赢得了关中百姓的拥戴。

次句"自古柔仁伏暴强"。自古以来，仁义之师最终总是能战胜残暴之军。意即仁义的刘邦最终战胜了残暴的项羽。"柔仁"，指刘邦采取的仁义之举；"暴强"，指项羽入关前坑杀二十万秦降军，入关后杀秦降王子婴，并将咸阳秦宫付之一炬。"伏"，战胜。

第三句"慷慨悲歌君勿恨"。此句说项羽

不要因为仗打败了而"慷慨悲歌",倍感遗憾,此指项羽垓下败亡之际唱的《垓下歌》。"君",指项羽。"恨",憾,遗憾。

第四句"拔山盖世故应亡"。此句说项羽认为自己力能拔山,气可盖世,武力强大,所以,恃强而暴,必然灭亡。"拔山""盖世",皆项羽《垓下歌》中"力拔山兮气盖世"中的词语,"故应亡",所以招致灭亡。

这首诗立意独特。作者从"柔仁"与"暴强"入手,以仁义与残暴相对比,说明刘邦胜利和项羽败亡的必然性,显示了诗人高明的史识。

咏史

[宋]李光

项羽不听韩生之谋,
背关怀楚,
亡征已见。
汉王卒用张良计,
致齐王信等会垓下。

入关不守旧山河,
汉用张良作网罗。
垓下不知兵已合,
夜深方讶楚人多。

李光(1078—1159),宋代诗人。字泰发,一字泰定。越州上虞(今浙江绍兴市上虞区)人。高宗时任参知政事,因被秦桧所恶,贬官出京。秦桧死后复官。谥号庄简。李光崇尚气节,所上奏议词旨凛然。其诗"志谐音雅,婉丽多姿,大抵多托兴深长"。

此诗前有小序:"项羽不听韩生之谋,背关怀楚,亡征已见。汉王卒用张良计,致齐王信等会垓下。"

小序交代了两点:一是项羽背关怀楚、

建都彭城，二是张良以"四面楚歌"瓦解项羽军。

"韩生"，即劝说项羽建都关中的"说者"，作者误记为"韩生"。"背关怀楚"，指项羽抛弃了关中，抛弃了秦都咸阳，一把大火烧毁了秦帝国的都城，率兵东归，回到楚地彭城，并在此建立了西楚国的国都。"亡征已见"，最终败亡的征兆已显露无遗。"汉王卒用张良计，致齐王信等会垓下"，指刘邦以二十万之众追杀项羽的十万败军，竟然被项羽打得闭城不出。最后采用张良之策，厚封韩信、彭越，才在垓下合围项羽，致项羽兵败、自杀。

首二句"入关不守旧山河，汉用张良作网罗"。

第一句"入关"之"关"指函谷关，"不守"，指放弃，"旧山河"指关中。此句批评项羽进入关中却未能建都关中。这一观点在古人论项羽成败时非常普遍，其实，以何地为都城，并不是最根本的问题。但是，放弃关中，返回彭城确实是项羽的败笔之一。特别是项羽选取彭城为西楚国国都的理由，非常荒唐："富贵不归故乡，如衣绣夜行，谁知之者。"项羽认为自己富贵了如果不回故乡，就像一个人穿了一身漂亮的衣服夜晚走路，谁看见了？这种认知的落后实在令人可悲！

第二句即张良献计，用封地吸引韩信、彭越等实力派发兵围歼项羽；如同编织一个巨大的罗网，困住了西楚霸王项羽。

第三、四两句"垓下不知兵已合，夜深方讶楚人多"，写刘邦用张良之计调动韩信、彭越等合围时项羽的内心变化。垓下合围时，项羽并不知道对方的实际兵力，待到刘邦用张良之计，以"四面楚歌"搅动楚军军心之时，项羽才误以为"楚人多"，做出了抛弃大部队，仅率八百随从突围的决策。

全诗抓取了抛弃关中和"四面楚歌"两个细节，写明了作者的内心感慨。

胡宏 (1106—1162)，号五峰，人称"五峰先生"。其父胡安国是北宋著名经学家，在理学界有重大影响。胡宏曾师事二程弟子杨时、侯仲良，胡宏是湖湘学派的创立人。

此诗从"读书"这一特定角度总结了项羽失败的原因，立意不俗。

项王

[宋]胡宏

快战焉知霸术疏，
乌江亭上独欷歔。
万人三尺俱无用，
可惜当年不读书。

首句"快战"，源自《史记·项羽本纪》下面一段记载：

项羽于是率领楚军半夜突围，到达东城时，手下只剩下二十八人，追杀项羽的汉军骑兵有数千人。项羽估计自己此次难于逃脱，于是对手下的二十八骑说：我起兵作战以来已经八年了，经历了七十多场战斗。从来没有打过败仗，这才称霸天下。今天最终困于此地，这实在是老天要我灭亡，而不是我不会作战。今天我要和你们痛痛快快打一仗，一定要打胜对方三次：斩杀其将，冲破包围，砍掉军旗；让你们知道老天要我灭亡，而非我不会打仗。

所谓"快战"，就是痛痛快快打一仗！"快战焉知霸术疏"句中"焉知"，怎知。"霸术"，称霸天下的方法。"疏"，粗疏。此句说，项羽只知道痛痛快快地打一仗，根本不知道自己的霸术太粗疏了。

第二句"乌江亭上独歔歙"，"乌江亭"，指项羽不愿东渡乌江之处。"独歔歙"，指项羽垓下突围之前所唱《垓下歌》。

第三句"万人三尺俱无用"，"万人"，指项羽小时只愿学习的"万人敌"兵法。"三尺"，指三尺剑，此指剑术。此句说，项羽出神入化的兵法与无人可挡的剑术都在此时失去了作用。

第四句"可惜当年不读书"。诗人认为，项羽失败的原因是当年不愿读书。前人多喜用项羽没有建都关中、匹夫之勇等作为项羽失败的原因。此诗别开生面，指出项羽自小不爱读书，不能接受先贤智慧是他最终败亡的主因。

读书明智且明理，项王未解此中理。九泉之下若有知，不知霸王作何想。

诗人之所以能够提出这种新说，和其父是经学

项王乃复引兵而东，至东城，乃有二十八骑，汉骑追者数千人。项王自度不得脱。谓其骑曰："吾起兵至今八岁矣，身七十余战，所当者破，所击者服，未尝败北，遂霸有天下。然今卒困于此，此天之亡我，非战之罪也。今日固决死，愿为诸君快战，必三胜之，为诸君溃围，斩将，刈旗，令诸君知天亡我，非战之罪也。"——《史记·项羽本纪》

大家的家世，以及诗人自己又是读书之人的经历息息相关。因此，看问题的角度与一般人截然不同，当然是顺理成章的事了。

不过，刘邦也不是读书人，只是一位基层小吏。胡宏作为出身经学世家的读书人，从读书的角度提出个人看法，不足为奇，而且此类诗歌中首次从"不读书"的角度提出自己的判断，颇为新颖，但是，以此解释项羽的失败原因并不准确、全面。

陆游是宋代著名的诗人，平生作诗近万首。本诗为陆游评价项羽之作，虽在陆诗中非其代表作，但在后人咏项羽之作中仍不失为名作之一。

项羽

[宋]陆游

八尺将军千里骓，
拔山扛鼎不妨奇。
范增力尽无施处，
路到乌江君自知。

首二句，写项羽的雄姿与勇武。身高八尺，胯下千里马，力能拔山、扛鼎。"八尺""扛鼎"源于《史记·项羽本纪》中的"籍长八尺余，力能扛鼎，才气过人"。"千里骓"，源于《史记·项羽本纪》"有美人名虞，常幸从；骏马名骓，常骑之"和《史记·项羽本纪》"吾骑此马五岁，所当无敌，尝一日行千里"数句。"拔山"，源自《史记·项羽本纪》中"力拔山兮气盖世"。

"不妨"二字值得玩味。"不妨"最常见的意思是"不碍"。"不碍"什么呢?"不妨奇"。欧阳修称司马迁为"博学好奇之士",并特别指出"其所书皆伟烈奇士"。陆游此诗中特别指出项羽的雄姿、勇武让他成为中国历史上的奇特之人。

第三句,范增是项羽手下唯一的谋士,后因中陈平反间计离开项羽。"力尽无施"说范增无能为力,"好奇计"的范增都无计可施了,此句是本诗的转折之句。

所以,第四句才有"路到乌江君自知"。意思是项羽只有到了乌江才知道自己是无路可走了。项羽垓下失败之后突围而去,肯定有东山再起之念,但是,到了乌江亭长让他渡江之时,他才知道自己内心的道德底线是不可能允许自己一人渡江活命的,此时项羽才知道自己已经身处绝境。

本诗是具有全能视角的咏史诗,诗人已经知道项羽最终的结局是刎颈自杀。但是,本诗的前两句仍然盛夸项羽的勇武,末尾二句反映出奇瑰之将项羽最终的困境。本诗如实叙写了奇瑰之将项羽悲剧的结局,但对项羽的奇瑰仍然不吝笔墨加以称颂。

李新 (1062—?),字元应,号跨鳌先生,仙井 (今四川仁寿县) 人。二十三岁入太学,哲宗元祐五年 (1090) 进士,官南郑县丞。因在南郑应诏上万言书,夺官贬遂州,徽宗崇

宁元年 (1102) 入党籍。大观元年 (1107) 遇赦，摄梓州司法参军。高宗绍兴八年 (1138)，应其子时雨请，追赠一官。有《跨鳌集》五十卷，已佚。清四库馆臣据《永乐大典》辑为三十卷（其中诗十一卷）。

项羽庙

[宋]李新

空使秦人笑沐猴，
锦衣东去更何求。
可怜了了重瞳子，
不见山河红雍州。

首句中，"沐猴而冠"出自《史记·项羽本纪》：项羽火烧咸阳后，有"说者"劝项羽建都关中，项羽不听。其人出来后，言："人言楚人沐猴而冠耳，果然。"作者用"空使"二字置于"秦人笑沐猴"之前，意在说明项羽弃关中而建都彭城，白白使秦人耻笑。项羽并未从秦人的讥讽中汲取教训，反而一意孤行。

次句中，"锦衣"，用项羽"衣绣夜行"的典故。"东去"，指项羽离开关中东至彭城建都。

前两句说，项羽即使穿上"锦衣"，"东去"家乡建都彭城，还能求个什么？东去关中，建都彭城，犯了大错。

第三句"可怜了了重瞳子"，"了了"，了不起。传说历史上的贤君大舜是"重瞳子"，加一"可怜"，说明，可惜项羽空有"重瞳子"之表，却无"重瞳子"之命。项羽虽然像大舜一样有"重瞳子"的异相，却无法挽救自己失败的命运。

第四句，"雍州"，是中国古九州之一。大概包括今陕西省中部和北部、甘肃省（除去东南部）、青海省的东南部和宁夏回族自治区，此指关中。所谓"山河红雍州"，指自古得天下者多凭雍州起家。以"不见"二字冠以句首，意指历史上建都关中而成就大业者比比皆是，唯独项羽弃关中而都彭城，最终失去了天下。

此诗意在指出：项羽的失败是未能在掌控全局之时建都关中。可是，项羽未能建都关中确实为大分封后刘邦杀回关中创造了良机，但不建都关中并非项羽失败的主因。项羽的失败原因多多，并非仅此一因，但是，要求诗人在一首绝句之中，全面评价项羽显然是不现实的，能够就其一点立意，表达准确、生动，即为好诗。

林景熙（1242—1310），温州平阳（今浙江平阳县）人，是雄踞我国宋元之际诗坛数十年的诗人。他的创作成就和艺术造诣，受到历代文人极高的评价，他的诗文风格沉郁悲凉又不失雄放。南宋灭亡后他隐居不仕。元军发掘宋陵，林景熙等人曾冒死捡拾宋高宗、宋孝宗等遗骨重新下葬。此后，他教授生徒，从事著作，漫游江浙，名重一时。历代文史学家称其作为"屈子《离骚》，杜陵诗史"。

此诗为南宋诗人林景熙咏叹项羽的诗篇。

项羽里

[宋]林景熙

英雄盖世竟何为，
故里凄凉越水涯。
百二势倾争逐鹿，
八千兵散独乘骓。
计疏白璧孤臣去，
泪落乌江后骑追。
遗庙荒林人酹酒，
至今春草舞虞姬。

首联"英雄盖世竟何为，故里凄凉越水涯"。这两句说，盖世英雄的项羽最终落了个什么下场呢？他的故里今天已经是一片凄凉萧条的水边。"英雄"指项羽。"盖世"，源自项羽《垓下歌》的"力拔山兮气盖世"，"英雄盖世"，即"盖世英雄"，作者为此句平仄而调动了词序。"故里"，指项羽的故居。

颔联"百二势倾争逐鹿，八千兵散独乘骓"两句，"百二"，指以二敌百的险要地势，此指关中。"争逐鹿"，指刘邦、项羽逐鹿中原，争夺天下，鏖战四年。"势倾"，指汉王刘邦据关中优势之地，和项羽争夺天下。"八千兵"，指项羽赖以起家的江东八千子弟兵。"独乘骓"，指项羽一人率八百壮士突围而去。"骓"，源自项羽《垓下歌》中"时不利兮骓不逝"一句，特指项羽日行千里的骏马。此二句说，项羽与刘邦争夺中原已经是无可挽回的失败了，连他起家的八千子弟兵也都已经散去，只有他一个人突围而去。

颈联"计疏白璧孤臣去，泪落乌江后骑追"这两句说，项羽中了陈平的反间计，连自己唯一的谋士范增都离开了他，最后落了个兵败垓下，五千汉兵追杀乌江的下场。"计疏",指项羽中了刘邦的假服软之计,接受了鸿门宴刘邦逃席后命张良献给项羽的一双白璧。"孤臣去","孤臣"指项羽手下仅有的一位谋士范增。项羽中了陈平的反间计,认为范增通敌,夺了范增的权,导致范增愤然离去。"泪落",非实指,诗人认为此时项羽的心境灰暗,其实"泪落"只是诗人对项羽内心的揣测。"乌江",指项羽自杀之处。"后骑",指刘邦手下灌婴率五千骑兵追杀项羽。

尾联"遗庙荒林人酹酒,至今春草舞虞姬"两句说,荒林中的项羽庙时有后人以酒祭奠,至今青草中似乎仍有年轻貌美的虞姬翩翩起舞的身影,"遗庙",指项羽庙。"荒林",指项羽庙的荒凉。"酹酒",指以酒浇地,祭奠项羽。"虞姬",项羽的宠姬。

全诗充满了诗人在项羽庙凭吊项羽的悲凄之情。

吴龙翰,南宋末年的著名诗人。

此诗指出项羽失去道义上的制高点是其战败的重要原因。这在中国古代众多咏叹项羽的诗中,观点新颖,独树一帜。

首句的"盖世英雄"指超出当世所有英

乌江项羽庙

[宋]吴龙翰

盖世英雄只恁休,
千年遗恨大江流。
汉提义帝作张本,
当日君输第一筹。

才的英雄，作者对项羽的这一称谓是其对项羽的高度称美。"只恁休"，就这样终止了。轻飘飘的后三个字，与力重千钧的前四个字反差太大了，透露出项羽的无限遗恨。

次句的"千年遗恨"，指项羽乌江自刎时的不甘之情，犹如滔滔不绝的乌江，千年不休。

首二句说，盖世英雄项羽在乌江边上流尽了最后一滴血，走完了他的一生；项羽的千年遗恨犹如滚滚乌江，永不停休。

第三句，据《史记·高祖本纪》记载：汉二年刘邦兵出函谷关到达新城（今河南洛阳市偃师区），当地三老董公建议刘邦为项羽杀死的义帝发丧。刘邦恍然大悟，立即为义帝发丧三日，亲自为义帝之死哭丧，并向天下诸侯发布文告：义帝是天下的共主，项羽诛杀义帝是大逆不道。刘邦此举当然意不在为义帝讨个公平，但是，刘邦在此高高举起了一面正义的旗帜——为义帝复仇。刘邦的这一政治手段，有着极大的政治意义，让自己站在了道义的高地上。将被项羽所杀的义帝当作一面旗帜，自己充当高举这面大旗的旗手。旗帜，只是政治斗争中被利用的对象；旗手，才是政治斗争中的受益者。

后两句说，当汉王刘邦以为义帝发丧作为自己的旗帜时，项羽在政治上已经输掉了最重要的第一个筹码。意味着项羽在楚汉战争中失掉的不仅是第一个筹码，而是有诸多筹码的失去，诗歌限于篇幅，举一而例三。

刘邦在与项羽的争斗中是政治、军事两手都用，而且两手都很硬。项羽只知道用军事手段，不知使用政治手段。特别是在义帝的问题上，刘邦占了主动。诗人独独拈出这一条评价项羽的失败，非常有见地。

全诗虽然只有二十八字，但是，有了后面两句，全诗顿生光辉。

陈普是宋元之交的诗人、理学家，擅长咏史诗创作，其咏史诗的数量颇为庞大，质量亦多上乘。这首《咏史上·项羽》是陈普咏史诗的代表作，"广武十条逃得过，乌江政自不须船"，是历代传诵的名句。

此诗批评项羽乌江自刎是失去人心的必然结果。

首句"倚强恃力"写项羽自恃军力强大，力能扛鼎而傲视天下，直至兵败乌江，仍然高喊："然今卒困于此，此天之亡我，非战之罪也。"《史记·项羽本纪》诗人不同意项羽之言，故称其说是"诬天"。此句以"倚""恃""诬"三字，下接"强""力""天"，中间以一"却"作为连接，表达了诗人对项羽自己对失败原因的表述不认同。

咏史上·项羽（其四）

[宋]陈普

倚强恃力却诬天，
一样人心万万年。
广武十条逃得过，
乌江政自不须船。

次句"一样人心万万年"。"一样人心"是什么？是古今相同的人心。即使千年万年后，依然人同此心，心同此理。究竟什么理呢？喜善恶暴！诗人认为项羽为人残暴，刘邦为人仁慈，这是天下人共同的心愿。

其实，刘、项二人都有屠城的记录，刘邦当了皇帝后，诛杀功臣韩信、彭越（借吕后之手），丝毫不比项羽逊色。作为汉帝国的专制帝王，只是做得漂亮一点，不让人特别诟病而已。

第三句"广武十条"，指刘邦与项羽在荥阳对峙时的"十罪项羽"，这是刘邦为了争夺天下最高统治权的一种宣传手段。《史记·高祖本纪》载：

汉王数项羽曰："始与项羽俱受命怀王，曰先入定关中者王之，项羽负约，王我于蜀汉，罪一。项羽矫杀卿子冠军而自尊，罪二。项羽已救赵，当还报，而擅劫诸侯兵入关，罪三。怀王约入秦无暴掠，项羽烧秦宫室，掘始皇帝冢，私收其财物，罪四。又强杀秦降王子婴，罪五。诈阬秦子弟新安二十万，王其将，罪六。项羽皆王诸将善地，而徙逐故主，令臣下争叛逆，罪七。项羽出逐义帝彭城，自都之，夺韩王地，并王梁楚，多自予，罪八。项羽使人阴弑义帝江南，罪九。夫为人臣而弑其主，杀已降，为政不平，主约不信，天下所不容，大逆无道，罪十也。"

诗人站在刘邦的立场上，指责项羽不承认"十罪项王"，最终难逃"乌江自刎"的下场。"不须船"，即不接受乌江亭长准备的渡江之船。

元诗在中国诗歌史上名作不多，李昱是一个例外，他是元末明初的著名诗人，诗作传世近五百首。此诗是元代咏史诗中的佳作之一。

首联"过人才气更重瞳，惯与神骓立战功"赞美项羽的战功。项羽过人的才气、奇特的相貌与日行千里的神马，所以，战功赫赫。《史记·项羽本纪》："籍长八尺余，力能扛鼎，才气过人。""过人才气"，即用此典，是因诗歌格律的要求，将"才气过人"写为"过人才气"。"重瞳"，指项羽是重瞳子，古代"重瞳"往往指生有异相的帝王。所以，首句连用两个典故说明项羽才气过人，相貌特异。项羽有一宝马良驹，名"骓"，乌江自刎前，项羽对乌江亭长说："吾知公长者。吾骑此马五岁，所当无敌，尝一日行千里，不忍杀之，以赐公。"第二句的"惯与"二字写出项羽曾多次骑此宝马立下战功。

项羽

[元]李昱

过人才气更重瞳，
惯与神骓立战功。
三户亡秦知气数，
诸侯朝楚属英雄。
孤忠亚父头空白，
扶义怀王血尚红。
俛仰君臣多愧色，
岂唯无面见江东。

颔联"三户亡秦知气数，诸侯朝楚属英雄"，写项羽成为中国历史上的英雄。他顺应天下反秦的大势，随其叔父项梁起兵反秦，并在巨鹿之战立下盖世之功，成为诸侯联军的总盟主。"三户亡秦"，用"楚虽三户，亡秦必楚"之典，"知气数"三字写出项羽顺应了历史发展的大趋势。其实，项羽的仇秦、反秦的心理并非一日形成。秦帝国的统一之战杀害了项羽的祖父项燕，导致项氏家族的衰败。早在起兵反秦之前，项羽第一次见到秦始皇时就脱口而出："彼可取而代也！"仇秦、反秦、灭秦的家族仇恨早已种在项羽幼小的心灵之中，他不愿读书，不愿学剑术，要学"万人敌"的兵法，皆缘于他认为只有学习兵法才能灭秦。因此，当其叔父项梁起兵反秦之时，项羽自然成为楚地反秦武装的重要参与者。"诸侯朝楚"，指巨鹿之战胜利后，救赵诸将参拜项羽时的场面。诗中"英雄"二字，是对巨鹿之战中项羽灭秦巨大功绩的高度肯定。

颈联"孤忠亚父头空白，扶义怀王血尚红"，写项羽败亡。首先是猜忌范增，其次是擅杀义帝。"孤忠"指范增，他是项羽唯一的谋士，故称"孤忠"。"亚父"，项羽称范增为亚父。"头空白"，指"年七十，好奇计"的范增不为项羽所用，最终导致项羽落败。"扶义怀王"，"扶义"，指楚怀王熊心派沛公刘邦西行灭秦，让项羽作为宋义的副将北上救赵。楚怀王熊心做这一决定时，他手

于是已破秦军，项羽召见诸侯将，入辕门，无不膝行而前，莫敢仰视。——《史记·项羽本纪》

下的"诸老将"曾说:"不如更遣长者扶义而西,告谕秦父兄。秦父兄苦其主久矣,今诚得长者往,毋侵暴,宜可下。"《史记·高祖本纪》楚怀王熊心为项梁所立,被项羽所杀。"血尚红",指楚怀王熊心被杀一事。

尾联"俛仰君臣多愧色,岂唯无面见江东"二句,写项羽面对自己的大臣都应该感到惭愧,岂止是无颜面对江东父老。"无面见江东",出自《史记·项羽本纪》"纵江东父兄怜而王我,我何面目见之"二句。

此诗前三联分写项羽的战功、英雄、过失,最后一联,以批评项羽不仅愧对江东父老,而且愧对自己西楚国的臣民作结。一首七律,能够如此全面地评价项羽,且大都为中肯之言,实属不易。

侯克中,字正卿,号艮斋,真定(今河北正定县)人。年幼失明,以耳代目,卒成其学,年九十余而卒。侯克中工诗能文,其诗以律诗为长,亦好咏史。著有《艮斋诗集》十四卷。

首联"破釜沉舟北渡河,英雄到此尽消磨",写项羽在巨鹿之战中破釜沉舟,大败秦

项羽

[元]侯克中

破釜沉舟北渡河,
英雄到此尽消磨。
入关不解除秦法,
失路徒劳怨楚歌。
敌国岂专韩信勇,
谋臣唯一范增多。
子婴见杀怀王死,
却叹虞兮奈若何。

军；写项羽一生的英雄之气至此消磨殆尽。实际上，项羽一生的高光时刻即是破釜沉舟的巨鹿之战。此后，项羽一直走下坡路，直至乌江自刎。

颔联"入关不解除秦法，失路徒劳怨楚歌"，说项羽入关时未能及时废除秦朝苛法，争取民心；迷路逃亡时，唱起了《垓下歌》。项羽入关未能及时废除秦朝苛法，这和刘邦"约法三章"争取民心，大相径庭。"失路"，迷失道路。项羽垓下突围后，向一老农问路，老农有意误导，致使项羽陷入大泽中，延误了时间，被刘邦的追兵追上。

颈联"敌国岂专韩信勇，谋臣唯一范增多"二句，说明导致项羽的失败不是刘邦手下有军神韩信，自己手下只有一位谋士范增都不能相容，怎么能怪刘邦呢？"敌国"，指刘邦的汉军。

尾联"子婴见杀怀王死，却叹虞兮奈若何"二句，写秦降王子婴被项羽所杀，楚怀王熊心也被项羽所杀，《垓下歌》中还无奈地唱道："虞兮虞兮奈若何。"项羽自己完全不能省悟自己处事的失误，政治上极为糊涂。

这首诗充分肯定了项羽在巨鹿之战立下的丰功伟绩，同时也指出了项羽不废秦朝苛法、杀子婴、诛义帝、疑范增等人生败笔，悲叹项羽认识不到自己所犯的这些错误，反而只会唱《垓下歌》，感慨命运不公。其

项王至阴陵，迷失道，问一田父，田父绐曰：『左。』左，乃陷大泽中。以故汉追及之。——《史记·项羽本纪》

实，项羽的失败是自己造成的，并非因为对手刘邦有一位军事天才韩信。

此诗为无名氏所作，明徐伯龄《蟫精隽》卷十收录此诗。

首句的"嬴秦"即代指秦朝，因为秦国嬴姓。"酷斯民"指用残酷的刑罚对待百姓。"久矣"二字最为精当。

项羽庙灾

[宋]无名氏

嬴秦久矣酷斯民，
羽入关中又一秦。
父老莫嗟遗庙毁，
咸阳三月是何人。

刘季乃书帛射城上，谓沛父老曰："天下苦秦久矣。"《史记·高祖本纪》

陈胜曰："天下苦秦久矣。"《史记·陈涉世家》

（武臣曰）夫天下同心而苦秦久矣。《史记·张耳陈馀列传》

沛公骂曰："竖儒！夫天下同苦秦久矣。"《史记·郦生陆贾列传》

上述四例，刘邦、陈胜、武臣都讲了一句共同的话：天下苦秦久矣！此正可作为"久矣酷斯民"的注释。

可见，秦末大起义时天下人都认为：暴秦给天下百姓带来的痛苦时间太长了！这种共同的认识是天下反秦之火迅速烧遍南北大地最根本的原因。本诗开篇就抓住这一点，指出秦朝的暴政给天下人带来了太多的痛苦。

第二句的"羽"指项羽，"又一秦"，指项羽如果称王关中则是又一个秦王。也有的传本将"一"写作"火"，指项羽一把火烧掉了秦朝的宫殿。嬴秦暴虐，尽失民心。项羽入关本应及时废除严苛的秦法，但是，项羽入关之后，不但没有改变秦朝的苛法，反而一把火烧掉了咸阳的秦宫，这种以暴制暴的办法，同样不得关中父老之心。

第三、四两句扣题"项羽庙"，今天的项羽庙也已损毁，令人唏嘘。但是，当年三月放火烧咸阳秦宫的又是谁呢？

这首诗别开生面，开篇即慨叹暴秦对百姓太残酷，项羽沿暴秦之路，最终自己也被迫自刎。如今项羽的庙宇也像当年被他烧毁的秦宫一样，毁掉了。

这首诗借咏项羽之庙慨叹项羽行暴政，最终败亡。全诗充满了世事沧桑之感，而在人世沧桑之中作者又指出了项羽的残暴是项羽灭亡的主要原因。这种意见在古人咏叹项羽的诗中也是非常有代表性的一种，前文对此已有论述，不赘。

顾大武，明末常熟人，对骑射、泅泳、占星、望气诸术样样精通，自视为古之豪杰。天启五年 (1625)，曾冒死入京，救助遭受魏忠贤党陷害的堂弟顾大章，失败后为其办理丧事。为人嗜酒豪放。

首二句，首句写广武的形胜，次句写刘邦、项羽"两雄"的对话。此诗题目是"登广武冈汉高数项羽处"，因此，"广武冈"不能不交代，首句写广武是不可缺失的。"三尺寒流"，指广武三面临水；"数仞冈"，指广武之高。广武，在今河南省荥阳市，这是汉四年刘邦、项羽广武对话之处。"两雄"，指刘邦与项羽。"话兴亡"，指刘邦与项羽隔广武涧对话。

《史记·高祖本纪》详细记载了这次对话的全过程：项羽厌倦刘、项二人为争夺天下控制权的连年战争，提出要和刘邦通过个人决斗定胜负。刘邦不敢也不愿和项羽决斗，借此机会给项羽提出了十宗罪：一是"负约"，不让刘邦做关中王；二是杀宋义，夺兵权；三是不经楚怀王熊心批准而率诸侯联军进入刘邦已攻占的关中；四是烧秦宫室、掘始皇墓；五是杀秦降王子婴；六是坑杀秦人子弟二十万；七是封跟随他入关的诸将，将原来的诸王驱逐至新地，让臣下背叛故主；八是驱逐义帝，自己建都彭城，夺韩王信的封地，自己占有；九是驱逐义帝至江南，并派人劫

登广武冈汉高数项羽处

[明]顾大武

三尺寒流数仞冈，
两雄曾此话兴亡。
汉家事业由天幸，
十罪空劳数项王。

杀义帝；十是以人臣而杀其主，杀已降，为政不公平，大逆不道。

第三、四两句说，刘邦白白对项羽说了一番，项羽怎么能认同这"十大罪状"呢？"汉家事业"，指刘邦建汉。"天幸"，天意。"十罪"，即上文所引刘邦指责项羽的十条罪状。"空劳"，白白说教。

此诗为中国古代咏史诗的一种类型：以当年历史上某个重大历史事件发生地为题，咏叹历史。

但此诗所论，有失偏颇。刘邦最终战胜项羽并非"天幸"，而是刘邦一系列正确的战略，特别是生存战略与发展战略绝大多数都是正确的结果。此非"天幸"，纯属人为。

至于为后人津津乐道的项羽"十罪"，有为凑"十"言罪的嫌疑。"十罪"中有关楚怀王熊心就有罪三、罪八、罪九、罪十多条。在中国古代的数字之中，"十"被认为是数字完备的标志，因此常被用来表示齐全、达到极点，比如"十分""十足"。据《易经》所言，"十"为坤卦的上爻和下爻配合而成的符号，是阴阳交战的象征。因此，"十"代表一个较长的周期或时间跨度。"十罪"即罪行累累，十恶不赦。

如罪三是不经楚怀王熊心批准而率诸侯联军进入刘邦已攻占的关中。此事《史记·项羽本纪》记载项羽到达函谷关，看见有军把守函谷关，不让项羽入关，项羽才知道刘邦已早于自己两个月入关。项羽"大怒",派军打入关中。在信息传递不及时的古代社会,这是一种正常现象,似不应当说项羽明知汉军已入关,仍不请示楚怀王熊心而擅自向西进军。楚怀王熊心当时给刘、项二人的军令即刘邦西行入关,项羽北上救赵后再入关。因此,刘邦口中的第三桩罪,其实是欲加之罪。

卷土重来未可知

埃下大败,无颜见江东父老,项羽不肯过乌江,一代伟业,戛然而止。但胜败乃兵家常事,项羽忍辱负重能否东山再起?历史是否会重新书写?悲情英雄会不会再次成为盖世英雄?

李山甫,唐代诗人。

唐咸通 (860—874) 年间,李山甫累举进士不第。僖宗中和三年 (883) 前后,入藩镇魏博节度使乐彦祯幕府。文德元年 (888),魏博军乱,乐彦祯父子败亡,李山甫不知所终。

此诗以项羽不渡乌江、自刎而亡为论诗

过乌江题项羽庙

[唐]李山甫

为虏为王尽偶然,
有何羞见汉江船。
停分天下犹嫌少,
可要行人赠纸钱。

中心。

首二句"为虏为王尽偶然，有何羞见汉江船"，言成（为王）败（为虏）皆属偶然，为什么要以无颜见江东父老为由坚决不渡乌江呢？

末二句"停分天下犹嫌少，可要行人赠纸钱"，言难道以长江为界、平分天下还不够？非要自刎而死，让后人为项羽庙烧几张纸钱？

李山甫在唐代诗人中是一位以论史诗著称的诗人，但是，他的这首诗却存在着认识上的巨大局限。

第一，"为虏为王尽偶然"即有失误。成败固然有偶然性因素，但是，刘胜项败却存在着诸多的历史必然。此中原因，前面已讲过，不赘述。

第二，"有何羞见汉江船"一句亦有误。项羽是一个有荣辱观的人，他之所以不愿意一人渡江，就是因为他"与江东子弟八千人渡江而西，今无一人还，纵江东父兄怜而王我，我何面目见之？纵彼不言，籍独不愧于心乎"。作者不理解项羽的羞惭之心，指责项羽"有何羞见汉江船"，显然不妥当。

第三，项羽并不是嫌"停分天下"少而不渡江，而是不愿东渡乌江再连累江东百姓。作者认为项羽是嫌平分天下少，实在是不解项羽之心。

此诗是一篇误读项羽的诗作。人生一世，最忌为世人误读，不仅活着的人会被误读，死去的历史人物也大量被人误读。这并非是一个独特的现象，而是一个非常普遍的现象。

这是唐人孟迟咏叹项羽拒绝乌江亭长的劝告、自刎而死的一首诗。

首句的"中分"，指以长江为界，楚汉划江而治。此说是以《史记·项羽本纪》中乌江亭长劝告项羽东渡乌江为由头。"遗策"，指前人留下来的策略。在项羽之前，中国并无划江而治的政治现实。所以，作者慨叹，以长江为界中分天下难道是因为前人没有这种先例？

次句，"百战"，泛指项羽一生所经历的七十多次战斗。"空劳"，指项羽与刘邦打了四年，最终是无果而终，因此，有"空劳"之说。"空劳"即白白劳累。"不逝骓"，源自项羽的《垓下歌》"时不利兮骓不逝"一句。此句说以长江为界中分楚汉并非项羽不愿意，实在是因为四年战争已经耗尽了项羽军团的兵力，战争已经无法再打下去了。

第三、四两句的"大业"，指争夺天下的大业。"人事"，人为的努力。诗人认为：项羽与刘邦打了四年，经历无数次战斗，将士疲

乌江

[唐]孟迟

中分岂是无遗策，
百战空劳不逝骓。
大业固非人事及，
乌江亭长又何知。

劳，连自己的千里马都已经跑不动了。因此，能否成就大业绝非人事所能决定，乌江亭长实在是不知道这个道理。

此诗认为：项羽败局已定，乌江亭长让他东渡乌江以图东山再起的想法是不现实的。

这首诗，实际上与宋人王安石《乌江亭》的诗意相同。但是，孟迟是唐人，诗写于宋人王安石之前。因此，此诗之意当是诗人孟迟个人之见。王安石的《乌江亭》非常有名，而孟迟的这首诗则鲜为人知。我们不知道王安石是否参考了孟迟的诗意，但是，孟迟此诗在唐人咏项羽的诗中的确是一首非常有见解的诗。人们只看到了更有名气的王安石，却忘却了首倡此议的孟迟, 略显不公。

题乌江亭

[唐]杜牧

胜败兵家事不期，
包羞忍耻是男儿。
江东子弟多才俊，
卷土重来未可知。

杜牧是晚唐著名的诗人，他与李商隐并称为"小李杜"。杜牧咏史诗的特点是见解独特，本诗充分体现了这一特点。

首句说打了胜仗与打了败仗是兵家难免之事，不必过于介意。"不期"，不易预料。

次句说能够忍受兵败的耻辱者才是真正的男子汉。这两句是对项羽不愿东渡乌江、重整旗鼓再与刘邦争夺天下的批评。

第三、四两句点明：江东子弟多才俊之士，如果卷土重来，再整山河，胜败之事难以预料。

这首诗在历代歌咏项羽的诗歌中非常有名，因为它第一次提出项羽应当忍辱负重，东渡乌江，与刘邦再争天下。

王安石是北宋著名的改革家，也是唐宋八大家之一。此诗是针对晚唐杜牧的诗有感而发。

此诗开篇即言"百战疲劳壮士哀"，意为项羽的士兵跟随项羽转战七年（三年反秦、四年楚汉战争），已经是疲惫不堪，丧失了战斗力。

次句认为，垓下一战，败局已定，项羽已经没有回天之力。东山再起只是一厢情愿，事实上是完全不可能的。

末尾两句更为惊警：江东子弟已经不可能像当年跟随项羽渡江而西一样再追随项羽重整山河了！

《史记·项羽本纪》记载，在项羽打算东渡乌江之时，乌江亭长曾劝项羽：江东地方虽然狭小，但是，它有千里之地，数十万人之

乌江亭
[宋]王安石

百战疲劳壮士哀，
中原一败势难回。
江东子弟今虽在，
肯为君王卷土来？

多。而且，江东父老还愿意扶持项羽为王。但是，王安石认为：即使项羽东渡乌江成功，江东子弟谁还愿意为项羽"卷土重来"呢？

如果把杜牧与王安石的观点作一对比，我们就会发现，王安石作为一位政治家，他对项羽失败的认识远比杜牧更尖锐，也更中肯。

论史诗全在史识之高，此诗史识极高，堪称咏叹项羽之作的绝唱。

尹廷高，宋末元初诗人，字仲明，号六峰，处州遂昌（今浙江遂昌县）人。

项羽是一位失败的英雄，也是一个经常被人误读的英雄，此诗对项羽不愿东渡乌江的解读即是误读项羽的一个特例。

项羽

[元]尹廷高

多疑难逞拔山雄，
失道阴陵计已穷。
更恐舣舟人见绐，
不缘无面见江东。

首句，"多疑"二字，指项羽中了陈平的反间计，对唯一的谋臣范增产生怀疑，对忠实于自己的范增、钟离眜产生怀疑，导致范增离去，钟离眜不守信用。"拔山雄"，用《垓下歌》中"力拔山兮气盖世"之典，极写项羽的勇武。在"拔山雄"之前诗人加上"难逞"二字，使作者对项羽的批评、惋惜之情顿生。

次句，"失道阴陵"指项羽在阴陵迷失道路。"计已穷"，指阴陵迷路之后，项羽已经因为延误时间而无法摆脱被刘邦追兵追击的凶险，因此，失败已成必然。

第三、四两句则是对《史记·项羽本纪》的一种误读。作者认为：项羽之所以不愿东渡乌江，不仅仅是无缘面见江东父老，更是因为害怕被乌江亭长所骗。"见绐"，被骗，指老农欺骗项羽，错指方向。"无面见江东"，指项羽无颜面见江东父老。

此言差矣！项羽不愿东渡乌江，完全是不愿再连累江东父兄："纵江东父兄怜而王我，吾何面目见之？"

诗人显然对项羽的为人并不太了解，这首诗对项羽不愿东渡乌江的论断是误判。

像遷馬司

司馬遷字子長論六家要義徧歷江淮上會稽探禹穴窺
九疑浮沅湘北涉汶泗講業齊魯鄉射鄒嶧過梁楚以歸
太初中爲太史令因論李陵下宮刑發憤修史實錄有良
史才

图书在版编目（CIP）数据

西楚霸王项羽 / 王立群著. — 北京：东方出版社，2024.5

ISBN 978-7-5207-3501-8

Ⅰ. ①西… Ⅱ. ①王… Ⅲ. ①项羽（前232-前202）—传记

Ⅳ. ①K827=33

中国国家版本馆CIP数据核字（2023）第111594号

西楚霸王项羽

（XICHUBAWANG XIANGYU）

作　　者：王立群

策 划 人：王莉莉

责任编辑：赵　琳　张　伟

产品经理：张　伟

书籍设计：潘振宇

出　　版：东方出版社

发　　行：人民东方出版传媒有限公司

地　　址：北京市东城区朝阳门内大街166号

邮政编码：100010

印　　刷：北京汇瑞嘉合文化发展有限公司

版　　次：2024年5月第1版

印　　次：2024年5月第2次印刷

印　　数：6001—56000册

开　　本：880毫米×1230毫米　1/32

印　　张：10.375

字　　数：222千字

书　　号：ISBN 978-7-5207-3501-8

定　　价：59.00元

发行电话：(010)85924663 85924644 85924641